L'ÉTAT CULTUREL

Une religion moderne

DU MÊME AUTEUR

L'Age de l'éloquence : rhétorique et « res literaria » de la Renaissance au seuil de l'époque classique, Genève, Droz, 1980.
Héros et orateurs, rhétorique et dramaturgie cornéliennes, Genève, Droz, 1990.

ARTICLES SUR LA CULTURE D'ÉTAT EN FRANCE :

« De Malraux à Lang : l'excroissance des Affaires culturelles », dans *Commentaire*, vol. 5, n° 18 (1982).

« Battus de tous les vents... », Jacqueline de Romilly et le drame de l'éducation littéraire en France », dans *Commentaire*, vol. 7, n° 25 (1984).

« L'excroissance culturelle (suite) : Sur les autoroutes de la Création », dans *Commentaire*, vol. 8, n°. 30 (1985).

« La Culture et les loisirs : une nouvelle religion d'Etat », dans *Commentaire*, vol. 13, n° 51 (1990).

MARC FUMAROLI

L'ÉTAT CULTUREL

Une religion moderne

Éditions de Fallois

PARIS

*Ce livre est dédié à la mémoire
de Raymond Aron et de
Roger Vieillard,
mais aussi à l'amitié de tous ceux,
les vivants et les morts,
dont la conversation a trouvé en moi
un indigne secrétaire.*

INTRODUCTION

IL MONDO NUOVO

« Français, je vais être contraint, parlant de
mon pays, de ne pas en parler qu'en bien ; il est
dur de devoir découvrir les faiblesses d'une
mère douloureuse. »

Marc Bloch,
L'Etrange Défaite

> « Nous n'avons pas le droit d'être des flat-
> teurs de la démocratie, justement parce que
> nous sommes ses amis et ses alliés. Nous
> n'avons pas le droit de garder le silence sur les
> périls auxquels elle s'expose elle-même, et
> auxquels elle expose ce qui porte les hommes
> vers le haut. Mais nous ne pouvons pas oublier
> qu'en donnant à tous la liberté, la démocratie
> l'a aussi donnée à ceux dont le souci est de
> maintenir les hommes tournés vers le haut. »
>
> Léo Strauss,
> *Education libérale et responsabilité*

Les murs des villes de Provence, en cette période de fêtes de fin d'année 1990, sont couverts de grandes affiches. Sur fond vague-ment océanique, elles annoncent l'ouverture d'un Espace régional de la création contemporaine. L'information est commentée en hautes lettres majuscules : LE CONSEIL RÉGIONAL DYNAMISE LES ARTS PLASTIQUES. Vous chercherez en vain un pays où l'on pourrait voir l'équivalent d'une telle affiche officielle, qui ne surprend pas en France, ni à Paris, ni « en région ». A qui s'adresse un tel message ? Quel peut bien en être le sens, pour les électeurs du Conseil régional ? Que veut dire « dynamiser les Arts plasti-ques », formule qui suggère soit une sex-shop, soit un arsenal ? Si les « régions » ont été souhaitées et inventées pour rapprocher les responsables et leurs mandants, n'est-il pas singulier qu'elles cherchent à se rendre familières dans un langage aussi abstrus et abscons, inventé à coup sûr dans une officine publicitaire parisienne ? De deux choses l'une : ou bien la Provence-Côte d'Azur est embrasée d'une telle passion des arts qu'elle attendait, même sous cette forme indécente, que son Conseil régional lui promît une Renaissance méridionale ; ou bien ce genre de « communication sociale » renvoie à un mythe bureaucratique hexagonal, qui se fait fête à lui-même dans son propre langage, sans se soucier le moins du monde ni de la Provence, ni de son attente, ni de ses aspirations plus modestes. Qui a remarqué, qui a lu cette affiche multipliée, superflue et coûteuse ? Qui s'en souvient ? J'imagine seulement le parti qu'un Robert Doisneau ou un Cartier-Bresson auraient pu tirer du contraste entre les passants vaquant à leurs affaires place de la Bourse ou rue Saint-Ferréol, à Marseille, et cette absurde réclame d'affaires culturelles sur fond d'écume. Je cherche un équivalent à ce contraste strident, et je ne le trouve guère que dans les hautes lettres lumineuses s'étalant naguère encore au-dessus de la tristesse fourmillante des rues de Cracovie, de Bucarest ou d'Odessa. Les chiffres fictifs de la production industrielle y étaient commentés par des slogans immenses : LES ACIÉRIES DE NOWA HUTA DYNAMISENT LA POLOGNE SOCIALISTE. Même humour noir involontaire.

On me répondra : vous n'y êtes pas, il ne s'agit, dans notre belle Provence-Côte d'Azur, ni d'économie, ni d'idéologie, mais d'Art. Quoi ? Un des premiers soucis de l'excellent Conseil régional, de création récente, est de consacrer une ligne de son budget à l'Art, qui plus est à l'Art vivant, le moins populaire, il en informe ses électeurs et contribuables, et vous faites la fine bouche, pour des scrupules de vocabulaire tout à fait hors de saison ? D'ailleurs, vous êtes incompétent en matière de communication. Si vous cherchez une analogie pour comprendre ces affiches du Conseil régional, rapprochez-les, non pas de la propagande stalinienne, qui n'a rien à faire ici, mais de la publicité américaine, celle par exemple de la multinationale Philip Morris, qui évite de mentionner les cigarettes dont elle fait commerce et se borne à faire savoir dans ses réclames : PHILIP MORRIS DYNAMISE LA MUSIQUE CLASSIQUE. Je m'incline. L'ennui, c'est que l'affiche du Conseil régional, organisme public et non société commerciale, tient à la fois de la langue de bois d'une propagande officielle et de la tartufferie publicitaire du grand commerce. C'est justement ce mélange qui la rend à ce point irréelle et gênante. La prostitution est dans le génie du commerce, et l'Art, qui en a vu d'autres, s'accommode de ces deux compagnies. Que vient faire en cette galère la haute magistrature régionale ? De l'Espace marseillais de la création contemporaine à l'Espace Cardin de l'avenue Gabriel (Paris, 8ᵉ) il y a le même rapport génétique et générique qu'entre un pastiche et son modèle.

La Provence n'est pas privilégiée. Le Conseil général du Val-de-Marne, coopérant avec le « Fonds régional d'art contemporain » (qui émane lui-même de la « Direction des Arts plastiques » du ministère de la Culture), a transformé le département entier en Espace départemental des Arts plastiques, peuplant le paysage de blocs « chus d'un désastre obscur », œuvres coûteuses de « sculpteurs » destinées à l'édification culturelle des contribuables départementaux (*Le Monde*, 10 janvier 1991, p. 32).

De son côté, le Conseil général du Loir-et-Cher, indifférent aux mânes de Paul Claudel, a déjà fait de fortes dépenses d'études et projets de marché en vue d'édifier, à portée du château de Chambord, un « Centre culturel de la Renaissance ». La malheureuse Renaissance, comme le Siècle de Louis XIV, a bon dos : elle figure parmi les « savonnettes à vilain » préférées par toutes sortes d'affaires culturelles. Dans un document qui résume ces premières et coûteuses « approches » on évoque « la mise en œuvre [à l'intérieur du futur " centre "] de procédés et de techniques muséologiques dont la nouveauté et l'originalité constituent en elles-mêmes une attraction ». Cette pédagogie audiovisuelle et sophistiquée sera complétée par une « présentation vivante et pittoresque de la vie quotidienne au temps de la Renaissance ». Mais ces deux spectacles de variétés historiques ne suffiraient à créer à eux seuls « une nouvelle clientèle » (*sic*) capable d'augmenter le tourisme naturel qu'attirent les châteaux de la Loire. Une idée plus hardie s'impose : « C'est la conception architecturale qui reste le plus sûr moyen d'atteindre le public nouveau, dès lors qu'elle serait suffisamment remarquable pour faire de l'ensemble architectural en soi, indépendamment de son contenu, un événement assez extraordinaire pour forcer l'attention des médias et du public, un ouvrage qu'il faut avoir vu à l'instar de la Tour Eiffel, de la Statue de la Liberté de New York ou, à un moindre degré, du Centre Beaubourg, de la Pyramide du Louvre, des ouvrages les plus originaux du Futuroscope de Poitiers [1]. » Quelle est donc cette conception qui mettra le Loir-et-Cher, jusqu'alors « désert culturel », au niveau des mégalopoles mondiales du grand tourisme ? « Le Centre, révèlent les concepteurs, pourrait prendre la forme d'une Pyramide, s'inspirant à la fois de la Tour de Babel, peinte par Breughel, du Musée Guggenheim de New York, enfin de l'escalier double du château de Chambord. »

Voilà des références culturelles propres à épater élus et électeurs du Loir-et-Cher. Ce chef-d'œuvre de l'architecture kitsch, pourvu de sa muséologie d'avant-garde (privée par bonheur d'œuvres d'art originales), garantirait non seulement une vue imprenable sur Chambord et son paysage, mais la consommation commode dans plusieurs cafétérias et restaurants panoramiques. De surcroît, il recevrait au sommet « un ornement artistique, par exemple l'Homme aux bras écartés de Léonard de Vinci, popularisé par Manpower ». Ce projet digne de Las Vegas a des chances sérieuses, comme on dit, de voir le jour.

Le Conseil régional de Provence-Côte d'Azur, le Conseil général du Val-de-Marne, celui du Loir-et-Cher, dans leur courageuse bonne volonté, ont des excuses. Tout régionaux et départementaux qu'ils sont, ou qu'ils se veulent, ils reproduisent ce qui se fait à Paris. Ils ont même pu croire, en adoptant le mot d'Espace mis à la mode naguère par un grand couturier, se distinguer des « Centres » qu'affectionnent les fonctionnaires parisiens de la Culture. Exemples minimes, mais échantillons en tout cas du succès contagieux de la « décentralisation culturelle » décidée à Paris, d'abord pour le théâtre, depuis quarante ans, pour les Arts plastiques depuis dix ans, et qui maintenant bétonne et métallise partout la langue française et les villes françaises, à commencer par Paris où, sous le nom de Grands Travaux, sont revenues en nombre et en masse ces Maisons de la Culture lancées à l'origine pour « dynamiser » le « désert français ».

« Lieux », « Espace », « Centre », n'est-ce pas là un langage de désert ? « Lieux » aseptisés, qui appellent les déchets, la décharge, à l'autre pôle de la demeure, et même du magasin : une géométrie

---

1. On se reportera à l'excellente description qu'en a donnée Bertrand Poirot-Delpech, sous le titre « Gadgétique », dans *Le Monde* du 30 mai 1990.

d'araignées, mortelle pour l'imagination, pour les sens, pour le bonheur. Des « lieux » où la culture, en son sens originel et fertile, n'a pas sa place, et à plus forte raison les arts ni la poésie.

On peut se contenter de sourire de ce constructivisme culturel français, et s'émerveiller de son infatigable activité, multipliée maintenant par les nombreux rouages de la réforme régionale. On peut voir dans ce luxe d'équipements et dans le tapage qui l'entoure des péchés très véniels, accordés à l'esprit du temps, en comparaison des effets bénéfiques qu'il faut attendre de cette émulation entre bureaux : une manne pour les artistes, la curiosité des arts éveillée dans un public qui ne l'aurait pas spontanément. Toutes sortes de bons sentiments prolifèrent autour des « actions » et des « événements » culturels qui se proclament dans les espaces de l'Hexagone : le zèle pour le prochain, pour l'égalité, pour la communication, et même une bouffée flatteuse de fierté, celle de participer, si modestement que ce soit, à l'ascension de la France au rang de première puissance culturelle du monde. Il faudrait avoir un cœur de pierre, et de surcroît peu français, pour oser objecter à ce vent créateur qui souffle sur les altitudes de la nation, de ses régions, de ses départements, de ses villes, de ses villages, de ses hameaux.

Comment oser douter de ce conte de fées moderne qui fait officiellement foi dans ce pays, et dont la mise en « espace » est si coûteuse ? L'esprit d'enfance et le respect des grands nombres se conjuguent pour rendre croyants tous les Français, de droite ou de gauche, du centre ou de la périphérie. Chaque année paraissent de nouveaux livres où *Peau d'âne* nous est conté, et même s'ils ne sont pas des *best-sellers*, ils soutiennent vaille que vaille la confiance générale. Malraux s'était contenté de formules étonnantes et allusives. Il était le prophète de la Culture d'Etat. Après lui sont apparus les panégyristes. Pierre Emmanuel inaugura une bibliographie aujourd'hui fort longue par un essai intitulé *Pour une politique de la Culture* (1971). Celle-ci y recevait une définition politique, elle était censée pourvoir à l' « intégration de la vie sociale » (le mot avait été utilisé d'abord pour les Algériens) et faire émerger le « corps total des activités solidaires » des individus (p. 20). L'atta-

que contre l'Université républicaine et les humanités était violente : « Un enseignement disciplinaire des Classiques, écrivait le
poète, a stérilisé pour toujours le goût de millions de Français »
(p. 31). Au grand programme de participation culturelle qu'il avait
fait adopter par sa grande Commission du VIᵉ Plan, Pierre
Emmanuel ajoutait l'exhortation suivante, appropriée à la « Nouvelle Société » de M. Chaban-Delmas :

« Et pourquoi pas la France ? Pourquoi notre pays ne se
révélerait-il pas au monde comme une avant-garde de ce socialisme
à vocation culturelle qui reste à inventer ? » (p. 89).

Le même auteur récidiva en 1975, avec sa *Révolution parallèle*.
La même année, Jacques Rigaud, ancien directeur de cabinet de
Jacques Duhamel, prenait la relève du poète, et proposait une
apologétique qu'il voulait nouvelle de la Culture d'Etat, sous le
titre : *La culture pour vivre*. La culture y était décrite comme un
« festin », que les « nantis de l'intelligence » se réservaient jalousement, alors que Mai 68 avait révélé l'aspiration universelle à s'y
attabler. Le menu de ce festin était pantagruélique : c'était la fête
de *L'Humanité*, mais c'étaient aussi les concerts où l'on joue du
Mozart, partout et toutes choses où « la saveur quotidienne du
beau » et la « vibration de la vie » (p. 236) se laissent éprouver. Les
« lecteurs de la Bibliothèque nationale » (p. 212) étaient déjà
stigmatisés pour leurs privilèges scandaleux, et les « sociétés
savantes » (p. 223) pour leur archaïsme, survivant gêneur du
XIXᵉ siècle bourgeois. Dans l'immense tâche qui se proposait à
l'Etat pour que les places, au festin, se multiplient tous les jours
plus nombreuses, ce haut fonctionnaire zélé n'hésitait pas à
reconnaître, moins aviateur qu'André Malraux, que « l'économique tangente le culturel » (p. 270) dans la mobilisation générale
dont il prenait la tête.

En 1980, Gérard Montassier, lui aussi ancien directeur de
cabinet des Affaires culturelles, y alla d'un *Fait Culturel*. Mais c'est
évidemment la Renaissance de 1981 qui donne lieu au plus beau
florilège. Lyrique, Mme Catherine Clément publia en 1982 *Rêver
chacun pour l'autre*, où elle ne tarissait pas sur le monde nouveau
que promettait le doublement du budget de la Culture par le
gouvernement Mauroy. Elle citait Jack Lang :

« " Fourier, inspire-nous ! Quand tu rêvais d'apprendre la
cuisine et l'opéra aux tout-petits, ou quand tu attribuais un cheval

et les plus somptueux habits aux enfants préposés à délivrer la cité de ses ordures, on percevait déjà le craquement des vieux usages et le scintillement d'une vie de joie pour les plus jeunes ! " Il écrivait cela en 1978, juste après avoir été chassé du Théâtre de Chaillot. Il est aujourd'hui derrière l'arbre à songes, plus que tout autre en matière de culture. Et pourtant il lui faut rêver, plus que tout autre. »

Le rêve qui commençait et recommençait rue de Valois était le même, selon l'auteur, que celui de Louis XIV (le Louis XIV de Rossellini, bien entendu) après qu'il eut fait emprisonner Fouquet. « Le problème du budget était allégé... L'Etat c'était lui ! » (p. 65). C'était aussi le rêve du Parti communiste, alors au gouvernement, et dont Mme Clément, qui en venait, se félicitait qu'il crût, comme le ministre, que « la culture est capable de transformer le monde ». Toutes les vedettes du *show-business* intellectuel et artistique étaient incitées à grimper sur un « arbre à songes » pour chanter en chœur l'avènement du socialisme par la Culture, vainqueur de l' « usine à rêves » du capitalisme américain.

Le ton se fait plus froid dans *Le Mythe de Babel : l'artiste et le système* que publie en 1984 Claude Mollard, le puissant *Délégué Général aux Arts plastiques* du ministère Lang. La technocratie prend la parole, sans pour autant renier les orateurs officiels et leurs grandes envolées. Mais cette fois, Prométhée et Babel sont invoqués, pour mettre fin à l'empire de « la mémoire » et donner les moyens à l'Etat d' « engendrer la création » : une nouvelle armée de « fonctionnaires culturels » doit surgir, « à la fois compétents sur le plan artistique et administratif », des « décideurs » qui laboureront le pays : les seuls vrais artistes qui restent car les autres sont écartelés douloureusement entre un passé d'infamie et l'avenir radieux.

Cette vision de défilé du 1er Mai sur la Place rouge s'est peu à peu dissipée et Claude Mollard a dû fonder depuis, dans le privé, une école d'ingénieurs culturels dont les services sont sollicités par les Conseils régionaux. En 1990, Pascal Ory publie *L'Aventure culturelle française,* en harmonie avec le profil plus civil qu'a adopté le ministère depuis 1988, après l'épisode de la cohabitation. La Culture officielle se résume maintenant à *La Semaine de Paris,* dont la gamme de spectacles, subventionnés par le ministère, devrait réunir désormais dans les mêmes loisirs étudiants et travailleurs, toute la France du *consensus.*

On pourrait croire que tous ces livres se ressemblent, et qu'il ne faut pas plus les lire qu'on ne lit la *Pravda*. L'ennui c'est qu'ils ont fini par relever de ce qu'il faut bien nommer un « grand genre littéraire » français, un des derniers qui nous restent, et dont se pique la haute fonction publique. C'est ainsi que, dans la tradition inaugurée par Jacques Rigaud et Gérard Montassier, Jacques Renard, ancien directeur de cabinet de Jack Lang, s'est illustré en 1987 par un *Elan culturel : la France en mouvement,* et que Jacques Rigaud lui-même, le Baour-Lormian de ces épopées en prose, a récidivé en 1990 avec *Libre Culture* (Gallimard, coll. *Le Débat*).

Aux Etats-Unis, de vives polémiques, d'année en année, ont accompagné le vote sur le Capitole des crédits fédéraux accordés au *National Endowment for the Arts* et une imposante bibliographie s'est accumulée *pro et contra*. Même climat démocratique de disputes argumentées en Angleterre autour des crédits plus ou moins modestes concédés à l'*Arts Council*. En France, le consentement unanime de ce que l'on appelle étrangement la « classe politique » est corroboré par les articles généralement enthousiastes de journalistes plus ou moins accrédités. Un microclimat d'euphorie contagieuse protège les Affaires culturelles et les garantit contre tout chagrin.

Mais, sitôt que l'on s'écarte de ces milieux d'affaires et de leur clientèle immédiate, une étrange fronde commence. Elle est circonscrite à la conversation privée, elle s'exprime par hochements de tête, grommellements, haussements d'épaules, elle ose parfois aller jusqu'à la pique ironique ou indignée, l'histoire drôle, l'anecdote désolée. Entre eux, les bons esprits ne cachent pas leur trouble ou leur irritation devant cette « Hauteur béante » de la démocratisation et de la création artistiques par décret. Un décalage de « double pensée », assez analogue à celui que Milosz analysait en 1952 dans *La Pensée captive*, signale le passage du monde des initiés à celui des dupes. Un tel conformisme de surface et tant de murmures retenus ont l'habitude de signaler le royaume des Philistins. Il est un peu surprenant, malgré tout, de le voir installé avec tant de tranquille arrogance et tant de révérence en France, qui passait naguère pour la Terre promise des frondeurs et des gens d'esprit. *Corruptio optimi pessima :* la pire des corruptions est celle des meilleurs.

Toutes les démocraties libérales, donc prospères, ont vu se développer, dans leurs populations urbaines, ce qu'il est convenu d'appeler grossièrement des « besoins culturels ». Loisirs à occuper, temps libre à combler, distractions qui sont autant de détente après le travail. Les sports, la télévision ont répondu à cette demande massive. Un peu partout aussi, on a admis que le service public, ou le civisme privé, devaient soustraire à cette marée de loisirs de masse d'abord l'école, puis ce qui de près ou de loin touche à l'école, la complète, la favorise, les arts et les lettres, pour ne rien dire des sciences, qui se défendent mieux. Le malheur a voulu (les mots ne sont pas innocents) que l'on range *aussi* dans la *même* « sphère culturelle » cet ordre des études et des œuvres de l'esprit qu'il faut soustraire au marché des loisirs de masse. Cette équivoque n'est pas seulement française. Ailleurs, parfois, souvent, elle est compensée par la diversité des protections et des ressources que se sont assurées les institutions éducatives et les travaux de l'esprit. La différence des ordres, des publics, des genres, des tons peut être ainsi préservée.

En France, la « sphère culturelle » étant dans son ensemble de la responsabilité de l'Etat, qui jouit d'un monopole de fait sur l'Education, sur la Télévision, et qui pratique en outre une « politique culturelle » ambitieuse, on a affaire à un *Etat culturel.* On parle d'Etat douanier, d'Etat éducateur, d'Etat banquier. L'Etat culturel n'est pas si spécialisé : englobant dans son empire à la fois les loisirs de masse et les œuvres de l'esprit, il accoutume si bien la société civile à cet amalgame que celle-ci n'ose plus développer d'elle-même des initiatives et des institutions protectrices distinctes de celles de l'Etat. Le « mécénat » privé en France est étroitement dépendant des choix opérés par l'Administration culturelle, il offre un financement d'appoint, ou il calque ses initiatives sur le modèle officiel. La puissance de l'Etat-Providence français est devenue si envahissante qu'elle a besoin de se légitimer, de se célébrer. Ni l'Etat douanier, ni l'Etat éducateur, ni l'Etat banquier ne le font ni le peuvent. L'Etat culturel, le plus contestable de tous, s'en est chargé. La Culture est un autre nom de la propagande. Le prix à payer est lourd. Car au lieu de distinguer les ordres dans cette vaste « sphère culturelle » qu'il contrôle, la tentation est grande pour l'Etat, et il ne manque pas d'y céder, de faire de ce système un vaste échangeur qui permet aux loisirs de masse de refluer sur les œuvres de l'esprit, et inversement aux préférences de petites coteries au pouvoir d'envahir les loisirs de masse. Cet échangeur n'existe aujourd'hui à ce degré de puissance nulle part ailleurs, en Occident. En France, l'Etat en a les moyens et il en a développé les rouages. Le mot, d'origine noble, de « Culture », qu'il emploie si volontiers pour désigner ce qui est en principe un service public destiné à protéger les œuvres de l'esprit, sert à voiler la confusion des ordres et le renversement des rôles. Il a beau se mettre au pluriel, pour mieux « cibler » ses publics et mimer la « liberté », l'Etat culturel n'est pas libéral. On peut même se demander si, enclavé dans une démocratie libérale, il n'est pas un alibi et un obstacle à la vitalité de celle-ci, à sa capacité de répondre au défi que les sociétés modernes, même libérales, posent à l'esprit.

Il est difficile de dissocier l'Enseignement, la Télévision, et la Culture. C'est pourtant ce qui se passe lorsque l'on isole celle-ci, ou prétend l'isoler dans un ministère qui lui soit propre. Ce ministère a été chargé de toutes les vertus, au point de faire oublier l'échec éducatif et la médiocrité de la télévision en France, tous deux sous la responsabilité quasi exclusive de l'Etat. Mais, à s'en tenir à la Culture du seul ministère qui porte ce nom, il est étrange d'observer que le grand « Elan culturel » dont il est animé depuis 1959, avec un second souffle en 1981, a trouvé ses grands hommes non pas dans des artistes, poètes ou écrivains qui lui devraient leur éminence, mais dans des hommes politiques qui s'en glorifient et qui en vivent. On voit Auguste et Mécène, mais où est Virgile ? On voit Jules II, mais où est Michel-Ange ? Les œuvres dont cette Renaissance planifiée énumère orgueilleusement le nombre et l'éclat ne sont pas des livres, des tableaux, des chefs-d'œuvre, mais des « événements », des « actions », des « lieux », des « espaces », et les statistiques de fréquentation à jour (du moins est-il permis de l'espérer) par classe d'âge, niveau de vie, et profil culturel.

Saint-Exupéry accusa en 1938 la IIIe République bourgeoise d'assassiner ses petits Mozarts enfants par indifférence et incurie.

Cette accusation est une des pierres angulaires sur lesquelles l'édifice de l'Etat culturel a été construit. Maintenant, les équipements appropriés aux différents arts ont été multipliés : mais où sont les Mozart, les Rimbaud, les Van Gogh qui devraient sortir à la chaîne de notre ingénierie culturelle ? Nous avons des théâtres et des metteurs en scène nombreux, des spectacles subventionnés luxueux, mais où sont les dramaturges ? Les derniers qui ont illustré notre théâtre ont été révélés par de minuscules théâtres privés de la Rive Gauche, avant l'essor de la Décentralisation culturelle : Ionesco, Beckett, Dubillard... Nous avons beaucoup plus de musées qu'autrefois, ils sont mieux tenus, plus fréquentés, généreux en fort belles expositions, mais où sont les peintres qui devaient rendre à Paris son « rang » de capitale de la peinture ? Elle tenait le rang sans y songer lorsque les candidats du concours des Prix de Rome entraient encore en loge, et les locataires du Bateau Lavoir, Braque, Picasso, n'avaient pour tout soutien qu'une poignée d'amis fervents. Nous avons des monuments publics tout neufs, de plus en plus nombreux, mais lequel mérite d'être qualifié de chef-d'œuvre ? Quel est l'architecte français qui fonde son autorité internationale sur l'un d'entre eux ? Cette machine, dont l'organigramme et le budget n'ont cessé de croître depuis trente ans, serait-elle moins fertile que le système artisanal et bancal qui prévalait avant guerre, et où foisonnaient les talents, sinon le génie ? La disproportion est trop flagrante pour que l'on puisse faire comme si elle n'existait pas. Je veux bien accorder qu'il n'y ait pas de commune mesure entre un service public quantitatif et la qualité d'invention qu'il peut favoriser, mais dont il n'est pas maître. Ce n'est certainement pas ce principe élémentaire de modestie qui préside à la politique culturelle française.

Si du moins un goût de bon aloi, une norme officielle de métier, faute de grand talent et de génie, trouvaient mesure et exemple dans les productions de la machine culturelle ! L'improvisation, la hâte, l'amateurisme, le gaspillage y prolifèrent, et l'exception du travail bien fait en confirme la règle. Sans souci de concurrence, ou au contraire avec l'anxiété de concurrencer le marché, l'Etat culturel par définition ignore la mesure, la prudence, l'économie de moyens, bref le style, qui justement ont fait jusqu'ici la réputation solide de ce qui est honnêtement français. Ses errements, qui réservent à lui seul les licences du poète, et qui ont la propriété de stériliser ce qu'il touche, nous étonnent, comme ces mises en scène surchargées et luxueuses qui écrasent les comédiens et le texte qu'elles prétendent servir.

Paul Valéry aimait à parler d'une « politique de l'esprit ». Il est difficile et dangereux d'exiger d'un Etat, quel qu'il soit, qu'il en ait une. Si l'Etat en France ne peut s'empêcher d'avoir une politique culturelle, qu'il se voie du moins rappeler constamment quelle distance la sépare d'une politique de l'esprit. Qu'il ne puisse pas feindre que celle-là tient lieu de celle-ci. Il ne réapprendra la modestie de ses pouvoirs, la distinction des ordres, l'attention aux vœux profonds du peuple qu'il a trop longtemps confondu avec les publics, que si l'on ose lui tendre le miroir où se reflète, telle quelle, arrogante et enivrée, sa prétention culturelle. Il l'a trop longtemps voilée lui-même dans les plis sacrés du drapeau.

> « Hitler disait un jour à Rauschning : " Nous avons raison de spéculer plutôt sur les vices que sur les vertus des hommes. La Révolution française en appelait à la vertu. Mieux vaudrait que nous fassions le contraire. " On pardonnera à un Français, c'est-à-dire à un homme civilisé, car c'est tout un, s'il préfère à cet enseignement celui de la Révolution et de Montesquieu : " Dans un Etat populaire, il faut un ressort, qui est la vertu. " Qu'importe que la tâche soit ainsi rendue plus difficile. Comme elle l'est en effet. Un peuple libre et dont les buts sont nobles court un double risque. Mais est-ce à des soldats qu'il faut, sur le champ de bataille, conseiller la peur de l'aventure ? »
>
> Marc Bloch,
> *L'Etrange Défaite*

Quoi de surprenant si une nation qui porte le nom de France, un des plus nobles qui soient, patauge un peu dans un âge démocratique ? Noblesse oblige, mais en démocratie, elle peut aussi faire tâtonner. Dans l'allocution de Nouvel An du Président de la

République, on a pu entendre du même souffle célébrer le rang de la France parmi les nations, comme si nous étions encore dans un monde où les préséances se règlent en cour de Rome, et non à la Bourse de New York et de Tokyo, et réclamer pour 1991 encore plus d'égalité parmi les Français. Ce mélange d'archaïsme Ancien Régime et de babouvisme au futur n'est pas propre au Président français. Il est une composante de l'opinion nationale et le principe de l'excroissance culturelle que je m'attache à décrire dans cet essai.

Pas plus que ses sœurs européennes, la France n'a la chance, comme le Nouveau Monde, d'être née démocrate, et donc de l'être avec naturel, appétit, librement, et sans arrière-pensée. La démocratie, pour l'Amérique, c'est une aristocratie sans noblesse, ouverte à tous, une compétition sportive comme le marathon de la Ve Avenue, très mélangée : tous sur la ligne de départ, mais que le meilleur gagne. Il suffit, mais il le faut, de respecter les règles politiques du jeu. Aussi l'Amérique aujourd'hui peut-elle se donner sans se forcer une mission universelle, celle d'étendre au monde entier ce privilège séduisant et contagieux en apparence, férocement sélectif en réalité. Le système a tendance, depuis le New Deal, à s'effrayer un peu de lui-même et à se scléroser, mais il reste encore, dans ses parties vitales, en vigueur.

On ne naît pas chrétien, dit-on, on le devient. On naît démocrate. En Europe, on ne l'est pas de naissance, et il a été difficile de le devenir de grand cœur. La démocratie des Modernes, qui a peu de chose en commun avec celle des Anciens, est pourtant une lente invention de l'Europe, et entre autres de la France : ce régime politique est inséparable de l'industrie, de la science, de la rationalité efficace et utilitariste qui les rend possibles, et son éclosion européenne n'a dévoré que très progressivement, et non sans résistances, notre civilisation traditionnelle. Celle-ci avait ses assises dans l'Antiquité, et ces assises nous apparentaient à toutes les civilisations traditionnelles du monde, d'Asie, d'Afrique, et d'Amérique précolombienne. Seuls les Etats-Unis en ont été dispensés. Ils sont nés à l'heure où la philosophie utilitariste et la science, armes des Modernes, avaient déjà gagné largement la partie en Angleterre. Et parce que la France n'a jamais été vraiment convertie à la philosophie utilitariste anglaise, elle est entrée dans la modernité d'une façon fort singulière. Certains de ses Modernes eux-mêmes, et par-dessus tous Rousseau, avaient le meilleur de leur cœur du côté des Anciens. Pas plus que Descartes, Rousseau n'arrache de la philosophie la générosité antique.

Même entrée dans la modernité démocratique, la France est restée, de toutes les nations modernes, la moins infidèle à la noblesse, en d'autres termes à une morale de la générosité. Son utilitarisme *de fait* a toujours été un utilitarisme honteux, retors, d'autant plus odieux à bien des égards. Mais cet égoïsme moderne des Français est aussi, du point de vue qui nous occupe, un hommage que le vice rend à la vertu, cette vertu au nom de laquelle s'est faite la Révolution française, et dont la III\ :sup:`e` République avait fait la pierre angulaire de son système d'éducation des citoyens. Même l'Ancien Régime aristocratique, dont l'honneur, selon Montesquieu, était le principe, méprisait l'égoïsme de caste et la froideur méchante de ses calculs. Ses moralistes l'analysaient sans égards. L'aristocratie d'Ancien Régime était devenue au XVII\ :sup:`e` et au XVIII\ :sup:`e` siècle une noblesse lettrée, dont l'esprit, les manières, la langue étaient certes des privilèges, mais ouverts aux lettrés français et étrangers, qui ne se privèrent pas de faire usage de ce droit généreux d'adoption. A la limite, la Chine, révélée par les Jésuites, l'Orient, le Pacifique, l'Amérique précolombienne, que les voyageurs commençaient à faire connaître, étaient idéalement eux aussi adoptés par la République des Lettres des Lumières, car tous ces peuples participaient d'une même Loi naturelle faisant de tous les hommes des candidats à l'amitié des autres.

Les Modernes des Lumières françaises n'exigeaient pas une *conversion* d'autrui à une « culture » entièrement neuve, reniant selon l'utilité égoïste et technique les vœux les plus profonds et les plus anciens de la nature humaine. Ils ne virent dans leur propre *conversation* contagieuse et généreuse que l'épanouissement et l'élargissement mondial de ce naturel à l'œuvre dans toutes les civilisations. C'est là qu'est l'essence de la noblesse en France : l'achèvement d'un beau naturel, qui fleurit sous tous les climats, et dont l'adversaire est le repliement calculateur de l'utilitarisme et du technicisme, autres figures, mais moins essentiellement françaises, de la modernité européenne. La Révolution française, dans ce qu'elle a de meilleur, voulut aller plus loin dans le sens de cette noblesse. Elle voulut abattre les égoïsmes de caste, les barrières et les frontières que la bassesse avait superposés au fonds noble et naturel de l'humanité : être républicain, c'était bien la meilleure façon d'être noble et d'inviter à le devenir. Cela n'allait pas de soi. La violence, on le sait, fut parfois assez forte à la fois dans l'Europe d'Ancien Régime, qui résistait, et en France même, où les ruines de l'Ancien Régime sont longtemps restées imposantes.

La République en France, c'est tout autre chose que la démocratie en Amérique, mouvement spontané et concentrique, d'inspiration religieuse, et qui donne à chacun sa chance (mais sans obligation) de parvenir depuis la périphérie jusque dans le cercle des meilleurs. L'effort volontaire entrepris à partir du centre, le recours à la violence, n'interviennent que rarement dans la démocratie américaine. A l'intérieur, ce fut la guerre de Sécession, à l'extérieur les guerres mondiales contre l'Allemagne des junkers et des nazis, contre le Japon des samouraïs modernisés, ou encore des guerres locales contre le communisme ou contre le fanatisme. Au total, des actes rares et opportuns.

Pourquoi le républicain français, dont le principe est plus noble et plus expansif, est-il moins naturel, dans la pratique, plus inquiet, plus intolérant ? Il croit moins aux vertus du commerce, il est à la fois bourgeois-gentilhomme et impatient de tout passé, il est vaniteux et possessif, quoique impatient de toute propriété, et il attend de l'égalité qu'elle satisfasse ses passions contradictoires. De la démocratie, le républicain français a fini par se faire une idée très bizarre et inimitable, que Daniel Halévy résumait en 1932 en ces termes : « Des privilèges pour tout le monde ». La République, sous couleur de démocratie, avait déjà assorti les passe-droits de l'Ancien Régime, dont elle avait perdu les attraits, avec une passion égalitaire dirigée contre autrui.

C'est une bizarrerie morale qui mène loin, et qui eût désespéré les austères fondateurs de la IIIe République, un des meilleurs régimes dont la France se soit pourvue. Cette bizarrerie, fixée dans les années 30, a conduit les Français à méconnaître la démocratie libérale anglaise et américaine, à la dédaigner, à ne pas comprendre son avenir alors même qu'elle était victorieuse en 1945. Impossible de croire à un régime sans épopée, sans philosophie pathétique, et qui accorde tant d'importance au bon sens. L'Europe, ou l'Asie, étaient beaucoup plus romantiques. Curieusement, on sut goûter très tôt en France le cinéma américain (dès 1930, avec Jean-Georges Auriol), on en comprit le romantisme. Mais c'était un

romantisme de fiction. Celui de l'Histoire était en Europe ou en
Asie. Aussi de fortes intelligences françaises s'éprirent-elles du
régime oligarchique allemand et italien, de la culture de masse
qu'ils organisaient savamment, bien que celle-ci mît l'intelligence
en déroute ou à la torture. Le même défaut optique a porté d'autres
brillants esprits, encore plus nombreux, à s'éprendre du système
stalinien, non moins oligarchique, et s'appuyant lui aussi sur une
culture de masse abêtissante et humiliante. L'un et l'autre régimes
« organiques » fondaient leur cohésion sur le crime : camps de la
mort et goulag. Ces deux admirations élégantes étaient nées
ensemble, dans les années 30, parmi la même génération de têtes
brûlées de la IIIe République, et l'une après l'autre, l'une pendant
le régime de Vichy, l'autre dans l'après-guerre, eurent l'occasion
d'imprimer profondément leur marque dans la vie publique
française, à doses variables. Les conséquences insidieuses, alors
même que l'idée libérale gagnait les esprits en France et dans le
monde, sont toujours sensibles. D'abord une perversion subtile du
sens de la chose publique, confondue avec la volonté de puissance
d'une oligarchie politico-administrative ; ensuite, l'organisation par
le haut d'une culture de masse prétentieuse dans son contenu,
égalitariste dans son dessein, à la fois ruineuse pour l'intelligence et
sourdement oppressive pour la bonne humeur. Poisons lents,
contenus et compensés à grand-peine par une société civile
intimidée, et réduite à la résistance passive. Mais poisons tout de
même, dont souffre aussi, dans son ordre, la fertilité française. Ils
paraissent encore plus néfastes dans l'ordre de l'esprit. C'est là
aussi, noblesse oblige, que l'on attend la France. C'est là aussi
qu'elle a un rang. Or ce que j'appelle l'Etat culturel, cette tyrannie
larvée qui rétrécit la France, et l'oblige à se contracter contre elle-
même, l'empêche d'être en Europe et dans le monde le principe
contagieux qu'elle doit être, et qu'elle a été, un principe qui
contienne et dépasse le principe américain, et qui conjugue
démocratie et noblesse pour faire échec aux oligarchies machiavéli-
ques qui singent la monarchie et affectent la passion de l'égalité.

La démocratie, libérale dans son principe politique, a plus d'un
point commun avec ce qu'était la République européenne des
Lettres, toute française, à l'heure où éclatait la Révolution
américaine. Elle est égalité, sans doute, mais d'abord liberté.
Comme l'aristocratie des Lumières, à laquelle appartenaient les

Pères fondateurs, les Etats-Unis se voulurent une démocratie libérale, où l'égalité des partenaires n'est là que pour favoriser la liberté de la conversation et de la compétition, et non pour humilier ou pour équarrir personne. La balance difficile entre égalité et liberté est la vertu libérale par excellence, parfois personnelle, mais normalement politique et sociale : elle peut tâtonner, elle ne perd jamais de vue le juste milieu entre l'excès d'égalité et l'excès de liberté qui est la santé du régime. La France de Mme Geoffrin et de Mme de Staël, la France de Turgot et celle de l'Assemblée constituante, étaient en harmonie profonde avec les principes de la Constitution américaine, et c'est cette harmonie, aujourd'hui encore, qui fonde philosophiquement l'amitié franco-américaine.

Sans l'amour ombrageux de la liberté, sans la limite qu'il impose à cette pathologie de l'égalité qu'est l'égalitarisme, la passion égalitaire devient une arme de faction, elle sert d'appât à une oligarchie démagogique et régnant par la culture de masse : la France en a fait la première l'expérience sous la Convention. La Terreur robespierriste a ouvert la voie aux totalitarismes modernes dont ni l'Angleterre ni l'Amérique n'offrent aucun exemple. Cette pathologie de la démocratie libérale est cependant l'une des angoisses de l'Amérique, et la prolifération en son sein de sectes ou de coteries intolérantes la ranime sans cesse : Ku Klux Klan, Black Panthers, Women's Lib, Political Correctness, et autres « lobbies » idéologiques travaillent à ruiner les principes fondateurs et à bloquer leur libre exercice. Mais c'est évidemment l'Europe nostalgique des Empires et des monarchies qui s'est révélée, à une échelle monstrueuse, l'hôpital psychiatrique de la démocratie libérale, dont l'Amérique n'a connu jusqu'ici que des adversaires circonscrits et contrôlables.

La France, et l'épisode de la Terreur devrait nous servir de leçon, n'est pas indemne de la pathologie de la démocratie. On ne voit guère cependant qu'elle en éprouve vraiment l'inquiétude, même lorsque des candidats suaves ou tonitruants à la tyrannie se manifestent. La pathologie politique, c'est celle des autres, au loin. Et si ces autres lointains nous renvoyaient l'image grimaçante et caricaturale de nous-mêmes ? A force d'exalter à la fois la vanité et l'égalité (« Les privilèges pour tout le monde ! »), à force d'anémier la liberté, un Etat qui devient oligarchique et qui patronne une culture de masse inavouée finit par projeter une ombre de tyrannie sur un pays naturellement républicain, et même sincèrement démocratique. Quand on s'appelle France, ces symptômes sont de trop.

*
**

La situation, on en conviendra, n'est pas commode. La France se fait-elle annoncer sous son nom, qui conjugue noblesse de naissance et noblesse de l'esprit ? Elle indispose, chez elle et ailleurs. Les uns s'irritent de la sonorité de ces deux anciennes syllabes glorieuses. Les autres constatent avec peine que cette vieillerie est encore honorablement cotée en Bourse, et tient plus ou moins bon sur le marché. Ces scrupules de politesse paralysent, mais plus encore le souvenir flatteur d'un des titres de noblesse dont peut se prévaloir ce vieux nom du Vieux Monde : une proclamation assez fameuse, quoique fort ancienne, d'abolition des privilèges. L'Etat culturel se réclame de la Nuit du 4 Août. Il se croit révolutionnaire parce qu'il se veut égalitaire. Dans ses Lieux, ses Centres et ses Espaces, tous se valent et tout se vaut. Mais le sacrifice de la Nuit du 4 Août était un acte libre, généreux, qui dans une Europe entièrement hiérarchique et monarchique a fait de la France une exception héroïque et exemplaire : dans le même geste contagieux se consommait la devise « Liberté, égalité, fraternité », sans qu'aucun des trois termes ne fût sacrifié à l'autre. Ce geste d'aristocrates les rendait lumineusement nobles. Son rayonnement fut beaucoup plus universel que ne pouvait l'être celui de la Déclaration d'Indépendance et de la Constitution américaines, qui se bornaient à sanctionner un fait par le droit. L'égalitarisme culturel, comme les autres égalitarismes, dresse l'égalité contre la liberté, les passions noires, avares, contre l'inspiration des Lumières, qui veut partager en effet, mais la noblesse, et plus précisément la noblesse de l'esprit. Une France égalitariste, donc occupée à s'égaliser elle-même, affairée à ce haineux travail sur soi, cesse d'être la patrie de la liberté, et de la contagion de la liberté. Elle cesse d'être l'espoir de ceux qui souhaitent accéder à la liberté. Au lieu de trouver en elle une source d'inspiration, ils n'y voient plus qu'un syndicat de répartition égoïste du magot, et de petits propriétaires culturels.

Par ses origines libérales, la France politique est apparentée aux Etats-Unis. Par sa tradition de noblesse de l'esprit, elle a, plus que l'Amérique puritaine et utilitaire, vocation à traduire l'idée libérale dans les langues et les traditions les plus diverses, à la faire reconnaître comme le bien et le lien commun de toutes les familles spirituelles du monde, qu'il est désobligeant et humiliant de ranger dans la seule catégorie économique du Tiers-Monde. Mais cette vocation passe par le haut. Elle est interrompue et obscurcie dès lors que la France se renferme dans un économisme même libéral et dans un sociologisme égalitaire et culturel, à usage purement interne l'un et l'autre. Ces erreurs morales sont aussi des erreurs de jugement, et elles font de la France l'objet d'une curiosité inquiète, déçue, teintée de plus en plus souvent d'un soupçon d'ironie. Le Nouveau Monde n'est pas épaté par une surenchère égalitariste qui est sa propre maladie. L'Ancien Monde, attaché à ses traditions, et rêvant d'Amérique, ne trouve pas en nous le modèle qu'il cherche d'une liberté qui soit fidèle, d'une égalité qui ne soit pas oppressive, d'une fraternité qui ne soit pas sentimentale ou de compassion facile, mais partagée par le haut. Quant aux nations de l'Est de l'Europe, elles portent aussi des noms fameux, chargés d'honneur et d'histoire. Toutes sont bien nées. Mais plusieurs d'entre elles ont été réduites au servage en partie par nos fautes et avec notre complicité. Récemment libérées, elles sont les plus ardentes à retrouver, outre la liberté et la prospérité, les Arts libéraux dont elles ont été longtemps dépouillées. Ont-elles tellement d'appétence pour l'Etat culturel français ? Elles sortent à peine de l'égalitarisme totalitaire, que leur a assené le marteau-pilon de l'Etat léniniste. Elles sont fondées à soupçonner, dans cette version de luxe du système qui les a abîmées, un jeu déplaisant de princes, ou d'enfants gâtés. Elles nous demandent nos professeurs, nos savants, nos industriels et non pas des chanteurs de rock.

La France est devenue vraiment une République en 1875. Autant qu'une Constitution, elle a adopté alors une tradition de pensée, une littérature, une légende, nées au siècle des Lumières et mûries par le Romantisme. Pour autant, elle n'a pas rompu avec ses autres lignages : la fidélité à l'Ancien Régime, à l'Empire bonapartiste, à la Monarchie orléaniste, mais aussi à l'Eglise romaine, à l'Eglise réformée, à la Synagogue, maintint d'autres feuillages sur un arbre généalogique touffu, et dont la République, indirectement par les luttes parlementaires, ou directement, par alliance matrimoniale ou sympathie littéraire, était au fond solidaire. Son nom latin supposait un Forum ; et dans cette enceinte centrale (Paris et la Chambre, après Rome et ses Conciles), chaque famille a ses représentants, ils se combattent, mais au nom d'une « chose publique » supérieure à tous, et servant par là, même malgré eux, l'idée républicaine d'unité et d'indivisibilité. Toutes ces familles d'esprit, si opposées soient-elles, parlent par ailleurs la même langue, une langue littéraire et classique qui reconduit tous ses locuteurs en une Place Royale invisible, au centre du temps historique français, au XVIIe siècle. Cette structure objective et symbolique, qu'on s'en impatiente ou non, est française. Au centre idéal d'une histoire et d'une géographie, s'apostrophent des orateurs aussi différents que Gambetta et Albert de Mun, Jaurès et Barrès, Tardieu et Blum, Poincaré et Briand. La République, comme la Monarchie avant elle, est une foi française qui rassemble, un légendaire français qui réunit les générations vivantes aux grands ancêtres, foi et légende ouvertes et propices aux ralliements dans l'honneur : une noblesse donc, mais le contraire d'une caste oligarchique. Dès le XVIIe siècle d'ailleurs, il était admis en France qu'il n'y avait pas de noblesse que de naissance ; le service du roi et les lettres anoblissaient, et même le noble né ne pouvait tenir son rang que par une « honnêteté » qui conjuguait mémoire, manières, langage.

Telle est l'origine du statut extraordinaire, essentiel à l'harmonie, mais aussi au dynamisme français, dont la littérature jouit dans ce pays. Elle est la jurisprudence de la langue et des mœurs nationales. Dès l'âge absolutiste, la République des Lettres voilait les barrières de caste et allumait les lumières d'un salon où l'égalité était la même qu'autour d'une table de jeu. Elle compensait la bureaucratie et l'aristocratie de Cour par sa noblesse, d'essence toute littéraire, et où la seule supériorité était celle de l'esprit. La République paracheva la constellation des salons et des académies en ajoutant à ces cercles de conversation cooptés un hémicycle d'éloquence, le Parlement, dont les orateurs étaient élus au suffrage universel. Une même langue et une même littérature faisaient tourner ensemble autour du même axe ces divers rouages de la représentation nationale, concentrés sur une même scène visible de partout. A la limite, la France entière devait pouvoir comprendre les mouvements de cette horlogerie, les comparer à des mouvements antérieurs, les accélérer ou les troubler par sa propre agitation ou par son vote. La République porta à une sorte de perfection le mécanisme : elle fit de l'instruction publique la voie d'accès à la fois à ce grand théâtre et à un parterre capable de juger en connaissance de cause. Il ne suffisait pas, voulut-elle, de naître Français pour l'être, de même qu'il n'avait pas suffi dans l'Ancien Régime de naître noble pour figurer dans la République des Lettres ; pour mériter ce titre de noblesse, il était souhaitable de savoir sa grammaire, ses auteurs, son histoire. Mais quiconque les savait, même s'il n'était pas né Français, avait la France pour seconde patrie, prenait rang et plaisir au théâtre. Mais il s'agissait toujours d'une noblesse, si ouverte fût-elle, c'est-à-dire d'un rôle et d'une forme hérités, d'une discipline reçue, d'une règle du jeu acceptée, dont la liberté d'interprétation laissait une vaste carrière au talent et à l'invention.

La grammaire, en France républicaine, vaut un titre de chevalerie : Malherbe et Vaugelas l'ont établie au départ selon l'usage des plus grandes familles du royaume. Les auteurs classiques de l'école républicaine sont les mêmes que dans les collections royales *ad usum Delphini*, et chaque petit Français ou étranger, instruit en notre langue, apprenant une fable de La Fontaine ou une scène de Racine, est le petit-fils de Louis XIV formé par Fénelon, ou l'héritier de la principauté de Parme élevé par Condillac. L'histoire enseignée dans les écoles de la République, en France ou à l'étranger, a pour sources majeures une collection de *Mémoires* aristocratiques, où Mme Roland et Bonaparte figurent, mais dont les origines remontent à Grégoire de Tours, à Froissart et à Commynes. Il est difficile d'imaginer un Collège de Nobles à la fois plus ouvert et plus aristocratique que l'enseignement public et obligatoire de la République française. C'était Rugby et Eton, sans le *cant*, dans le plus modeste bourg de la plus lointaine province. Je veux bien que cette hyperbole schématise la réalité : elle rend compte très exactement de l'intention éducative de la République, et, souvent, de son succès.

On peut sans doute regretter que, trop fidèle à l'Ancien Régime, très grand seigneur dans ses finances, la République ne se soit pas

montrée plus éduquée et éducatrice dans cet ordre-là. Le premier
feignait de le mépriser par hauteur d'âme, la seconde par vertu. La
force de l'Amérique, outre le naturel avec lequel elle est démocratique, est d'admettre avec un parfait naturel que l'excitation, le
suspens, le drame de la roue de fortune sont parmi les vraies
saveurs que la liberté peut connaître. La preuve que la République
était au fond *traditionnelle* est le peu de souci qu'elle eut de mettre
en lumière et en valeur l'intelligence des règles du jeu économique
moderne. Un autre symptôme est l'éclat que connut entre 1875 et
1940 la noblesse du Faubourg, plus prestigieuse alors qu'elle ne
l'avait été sous la Restauration. La seule noblesse qu'ait vraiment
admirée le Nouveau Monde est la florentine, commerçante et
bancaire. Les grandes familles de banquiers florentins, les Médicis,
les Sacchetti, les Bardi n'en ont pas moins été amies des lettres, des
sciences et des arts. Mais la morale de la République française
comme son programme d'éducation voulaient ignorer que l'économie et les finances libérales sont le sel de la démocratie, et non plus,
comme sous l'Ancien Régime, le secret confié aux domestiques et
la honte des bourgeois. Cette vertueuse hypocrisie, qui alimentait
l'indignation des pires adversaires de la IIIe, explique ses
« Affaires » honteuses : en dépit de concessions de surface, elle est
toujours en vigueur en France, où les règles du jeu économique et
financier, faussées par un despotisme d'Etat, n'ont pas acquis la
dignité d'art libéral. Un demi-siècle de marxisme et d'économie
mixte ont encore compliqué pour nous l'héritage des grands
seigneurs. Il reste que, même avec cette carence, la République
faisait des Arts libéraux le mode et la condition d'accès à la seule
noblesse compatible avec la démocratie politique : celle de l'esprit.
Sur ce point, elle était à la fois moderne et classique, et elle servait
bien la nation. Aujourd'hui encore, il en reste quelque chose ;
quiconque, d'Extrême-Orient à l'Extrême-Occident, parle bien
français, lit avec plaisir le français, s'est composé une bibliothèque
française, appartient à cette société républicaine qui, sous tous les
cieux, porte le nom de France. Mais les objets d'art, les dessins, les
tableaux, les meubles du passé français sont aujourd'hui plus
demandés que les livres, et le Liban français n'est plus qu'un
souvenir tragique.
    La France lettrée, contagieuse et beaucoup plus vaste que ses
frontières, était déjà là sous l'Ancien Régime, dans ses salons et son

Internationale des Lumières. La République a élargi généreusement et intelligemment, par amour de la démocratie mais sans
passion démocratique, cette vieille disposition expansive et ouverte
de la sociabilité française : elle s'est identifiée à la République des
Lettres. Rien n'était plus injuste que la polémique de Barrès contre
les écoles de la IIIe, qui au demeurant formaient pour son œuvre
d'excellents lecteurs. Faute de ce principe d'anoblissement aussi
ancien qu'elle-même, la France est menacée dans son être. Elle est
en train de devenir une entité géographique où se juxtaposent des
grumeaux socioculturels.

Nous sommes loin de la polémique des *Déracinés*. Au lieu de
Kant, corrupteur des âmes selon Barrès, un ministre français de la
Culture propose en modèle aux lycées français, et il subventionne,
la « culture rap », importée des quartiers ensauvagés du Nouveau
Monde. Comment imaginer un ministre américain en faisant
autant pour sa « culture » ? Le même ministre français est capable,
à quelques semaines de distance, de vanter l'attachement des
Français à leur patrimoine architectural, et de se porter caution
pour l'imitation servile en France d'une des dernières trouvailles
du *show-business*. Cette répartition des Français en clientèles
hétérogènes de consommation, justifiable chez un directeur commercial de Grande surface, peut surprendre de la part d'un élu de
la République, membre au surplus du pouvoir exécutif. Elle donne
la mesure de la confusion qui s'est introduite dans les représentations, l'autorité politique raisonnant en termes de sociologie
commerciale, et traitant les citoyens comme une collection de
clientèles et de publics. Une série de « cultures », sous le nom
générique de Culture, pose la segmentation en moyen de gouvernement. Et cette Culture de l'éparpillement et de la conjoncture
travaille à remplacer la civilisation française, à la fois dans la
singularité historique qui relie la nation en profondeur à sa
substance permanente, et dans son universalité spirituelle qui par
le haut la relie à toutes les manifestations de l'esprit humain. Cette
manipulation des mentalités redoute à bon droit toute magistrature
indépendante qui viendrait lui opposer ce qui demeure et doit
demeurer pour que l'esprit ait encore domicile en France.

**
*

Il n'est plus question, dans la langue courante, ni même dans le discours officiel, de République. On ne parle plus que de Pouvoir. La République avait pour finalité de hausser à sa vie publique, et d'anoblir par l'éducation, ses citoyens. C'était un régime représentatif et libéral. Le Pouvoir ne conçoit d'autre finalité au service public que d'étendre son omnipotence sous couleur de répandre égalitairement ses bienfaits. Cela revient à réduire l'ensemble des citoyens à la condition de consommateurs, à les dépouiller de toute représentation, pour concentrer en peu de mains toutes les fonctions, non seulement celles que distinguait Montesquieu, mais d'autres apparues entre-temps, comme l'économique, et dont il ne serait pas venu à l'esprit d'un homme des Lumières de les faire dépendre du politique, pas plus que les mœurs et les goûts. Le Pouvoir se comporte comme si le corps politique était un marché, mais, étant un Pouvoir politique, il est en mesure à la fois de persuader, de manipuler et de contraindre. Il est devenu une centrifugeuse égalitaire, homogénéisant en apparence, morcelant en réalité. Pour échapper à la centrifugeuse, la seule méthode est de devenir une pièce de son moteur. Egalisateur, il rend servile. En morcelant, il divise et il règne. Le nom de France, superstition, l'importune. La langue, la grammaire, l'histoire, les auteurs, toute cette jurisprudence nationale, avec lesquels ce nom consonne, ne sont plus pour lui que des pièces du mobilier national, réservées à la plus haute fonction publique. Il parle technocrate, une langue découpée dans la langue et qui ne s'adresse à personne. Le nom de République n'y figure pas. France et République, l'un par ses origines médiévales, l'autre par ses racines romaines, ne sont pas à leur place dans le jargon officiel. Sauf dans la langue châtiée du Président de la République. C'est un autre de ses domaines réservés. Aux autres échelons, le mot Culture est très populaire. Comme le mot Pouvoir, il se passe de mémoire et il a trop peu de contours pour gêner les mouvements des nouveaux maîtres.

Le couple France-République est donc remplacé par l'accouplement Pouvoir-Culture. La République française, que Péguy appelait « notre Royaume de France », est ainsi devenue un Pouvoir culturel, et même pluriculturel, qui n'est plus nulle part, dans le temps ni dans l'espace, comme l'île de Laputa de Swift, comme l'oiseau de pierre de Magritte, lourds et pourtant abstraits. Ce glissement de vocabulaire, insensiblement entré dans les mœurs, signale une mutation essentielle auprès de laquelle la Révolution française fait figure de péripétie. Le Pouvoir culturel est le moteur d'une révolution du même nom qui nous fait entrer dans l'étrangeté radicale d'un monde nouveau. Ce monde nouveau n'est pas symétrique du Nouveau Monde, en dépit de beaucoup d'apparences communes et d'emprunts incontestables. Il est d'abord la négation persévérante, systématique, haineuse, de l'Ancien, alors que le Nouveau Monde se borne à persévérer dans son naturel et à louvoyer dans son propre jeu démocratique. Il est d'ailleurs le premier surpris de ne reconnaître ni la France ni lui-même dans cette figure d'artifice et de synthèse qui a surgi dans l'Hexagone. Pour décrire cette figure, il ne faut donc pas emprunter leur langage à la démocratie à l'américaine ni à l'économie de marché. La France a perdu son naturel, comme Peter Schlemihl avait perdu son ombre. Elle l'a perdu avec son nom. Une doublure étatique et culturelle, habile à se faire passer pour une évidence bienfaisante, a remplacé sans crier gare l'ancienne Nation-Eglise. Pour décrire ce parasite, il faudrait le génie fantastique d'Edgar Poe. Puisqu'il s'agit d'une perte du naturel, le langage classique des moralistes français, et celui du sens commun, peuvent aussi convenir.

Plusieurs romans, parmi les meilleurs parus ces derniers mois, renouent avec le Paul Morand de *Venises*, sinon avec la fascination d'un Henri de Régnier pour la Cité des doges. Tour à tour Françoise Chandernagor (*L'Enfant aux loups*), Jean d'Ormesson (*Histoire du Juif errant*) et Philippe Sollers (*La Fête à Venise*) ont projeté leur imagination sur l'écran de la Lagune. Une nouvelle angoisse française retrouve ainsi son ancien miroir. Mais dans aucun de ces trois romans, le mot de décadence n'apparaît. Cette omission a peut-être valeur de conjuration. Son absence est moins remarquable dans le pauvre français d'usage que véhicule la « communication » dans l'Etat culturel. Décadence ! Ce mot est trop beau, trop romantique pour se faire jour dans notre prospérité frivole et repue. De cet affaissement que voilent les « Chiffres pour la culture » toujours en progrès, la langue se ressent cruellement. Tout un lexique, toute une syntaxe, toute la richesse des lieux communs et des figures de style qui faisaient la substance et la ductilité du français sont rejetés hors d'une conversation mutilée. La rhétorique, qui apprenait aussi bien à contracter qu'à amplifier, selon les règles d'un jeu qui fait de la langue la danse de l'esprit, a été remplacée exclusivement par la contraction de textes et le résumé de dossiers, utiles sans doute, mais qui, sans le contrepoids de l'amplification, dessèchent le cœur et apprennent à courber l'échine de l'âme. Ce degré zéro de l'écriture, opprimant pour l'enfance et la jeunesse joueuses, est descendu des grandes aux petites écoles, et a jeté l'interdit sur l'image qui fait voir, l'allusion qui fait entendre, le trait qui éclaire, bref toute la lyre des lettres françaises. Il ne reste plus que deux degrés de style : le style administratif et le style voyou, deux langues de bois. Cette amputation de la langue équivaut à une censure de fait sur tous les genres qui ne sont pas l'exposé abstrait ou son école buissonnière, l'autobiographie. La satire, l'essai, la polémique, la critique d'humeur, qui supposent un public sensible au ton autant qu'à l'idée, sont devenus hors de portée et franchement de mauvais goût. L'ironie n'est pas encore un délit : c'est déjà presque un crime, en tout cas une grave faute de civilité ou un acte héroïque.

Aussi « décadence », mot ancien, mot-poème, ne peut-il convenir à un monde nouveau sec, neutre, avide, à qui l'éloquence fait beaucoup plus peur que la poésie. Il est curieux de noter que les Américains emploient volontiers le mot, et qu'ils sont sensibles à ce qu'il suppose de sentiment tragique. Le Nouveau Monde en effet, contrairement au monde nouveau, est naturel dans la démocratie, et, étant naturel, il a l'imagination vive, le sens des grands genres, tragédie, épopée, lyrisme, et Shakespeare comme les mythes grecs ont longtemps été chez eux, même dégradés, dans le cinéma et le roman américains. Notre constriction démocratique, organisée par un Pouvoir froid qui ne rêve ni ne fait rêver, est non seulement dépouillée de la plupart des genres littéraires, mais de ce romantisme poétique auquel le grand public en réalité a été et est toujours sensible. « Décadence » est un mot déplacé pour décrire le monde nouveau. Sous la IIIe République naissante et conquérante, ses adversaires de l'intérieur la frondèrent en répandant et amplifiant cette métaphore crépusculaire. Nul n'y vit une menace, à plus forte raison un solécisme. La littérature « décadente » n'inquiéta pas une nation dans tout l'éclat de la santé, et qui pouvait souffrir qu'on la fît rêver à son propre épuisement. La IIIe République pouvait d'autant mieux s'accommoder du décadentisme propagé par ses lettrés qu'elle-même, s'identifiant à la France, s'estimait de fort bonne maison, d'un sang ancien mais vigoureusement renouvelé. Elle ne voyait à sa hauteur que le roi d'Angleterre, le tsar et le Kaiser. Elle s'attribuait à juste titre plusieurs quartiers de noblesse : la Constituante, la Convention, l'Assemblée de 1848. D'autres, légitimistes, orléanistes, bonapartistes, pouvaient décliner autrement la généalogie de la France. Le décadentisme littéraire, fiction poétique, exaltait par sa mélancolie fin de race un orgueil unanime. Chez les Allemands, on redoutait et dédaignait la pédanterie de nouveaux riches de l'Histoire, leur *Kultur*.

Les écrivains les plus allergiques à la « République athénienne » (cette autre fiction littéraire dont n'hésitait pas à faire usage le tribun Gambetta, et qui faisait remonter aux Grecs le lignage du régime) allaient chercher à Venise un deuil moderne : il leur semblait plus seyant que la foi robuste et l'éloquence à l'antique des chefs républicains. On rivalisait alors un peu trop de noblesse, mais comment s'en plaindre aujourd'hui ? Venise, ce fut le culte réactionnaire de la fête d'Ancien Régime, telle que l'avaient décrite les Goncourt, cette « Folle journée » du XVIIIe siècle qui devait être éphémère, et qui, selon ces esthètes, n'aurait jamais dû rebondir, comme elle l'avait fait en 1789, par l'afflux d'énergie révolutionnaire qui l'avait métamorphosée en tragédie politique et en épopée militaire. Rendez-vous des rois en exil, spectacle ininterrompu pour les voyageurs, la République Sérénissime avait été réduite en 1797, sur une simple sommation de Bonaparte, au pillage et à la dépendance. Elle n'avait pas livré sa bataille de Salamine. Dans ses pierres presque désertes, ville-vanité, ville-tombeau, elle proposait aux touristes lettrés de la fin du XIXe siècle le contrepoint qu'ils souhaitaient aux Expositions universelles et à la vitalité trépidante du Paris de la IIIe République. Mais même ce miroir rouillé leur était un principe inventif, et cette rêverie funèbre un argument de vie. Barrès jeune fit le voyage de Venise, avant Proust, après Wagner (que Paris tenait, avec Goethe, avec Heine, pour l'un des siens). Il y trouva, avant de s'enraciner un peu tristement en Lorraine, de vives exaltations. Ni la ville désolée, ni ses rares habitants ne le retiennent, tout sensible qu'il peut être avec sa génération à l'anémie, aux miasmes paludéens dont Thomas Mann imprégnera *Mort à Venise*. Mais à la Cà Rezzonico, au Carmine,

aux Gesuati, il eut de longs tête-à-tête avec les fresques de
Giambattista Tiepolo. Ces allégories résument les titres de gloire de
Venise, qui ne savait guère que le plus irrécusable d'entre eux était
encore sa lignée de grands peintres, dont Tiepolo était le dernier,
mais non le moins grand. Elles célèbrent la foi, la fortune, la fierté
vénitiennes, mais surtout la lumière de la Lagune, entre mer et
ciel, qu'elles peuplent d'images de mémoire. Venu pour flatter son
spleen, Barrès découvre dans ces peintures une ressource et un
ressort :

« Ces plafonds de Venise, qui nous montrent l'âme de Giambattista Tiepolo, quel tapage éclatant et mélancolique ! Il s'y souvient
du Titien, du Tintoret, de Véronèse, il en fait ostentation : grandes
draperies, raccourcis tapageurs, fêtes, soies et sourires ! Quel feu,
quelle abondance, quelle verve mobile ! Tout le peuple des
créateurs de jadis, il le répète à satiété, l'embrouille, lui donne la
fièvre, le met en lambeaux, à force de frissons. Mais il l'inonde de
lumière. C'est là son œuvre, débordante de souvenirs fragmentés,
pêle-mêle de toutes les écoles, heurtée sans frein ni convenance,
dites-vous, mais l'harmonie naît d'une incomparable liberté heureuse. Ainsi mon unité est faite de toute la clarté que je porte,
parmi tant de visions accumulées. »

S'il fallait chercher aujourd'hui au-dessus de nous une vision qui
ait le même pouvoir, ce n'est pas du côté de la peinture qu'il
faudrait lever les yeux d'abord. Pour une nation littéraire, comme
la nôtre, la *Recherche du temps perdu* déploie dans notre ciel, mais
visible du monde entier et dans la plupart des langues, une aurore
boréale française aussi lumineuse que les plafonds et les tableaux
d'autel de Tiepolo à Venise. Surchargée elle aussi d'armoiries, elle
fait descendre sur nous, sceptiques ou désespérés, la grâce et la
force de la remémoration. Elle est une patrie pour endeuillés de
patrie.

Trop tard pour que Barrès ait pu les voir, on transporta en 1906
à la Cà Rezzonico les fresques dont Giandomenico, fils et
collaborateur de Giambattista, avait décoré sa villa de Sinatra, en
1791, non loin de Venise. L'une d'elles, traditionnellement, porte
le titre : *Il Mondo Nuovo*. A hauteur de regard, et presque
grandeur nature, c'est un extraordinaire trompe-l'œil : il met le
spectateur en présence, quasi physique, d'une foule de badauds en
rang d'oignons, dont on ne verra jamais le visage et dont on se

demande aussitôt quel spectacle peut bien les arrêter ainsi, côte à côte, grouillants, appesantis. Un quatrain, au bas d'une gravure italienne du début du XIXe siècle, d'après cette fresque, la commente ainsi :

> *Gente senza saper, senza costume,*
> *Dell'ozio amico, e che virtu non cura*
> *Predice l'avvenir e la ventura,*
> *A popolo stolto che non vede lume.*

> Des gens privés de savoir, et de mœurs,
> Amis de la paresse, et insoucieux 1e vertu,
> Prédisent l'avenir et son aventure
> A un peuple stupide qui ne voit pas la lumière.

Ce serait donc une version moderne de la fable de l'aveugle et du paralytique, ou plutôt, ou mieux encore, du mythe platonicien de la caverne. Cette frise de voyeurs immobiles, dormeurs debout, regarderait des bonimenteurs invisibles, qui, dans leurs boniments, leur feraient miroiter un monde nouveau, toujours au futur. Ils désertent le monde ancien et réel qu'ils habitent, ils sont ailleurs, en une partance perpétuelle et sur place. Restent pourtant à quai ces dos de dupes bigarrées, en manteau ou mantille, les bras ballants, piégés dans un leurre, mais leurre eux-mêmes piégeant leurs propres spectateurs, dont le premier mouvement est de s'agglutiner derrière eux, et de tenter de voir par-dessus leurs épaules la fiction que cette foule fictive croit voir. Quel jeu d'optique ! Il est à la fois difficile de ne pas s'y laisser prendre, et de ne pas être comme réveillés après avoir été tentés d'y être pris. Transporté dans un des musées vénitiens de la peinture de Giambattista, ce chef-d'œuvre d'ironie se charge d'un sens encore plus fort. Ces badauds peints, attraction irrésistible pour les badauds vivants, se détournent de la lumière des plafonds de Tiepolo, qui va à la rencontre des reflets du Grand Canal comme le doge allait épouser la mer. Ils sont au piquet de Venise et de son dernier poète, ils passeront l'éternité à lui tourner le dos.

Par un surcroît d'humour satirique, Giandomenico s'est représenté lui-même, avec son père, mêlé à cette troupe de voyeurs aveugles. On s'accorde en effet à les reconnaître l'un et l'autre dans la foule. Giambattista est en perruque noire, il porte des lunettes, un peu en retrait à droite ; derrière lui, Giandomenico, le nez aussi chaussé de besicles. Spectateurs parmi les spectateurs, ils regardent ailleurs, les yeux redoublés par leurs lentilles professionnelles de peintres, indifférents à la désertion de Venise, miroirs inconnus de son idée qu'ils ont projetée sur ses murs. Dans cette scène d'un réalisme tout profane et comique, ils sont néanmoins comme les apôtres de Tintoret, dans le *Chemin de Croix* de la Scuola di San Rocco, perdus dans la foule qui suit machinalement les soldats en marche, seuls à savoir qu'ils accompagnent le Christ. Ils voient l'avers et le revers des choses, le passé et l'actualité de cette Venise qui n'a plus, en 1791, que six ans de sursis. Leur œuvre était achevée, Giambattista était mort, mais dans les églises et les palais de Venise, dans le grand escalier du palais archiépiscopal de Würzburg, dans les salles officielles du palais royal de Madrid, dans les villas de la Brenta et de Vicence, leurs allégories lumineuses avaient légué au monde la noblesse de Venise, son mythe. A ce testament, Giandomenico orphelin avait ajouté un post-scriptum : *Il Mondo Nuovo*. La Venise posthume. Dans d'admirables dessins de la même époque, il a représenté toute une société de Polichinelles tout blancs et à hauts chapeaux pointus, qui se désarticulent consciencieusement.

Pour décrire l'amnésie française de la fin du xxe siècle, cette rencontre au bord du Grand Canal peut servir de prologue. C'est la croisée des chemins. Se retourneront-ils ? La France peut très bien se passer d'eux. Comme Venise dans les fresques de Tiepolo, elle est triomphante et vivante dans toutes les bibliothèques du monde, dans ses musées, dans son histoire, dans sa légende, dans sa langue, latin des Modernes, et son essence, comme celle de Venise, peut être confiée sans crainte à ces bouteilles à la mer. La France, patrie de l'esprit, est aussi inaliénable que peut l'être la Grèce malgré Papandréou, l'Espagne malgré Gonzalez, l'Italie malgré De Michelis, la Chine malgré Mao. C'est un bien commun de l'Europe et du monde. Prenons garde à ne pas être les seuls à en être dépouillés, tandis que l'Etat culturel nous amuse avec ses vanités.

Comme la Venise de Tiepolo, la France de toujours est l'une des noblesses dont l'Europe se compose, l'une des plus hospitalières, sûrement la plus gaie, et l'on n'imagine pas sans elle l'Europe ni tout simplement le monde. Tel est cependant le pesant empire du « nouveau monde » culturel jusque dans notre langue qu'on en vient à hésiter à écrire une phrase dont son nom soit le sujet. Peut-on encore, sans surprendre, s'y risquer, même sur le mode interrogatif, négatif, dubitatif ? En se demandant par exemple : la France croit-elle, ou ne croit-elle plus en elle-même ? Se veut-elle ou ne se veut-elle plus ?

« Bien entendu, a écrit Paulhan, la France n'est pas plus une femme que l'Allemagne n'est un aigle ou l'Angleterre un lion. Pourtant, qui songe aux conditions de tout ordre qu'implique l'existence même d'une nation, les territoires réunis, les chefs librement reconnus, les étrangers librement refoulés, l'obéissance et l'abnégation, n'évite pas de prendre cette nation pour une personne. »

Mais aujourd'hui, le scrupule porte sur le style autant que sur la pensée. Cette allégorie féminine, le verbe théologico-politique dont elle serait le sujet, l'interrogation oratoire dont elle serait l'objet, eurent beau aller de soi en français de Hugo à Michelet, de Barrès à Malraux, ils ne sont plus de saison. La foi dont cette allégorie était chargée, les ressources affectives et mnémotechniques qu'elle enveloppait, le lieu commun ascensionnel qu'elle proposait à l'individualisme des Français de langue et de naissance, à l'amitié des étrangers, se sont effacés, mais les figures elles-mêmes qui en rendaient l'expression possible ne se laissent plus entendre. L'allégorie France est entrée dans la clandestinité, et avec elle tout un bonheur de langue qui permettait à la volonté générale de la nation, dans sa transcendance par rapport aux vocations particulières, de se formuler, à la mémoire commune à tous les Français de naissance ou de choix de se résumer et nommer. Cette personne pouvait bien être idéale, et donner lieu à des interprétations diverses et même opposées, elle *était*, lien et véhicule, comme le Royaume, la République ou l'Empire, douée d'une vie seconde qui transportait quiconque en était saisi du simple au figuré, de la prose à la poésie. Pierre angulaire du lexique, elle invoquait par le verbe qui la faisait agir l'éloquence politique, l'invention littéraire, l'invention tout court. En se retirant dans les ténèbres, elle laisse les Français réduits à leur singularité aphasique, repliés sur un moignon de moi, manipulables et coagulés en réseaux de défense et pression obtuses, égalisés en effet par le bas. L'allégorie France, et l'hospitalité exigeante dont elle était le principe, n'était pas seulement une noblesse, une poésie, mais la scène du naturel et de la liberté des Français.

On parle encore de société française, de politique culturelle française, mais cet adjectif est une commodité pour désigner l'actualité immédiate, un ensemble flou de modes et d'opinions observées par sondages, manipulées par des « coups ». Ce n'est ni un lien ni un lieu, c'est une zone. Faute de France, on dit Culture, et ce singulier lui-même est une litote pour dire vulgairement Babel. Inventée par le nationalisme allemand, transportée peu à peu en France, la Culture n'y retrouve de référence nationale, vaguement, par accès, que pour s'opposer à ce qu'il est convenu d'appeler l' « impérialisme culturel » américain. Et comme les émanations du Nouveau Monde sont nombreuses, contradictoires, et souvent bien accueillies par les diverses clientèles françaises, se définir par rapport à ces « influences » revient à avouer une fascination plutôt qu'à affirmer une rivalité. Mais notre monde nouveau n'est qu'en surface redevable à sa badauderie envers le Nouveau Monde. Successivement, la mode intellectuelle française a, dans les années 30-40, regardé intensément du côté de l'Allemagne hitlérienne, puis, dans les années 50-60, du côté de la Russie stalinienne. La IVᵉ République a effacé les traces du fascisme, mais elle a laissé, et la Vᵉ n'y a pas remédié, l'empreinte du système soviétique s'imposer à des pans entiers de la société française. On gémit sur les McDonalds du boulevard Saint-Michel, mais on oublie les villes entières de la périphérie de Paris où les avenues Maurice-Thorez et les boulevards Lénine ressemblent à s'y tromper à leurs modèles de Berlin-Est et de Moscou. Des générations de « cadres » français ont été formées par les écoles du Parti, la presse du Parti, les meetings du Parti, et par diverses métastases, passant par le maoïsme, le trotskisme, le tiers-mondisme, ont fait leur chemin dans les syndicats, les mutuelles, l'administration, l'enseignement, la presse « capitaliste », les institutions « culturelles » du Pouvoir. La rage au cœur, mais la rage est une énergie, ils ont dû s'adapter à la victoire de l'économie libérale, et à la déroute de la « révolution » : ils ont enfin trouvé dans le Pouvoir-Providence, qui s'est substitué à la République, le milieu favorable à la volonté de puissance qui leur est née à la fois de leur ancienne haine de la

France « bourgeoise » et de leur rage nouvelle de la sentir persévérante. Par un paradoxe moral, classique et qui appartient à la clinique de la haine, les vidangeurs des « eaux glacées du calcul égoïste » s'y sont plongés avec une âpreté digne de celle des « bourgeois conquérants », mais ils y ont noyé leur âme, leur rêve, leur enfance, leur naturel, dont les bourgeois n'étaient pas infirmes.

La « troisième voie » française, ni communisme ni capitalisme, a fini par engendrer un monstre qui conjugue deux amoralités, deux stérilités, celle du communisme et celle d'un capitalisme d'Etat de nouveaux convertis. A cette utopie française, rassemblée autour du Pouvoir, la Culture a fourni une vitrine nationale et internationale. A l'ersatz de République, la Culture a servi d'ersatz de drapeau. Elle a conjugué dans son ordre la badauderie envers l'Est marxiste et le Tiers-Monde marxisé et une autre de plus en plus éblouie envers les apparences du Nouveau Monde. Elle subventionna et mit en avant longtemps les spectacles qui servaient la « vision du monde » marxiste, et ceux qui émanaient de la « contre-culture » new-yorkaise. Le Berliner Ensemble de Brecht, vitrine culturelle de la R.D.A., devint dès 1951 le modèle absolu des spectacles du « secteur public et décentralisé ». Il y trouva des sectateurs intellectuels qui, depuis, ont formé des générations de metteurs en scène et de comédiens. La filiale milanaise du Berliner Ensemble, le Piccolo Teatro, étendit et justifia par le talent et la vitalité italiens de Giorgio Strehler le prestige exercé sur le théâtre subventionné français par la théorie et l'exemple « brechtiens ». Pour un grand talent tel que Patrice Chéreau, sorti de cette école, combien de traditions théâtrales, et de secrets de métiers, ont été sacrifiés à cette terreur patronnée par le Pouvoir, à commencer par l'art d'écrire en français pour le théâtre, qui s'est à peu près entièrement éteint ? En comparaison de cette dictature du metteur en scène brechtien, les quelques importations de New York, toujours choisies dans l'off-off-Broadway, et même l'exemple admirable de Peter Brook, n'ont eu d'effets que mineurs.

Le théâtre a été le fer de lance originel de la Culture « à la française ». Ce n'est pas un hasard. Le monde est un théâtre, une nation est un théâtre, la caverne de Platon est un théâtre : dans le rapport de la scène à la salle, de l'acteur au spectateur, se joue l'essence du politique, et même du religieux, dans la vie des communautés humaines. Passer d'un théâtre à un autre, c'est passer d'un régime à un autre, d'un régime de l'esprit à un autre. La « brechtisation » de la vie politique et de la vie spirituelle de la nation, la déroute de la Comédie-Française, signalent la défaillance du théâtre classique de la nation et de sa langue. Tous les épisodes de la vie française, depuis le XVIIe siècle, Révolution comprise, se sont déroulés sur une scène à l'italienne, avec des acteurs formés à l'école oratoire. Le talent, l'intelligence, étaient de la partie autant que l'illusion et les passions. Ce théâtre était celui d'Aristote et de Quintilien. Celui de Brecht est une école de cynisme machiavélique et de calcul froid, dont le metteur en scène est le tyran. Le Magnanime d'Aristote est remplacé par le Prince de Machiavel, le naturel théâtral par une affectation rusée qui interdit l'enthousiasme et le rire. On y joue au plus fin, comme Brecht lui-même dont le compte en banque était en Allemagne de l'Ouest et la troupe officielle au service des bourreaux de l'Allemagne stalinienne. La parenté entre ce théâtre pervers et le mentir « vrai » d'Aragon, le plus retors parmi les staliniens français, fit de lui l'école d'une nomenklatura intellectuelle et mondaine française. La proportion entre l'Est et l'Ouest, dans ce théâtre de survie méchante, reflétait exactement celle qui prévalait dans la « troisième voie » française, capitaliste (mais distanciée) par la source principale de ses revenus, semi-soviétique, mais non moins prudemment distanciée, par son gigantesque « secteur public » arrosé par la redistribution fiscale. Infrastructure et superstructure, pour parler la langue de bois d'hier, relèvent à la fois de l'analyse de Zinoviev dans *Les Hauteurs béantes* et de la satire du radical chic new-yorkais par Tom Wolfe.

Le monde nouveau qui s'est installé dans un décor français n'est pas un inconnu. Il faut pourtant remonter à *La République des comités* de Daniel Halévy en 1932 pour en trouver l'analyse politique, d'après l'expérience de la IIIe République corrompue et transformée par le Parti radical en société anonyme gérant ses intérêts particuliers, et où le suffrage universel se trouve faussé par le clientélisme suspendu à cette nouvelle corne d'abondance. Quant à la satire des mondanités parisiennes qui font les délices du Pouvoir culturel, il faut se contenter de chroniques éparses dans *Le Canard enchaîné*, alors qu'il y aurait matière pour Juvénal. Mais ce que ne pouvaient prévoir ni Daniel Halévy, ni Juvénal, ni même les brechtiens des années 60 qui enseignaient au peuple un égoïsme tout syndical, c'est le développement soudain des loisirs de masse, et de leurs instruments audiovisuels.

On a vu apparaître dans le Nouveau Monde reniant sa vertu puritaine, puis s'étendre irrésistiblement dans l'Ancien, un *show-business* de la communication et de l'information qui en fait une immense amplification du music-hall, à vocation encyclopédique. En puissance, tout entre, ou entrera, dans cette broyeuse de masse, science, littérature, religion ou politique, consommant et consumant par une pornographie de l'imaginaire toutes les substances de l'esprit. C'est du moins ce qui s'est passé en France, où le Pouvoir n'a pas manqué de faire des nouveaux médias un usage avide, leur prêtant ainsi une autorité sacro-sainte qu'ils n'ont nulle part ailleurs, même là où en apparence ils sont encore plus abondants et plus divers.

Tout ce qui avait jusqu'alors servi l'esprit français, une capitale-résumé du monde, un Forum où l'unité et l'indivisibilité de la nation se forgeaient dans un dialogue et une polémique incessante entre ses diverses familles, est devenu un foyer d'anesthésie et de servilité. Le Pouvoir a disposé sans effort de filières et de clientèles partout répandues dans la nouvelle machine à communiquer, dont il actionne les leviers avec d'autant plus d'efficacité qu'il ne s'est pas privé, dans le passé, et qu'il ne se prive toujours pas, de crier *haro* sur les puissances d'argent corruptrices. En réalité, il n'existe pas en France, comme aux Etats-Unis et ailleurs en Europe, un « secteur privé » d'information et de critique véritablement indépendant des pressions et des chantages officiels. Il y en avait un quand l'opposition politique était idéaliste et « de gauche ». Il n'y en a plus quand la gauche, devenue un syndicat d'intérêts au pouvoir, détient tous les leviers de commande, l'argent nationalisé, les petits écrans respectueux, l'immense répertoire de pressions dont dispose l'Etat-Providence, les sociétés de pensée, les syndicats, tout cela enveloppé dans un grand « Elan culturel ». Le Forum républicain a été remplacé par une scène multiple et polyvalente d'Olympia, où l'euphorie de commande, la criaillerie de compères, les débats biaisés organisent le plus profond dégoût civique, dont on feint ensuite de s'étonner qu'il puisse nourrir l'abstention des citoyens ou leur ralliement à des factions menaçantes et goguenardes. Manipulés ou ébahis, les Français sont plongés dans un festival perpétuel et de commande, où publicité et propagande, divertissement de bas étage et information tronquée s'embrouillent inextricablement. Bien fin qui peut débrouiller l'écheveau. C'est le milieu rêvé pour les noces de la badauderie et du cynisme.

Le monde nouveau est un bloc. Le Pouvoir culturel ne se divise pas, et sa face médiatique se confond avec sa face prétendument culturelle. L'une se nourrit de l'autre, même si l'une feint de prendre ses distances avec l'autre. Sous couleur de « démocratisation » des Arts et Lettres anciens, le Pouvoir fait mine en effet de réserver pour l'exportation et la consommation d'une « élite » un « secteur privilégié » qui, grâce à sa haute protection et subvention, serait indemne de la vulgarité médiatique « pour tous ». C'est un secret, réservé à l'oligarchie, mais c'est bien là le fond hypocrite de la « démocratisation » culturelle. Il n'en demeure pas moins que sa légitimation par la Culture oblige le Pouvoir à des contorsions voyantes qui corrompent un peu plus son autorité morale, et qui corrompent invisiblement la vraie culture. La Culture d'Etat a de plus en plus profondément fonctionnarisé et clientélisé les Arts et Lettres, et les a compromis plus que dans aucun autre pays au monde avec le music-hall politico-médiatique. Par ce biais, qui a fait réapparaître le régime des pensions, des prébendes et des sinécures de l'Ancien Régime, tout un monde naguère remuant et plutôt porté à la fronde est rallié aux idées reçues du Pouvoir et à une extrême prudence respectueuse à son égard. Le passage des Arts et Lettres aux Affaires culturelles, des Affaires culturelles aux Loisirs culturels, des Loisirs culturels au soutien des cultures, culture jeune, culture rock, culture rap, culture tag, a été la campagne de Russie de l'esprit français. Une surprenante sécheresse s'est abattue partout où le talent avait coutume d'aller au-devant des désirs et des aspirations du public. Un *no man's land* bruyant et affairé s'étend maintenant entre les « créateurs », dans leur cage plus ou moins dorée, et le public dûment « sondé », et sommé de ne souhaiter que ce qui lui est imposé par le matraquage publicitaire, qualifié de « communication sociale ».

Tout se tient dans le monde nouveau. S'il peut connaître en

France une perfection aussi bien huilée, c'est qu'il a su y pervertir ce qui était le principe national : le service public, et lui associer ce qui a toujours été son malheur : l'égoïsme, la vanité, le cynisme des intérêts de groupe se dissimulant et se drapant dans la sublimité de la Raison d'Etat ou du partage égal entre tous. La Bérézina des Arts et Lettres en France a pour pendant la transformation de l'Université française, une des plus admirées dans le monde pour sa qualité et son caractère démocratique, en un immense marécage sociologique qui rejoint les pires aspects de l'école américaine, désastre que peu de voix courageuses ont osé décrire en France, et qui, de « crise » en « crise », n'a cessé de s'aggraver depuis trente ans.

Avons-nous été assez longtemps les figurants de la fresque vénitienne du monde nouveau, fascinés par un spectacle entièrement truqué et qui nous cache à la fois les Idées et la réalité de nos affaires ? Ce genre de paralysie se termine mal, si l'on ne se réveille pas à temps.

I

AUX ORIGINES DE L'ÉTAT CULTUREL

1

LE DÉCRET FONDATEUR

Dans le décret de nomination d'André Malraux comme ministre d'Etat chargé des Affaires culturelles (3 février 1959), on pouvait lire :

« Le ministre d'Etat... a pour mission de rendre accessibles les œuvres capitales de l'humanité, et d'abord de la France, au plus grand nombre possible de Français, d'assurer la plus vaste audience à notre patrimoine culturel et de favoriser la création des œuvres d'art et de l'esprit qui l'enrichissent. »

Ces formules fondatrices, dues à André Malraux lui-même, font écho à la charte de l'Unesco. Avec dix ans de retard, elles plaçaient la France à l'avant-garde d'un nouveau « droit de l'homme », le droit aux chefs-d'œuvre, mais à l'intérieur de ses propres frontières, et pour un dessein beaucoup plus ambitieux, quasi messianique : « Accomplir le rêve de la France, rendre la vie à son génie passé, donner la vie à son génie présent et accueillir le génie du monde » (Décret du 24 juillet 1959). Elles sont restées jusqu'en 1982[1] le *Tu es Petrus et super hanc Petram aedificabo* du ministère-Eglise de la Culture. Ses pontifes successifs, ses évêques, ses théologiens, ses prédicateurs, ont répété, commenté, amplifié avec tant de zèle les articles de ce nouveau *Credo*, le programme de cette nouvelle croisade, que ceux-ci figurent depuis trente ans parmi les « idées reçues » les plus stables, les plus révérées, de l'idéologie française. Ces attendus d'un acte du pouvoir exécutif, toujours

---

1. Le 10 mai 1982, comme on le verra plus loin, un nouveau décret signé Pierre Mauroy a défini en des termes entièrement nouveaux le *Kulturkampf* de la Vᵉ République, devenue socialiste.

cités comme les textes d'autorité de la scolastique médiévale, n'ont jamais été soumis au doute méthodique. Enoncés d'un dogme, objet de foi, ils ne pouvaient donner lieu qu'à des exégèses apologétiques, ou des variations oratoires. La masse même des discours, livres et articles qui en dérivent corrobore l'évidence axiomatique de leur texte mère. Dans une nécrologie du *Monde,* on a pu lire à propos d'un personnage très digne d'être regretté : « Comme tous les privilégiés de la culture, il rêve de faire partager sa chance par le plus grand nombre. » Le texte du décret fondateur est devenu un thème biographique, voire hagiographique, la définition d'une compétence administrative, une raison d'être héroïque, une vertu théologale. Cette extension rhétorique fait apparaître un surcroît de sens. Le texte mère proclamait le droit de tous aux « œuvres capitales », et le devoir de l'Etat de transformer ce droit en fait. Grâce à ce dérivé, nous voyons que ce droit et ce devoir politiques sont aussi des impératifs de la morale privée : tout capitaliste de la culture est tenu de ressentir la honte de ce privilège, fruit de la « chance », et d'éprouver le souci de partager son capital avec tous. Il est clair que quiconque, parmi ces « privilégiés », ne vit pas selon cette mauvaise conscience et ce souci actif s'exclut par là même de la communauté nationale. *Comme tous les privilégiés...* Pas d'exception pensable. Le terrible miracle qui anéantit Ananie, dans les Actes des Apôtres, pour le punir de s'être soustrait à la communauté des biens de l'Eglise de Jérusalem, se reproduira pour ces réprouvés. Une touche de christianisme rend plus orthodoxe la vulgate culturelle. Elle donne en effet à entendre qu'il y aurait une charité de la culture ; il n'est pas indispensable de l'exercer soi-même, mais on est tenu d'admirer l'Etat de la faire en notre nom, avec un pourcentage infime de nos impôts. Depuis 1981, un Evangile socialiste a pris le pas sur cet Ancien Testament, qui reste néanmoins en vigueur. Il enseigne qu'il faut en finir avec un monde divisé en propriétaires et prolétaires de la culture. Tous les titres de propriété doivent être versés dans un fonds commun. Cela se fera dans la joie. L'Etat prend sur lui de mener à bien cette opération de redistribution, qui devrait aboutir un jour à la perfection du socialisme par la culture. Mais il faut reconnaître que ces accents conquérants, qui se faisaient beaucoup entendre pendant le premier septennat socialiste, sont devenus presque inaudibles depuis 1988. Le zèle demeure, la foi faiblit.

On ose à peine, quand on a le bonheur de vivre parmi tant d'âmes enthousiastes, élever la voix pour demander si, capital ou œuvres capitales, l'émiettement du « trésor » ne le réduit pas en assignats, ruinant sans doute ses anciens « propriétaires », mais ne laissant aux autres que du vent. Doit-on définir la démocratisation culturelle comme Roberto Calasso : « Etendre à tous le privilège d'accéder à des choses qui n'existent plus » ? L'échec monumental du modèle économique marxiste devrait en principe nous guérir de sa transposition dans les choses de l'art et de l'esprit, pourtant plus fragiles. Pour l'instant, il n'en est rien. Ralliés autour de ce dernier rayon de l'étoile éteinte du « socialisme réel », ses endeuillés y trouvent encore l'espérance : là du moins la sanction par la famine et la banqueroute ne les démentira pas !

On peut aussi s'interroger sur les vrais désirs de ce « plus grand nombre », qu'on nous représente comme assoiffé de cette même culture dont quelques privilégiés auraient le monopole. Les apologistes de la « Culture » prétendant parler en son nom mènent grand tapage autour de cette « misère culturelle » que la conspiration des « riches » perpétue. Osera-t-on douter de cette pétition de principe ? Comment croire que tous, indistinctement, souhaitent communier dans le même culte élitaire des « œuvres capitales de l'humanité, et d'abord de la France », ou participer à cette mystérieuse « création » qui enrichit leur nombre ? Un désir aussi massif, aussi uniforme, a quelque chose d'abstrait qui inquiète. L'expérience la plus élémentaire nous apprend que la nature humaine, si elle a un fond commun universel, se manifeste en réalité par une diversité assez merveilleuse de vocations, de pentes individuelles, de passions, d'idées fixes. Nul ne songerait à partager égalitairement entre tous la biologie moléculaire ou la mécanique des fluides. *Aimez-vous Brahms ?* demanda un jour Françoise Sagan, qui avait « aimé » Proust. Le partage égalitaire du « capital culturel », s'il était possible, ferait de chacun de nous, trahissant sa vocation naturelle à faire bien quelque chose (*bien jouer Brahms*, par exemple), à bien savoir quelque chose, un de ces papillons de culture si bien épinglés par Proust. *Aimez-vous Brahms ?* Le dénominateur commun entre les hommes, au lieu d'être leur propre nature, et sa mystérieuse diversité, consisterait-il à avoir tous vu « le bon film », écouté « le bon concert », vu « la bonne pièce et la dernière exposition », voire « la dernière émission ». Les « œuvres capitales », et les œuvres tout court, naissent invisiblement, dans la crèche du petit nombre. Elles se font reconnaître naturellement, parfois très lentement, et même leur grande notoriété, lorsqu'elle se produit, est portée par le petit nombre. L'école, qui les nomme « classiques », est seule à pouvoir accroître le nombre de leurs connaisseurs : les maîtres apprennent à connaître, ils font admirer mais aussi comprendre, goûter, imiter après avoir admiré, ils ne se contentent pas d'inviter à « aimer » ceci ou cela. Mais forcer la nature de chacun, lui faire un devoir d'être titillé par les « chefs-d'œuvre » ou ce qui passe cette année officiellement pour tel, c'est à la fois gâcher les gens et les vrais chefs-d'œuvre. Cette forme de terreur, la plus retorse de toutes, est un principe puissant de stérilisation et de stérilité. Elle impose en exemple à tous les citoyens un voyeurisme touche-à-tout et frivole, ce qui naguère en effet passait pour le privilège douteux des naïfs et des mondains. La vraie culture, comme l'agriculture, est le parachèvement patient de la nature. La Culture démocratisée, avec sa majuscule, tue le naturel sous la prolifération du culturel, et de sa panoplie de prothèses.

L'Etat, en 1959, a donc pris à son compte un programme de croisade culturelle. Etait-ce le fruit d'un dessein longuement mûri ? La Vᵉ était en 1959 aux prises avec l'affaire algérienne. Rien, dans le passé du général de Gaulle, ni dans ses écrits, ne laissait présager, alors, un intérêt quelconque pour l'idéal de l'Unesco ou pour son extension activiste à la France. Des témoins dignes de foi affirment même que l' « invention » du ministère des Affaires culturelles, contemporaine de la formation du gouvernement Debré en 1958-1959, fut un expédient auquel le premier Président de la Vᵉ République fut contraint. De Gaulle tenait Malraux pour son « ami génial ». Il lui avait confié la responsabilité de la propagande du R.P.F., et après son retour aux affaires, en 1958, le ministère de l'Information. Malraux se plaisait dans ce rôle. Dans un discours du 13 avril 1948, il avait affirmé que son premier contact avec le général de Gaulle avait été pour lui apporter un plan de transformation de l'enseignement français, et qu'il avait été ministre de l'Information « parce que c'était à l'Information que devait être rattaché le corps enseignant »[1]. Mais propagande et information sont des arts délicats et en 1958 Malraux déplut par quelques déclarations intempestives sur la torture en Algérie. Le Général décida de l'écarter de l'Information, mais sans lui confier pour autant l'Education nationale. « Il vous sera utile, dit-il à Michel Debré qui le rapporte, de garder Malraux. Taillez pour lui un ministère, par exemple un regroupement de services que vous pourrez appeler " Affaires culturelles ". Malraux donnera du relief à votre gouvernement. »

Pour composer cette administration inédite et taillée sur mesure, on arracha à l'Education nationale la tutelle des Beaux-Arts (Arts et Lettres, Musées, Architecture, Archives), et le Centre National du Cinéma au ministère de l'Industrie. L'accueil du Parlement, lors de la présentation du budget du nouveau ministère, le 17 novembre 1959, fut très favorable. Le rapporteur, Jean-Paul Palewski, facilita beaucoup la tâche du nouveau ministre :

« Les Français, jeunes ou adultes, doivent être aptes à saisir les bienfaits de la culture. Ils doivent vivre entourés d'un véritable halo culturel, baigner dans une certaine atmosphère créée par les diverses formes de l'intelligence, qu'elle nous vienne du passé, héritage de nos grands hommes, et de la sensibilité de tout un peuple, qu'elle soit autour de nous enfantée dans ce laboratoire humain où sont décantées sous les yeux contemporains les nouvelles sources de l'art et de la beauté. »

Selon l'orateur, « une affreuse misère pèse sur ce patrimoine culturel ». Il appartient donc à l'Etat de « stimuler désormais la création des œuvres, de mettre en valeur les œuvres créées, et d'aider les hommes dans leur quête », même s'il ne lui appartient pas « d'imposer ou même de suggérer une doctrine officielle ».

Malraux saisit avec bonheur la perche qui lui était tendue. Il brosse devant l'Assemblée, ravie d'être à pareille fête, un panorama fuligineux de la « transformation de la civilisation mondiale ». Il évoque le péril de voir le monde dominé soit par la culture bourgeoise, européenne ou américaine, soit par la culture totalitaire. A la France revient d'ouvrir le chemin sur une « troisième

---

1. Voir Charles-Louis Foulon, « Des Beaux-Arts aux Affaires culturelles (1959-1969) », dans *XXe Siècle*, n° 28, oct.-déc. 1990.

voie » : *la culture démocratique*. Les Maisons de la Culture y pourvoiront. « Là, s'écrie-t-il, n'importe quel enfant de seize ans, si pauvre soit-il, pourra avoir contact avec son patrimoine national et avec la gloire de l'esprit de l'humanité. »

« Halo », « bain », « atmosphère », « sensibilité », maintenant « contact », d'emblée le vocabulaire de l'illumination culturelle la situe dans l'ordre de la participation instantanée magico-religieuse, et l'éloigne de l'éducation qui, jusque-là, avait formé l'âme et justifié l'orgueil de la République. Malraux, qui n'avait pas le bac, suggère la supériorité du coup de foudre sur les analyses des professeurs :

« L'enseignement peut faire qu'on admire Corneille et Victor Hugo. Mais c'est le fait qu'on les joue qui conduit à les aimer. La culture est ce qui n'est pas présent dans la vie, et qui devrait appartenir à la mort. C'est ce qui fait que cet enfant de seize ans, lorsqu'il regarde pour la première fois une femme qu'il aime, peut réentendre dans sa mémoire, avec une émotion qu'il ne connaissait pas, les vers de Victor Hugo :

> Lorsque nous dormirons tous deux dans l'attitude
> Que donne aux morts pensifs la forme du tombeau...

« Il y a un héritage de la noblesse du monde, et il y a notamment un héritage de la nôtre. Que de tels vers puissent être un jour dans toutes les mémoires françaises, c'est encore une façon pour nous d'être dignes de cet héritage, c'est exactement ce que nous allons tenter. »

Ainsi le ministre amplifie-t-il, sur des accents de *Symphonie fantastique*, les termes de son décret de nomination. Cette amplification ne recule pas devant l'absurde. Mais cette absurdité est si « hénaurme » qu'elle interdit, intimide et décourage toute réplique. Les voies de la persuasion ne passent pas toujours par l'argumentation logique et l'évidence. L'Assemblée était d'ailleurs gagnée d'avance. En d'autres temps, moins distraits, on eût pu faire observer au nouveau ministre, grand écrivain et citant Hugo, que ses Maisons de la Culture ne comportaient pas de bibliothèque. Son « enfant de seize ans » n'aurait pas l'occasion d'y vérifier ses citations, ni même de s'en faire un recueil. Pourtant, en 1940, Marc Bloch avait compté parmi les faiblesses de la République « la misère de nos bibliothèques municipales [...] maintes fois dénon-

cée ». Mais l'apologétique de la « culture pour tous », secrètement
dédaigneuse, n'espérait convertir « le peuple » aux « œuvres
capitales » que par le scintillement des images et des éclairages,
dans de grands concours de foule. Par vain souci d'épater le
bourgeois, Malraux allait dans le sens de la culture audiovisuelle de
masse, au lieu de se demander comment lui opposer des contre-
feux.

2

UN REPOUSSOIR : LA IIIᵉ RÉPUBLIQUE

« Phénomène nouveau ! L'Etat comme étoile pour guider la Culture », écrivait Nietzsche en 1871. Ce sarcasme du philosophe allemand s'adressait à l'une des figures les plus fascinantes et sinistres de l'histoire européenne moderne, qui compte pourtant beaucoup de monstres : le chancelier Otto von Bismarck. Celui-ci venait alors de faire proclamer le IIᵉ Reich dans la Galerie des glaces de Versailles. De retour à Berlin, triomphateur, il déclenche, dans un discours du 1ᵉʳ avril 1871 devant le Reichstag, le *Kulturkampf*, mot tout nouveau alors et que l'on peut traduire en français par l' « Elan culturel ». Dans son admirable biographie de Bismarck, publiée en 1981, Edward Crankshaw détruit la légende de la modération de l'homme d'Etat prussien. Avec une vigueur digne de l'historiographie antique, il montre par quelles méthodes ce Machiavel prussien anéantit la règle du jeu diplomatique qu'avait rétablie en 1815 l'Autrichien Metternich, déclenchant la lutte à mort d'Etat à Etat, qui faillit avoir raison de l'Europe au xxᵉ siècle. Comme l'a bien vu sur-le-champ Frédéric Nietzsche, l'originalité de Bismarck, junker, conservateur, mais moderne par sa volonté de puisance nihiliste, tient à sa conception totalitaire de l'Etat, que Lénine, Hitler et leurs imitateurs des « luttes de libération nationale », lui ont ensuite empruntée.

Bismarck n'est pas un romantique. Il ne croit pas à la nation, et surtout pas à la nation allemande. *Il ne croit qu'en l'Etat*, en l'occurrence en cet Etat prussien dont il était devenu maître, et qui à tant d'égards était une singularité récente et un chef-d'œuvre d'artifice en Allemagne. Il s'est identifié à ce monstre froid, et, en retour, il l'a animé de sa propre rouerie paysanne, et de ses appétits de puritain furieux et dépressif. Le nationalisme que l'on attribue à

Bismarck et à l'Allemagne bismarckienne mérite donc un moment de réflexion : il demeure, et pas seulement en Allemagne, un des périls politiques modernes.

Les romantiques, aussi bien allemands que français, autant Herder que Michelet, Goethe que Hugo, étaient des généreux : ils croyaient dans la nation comme ils croyaient dans la nature. La nation, à leurs yeux, était la germination dans l'histoire du génie naturel d'un peuple. Elle actualisait sa nature singulière dans une culture (en France on préférait parler de littérature et de civilisation), ce qui la rendait apte à dialoguer d'égal à égal et à entrer en émulation avec les autres peuples, qui participaient par des formes et des voix différentes à une même nature, à un même esprit humains. Aussi, pour les romantiques, l'Etat, le *bras séculier*, est à la nation ce que le pouvoir temporel est au pouvoir spirituel, une institution plus ou moins respectable, un instrument, rien de plus. Le romantisme est d'essence anti-jacobine.

Le junker Bismarck, en revanche, sent et agit en jacobin. Pour lui, la nation allemande est à l'Etat prussien ce que la France d'Ancien Régime était pour Robespierre, un terroir irrationnel que l'Etat doit rationaliser, moderniser, et enrégimenter au service de sa volonté de puissance. Le nationalisme est au sentiment national ce que le naturalisme est au sentiment de la nature, un système de servitude au lieu d'un libre attachement. Cette adoration fanatique du bras séculier, aux dépens du corps entier et de ses organes vitaux, suppose en réalité une méfiance et une hostilité radicale envers le naturel national. Elle attend de l'Etat qu'il substitue à ce naturel qu'elle craint ou méprise une mécanique efficace et sans état d'âme. Au fond, le nationalisme, perversion tardive du sentiment national romantique, a été merveilleusement compris et décrit par un contemporain de Bismarck, le Français Villiers de l'Isle-Adam, dans son chef-d'œuvre : *L'Eve future*. Le héros du roman, Lord Ewald, est un jeune homme blasé qui doute de l'amour, ou qui en est incapable. Il s'en remet à l'ingénieur Edison pour fabriquer à son intention un objet d'amour artificiel, audiovisuel, culturel, une « Eve future » plus maniable que les Eves naturelles. Villiers a inventé un des mythes les plus complets de la modernité : il vaut aussi pour la modernité politique.

Bismarck avait pour modèle Frédéric II. Celui-ci avait été, de loin, le plus français des despotes éclairés de l'Allemagne du XVIIIᵉ, le moins allemand. Prince moderne, s'il en fut, il avait été le mécène admiratif et méprisant de Voltaire, et l'auteur cynique d'un *Antimachiavel* écrit et publié en notre langue.

Dès avant 1870, Bismarck avait commencé à donner des preuves de son extrême modernité. Intéressé par Ferdinand Lassalle, le jeune et flamboyant disciple de Karl Marx, dont l'Organisation syndicale pan-allemande renforçait sa propre œuvre politique, il eut avec lui, pendant toute une année, des entretiens secrets (1863) : il en sortit édifié sur la contribution que le socialisme marxiste pouvait apporter à la toute-puissance de l'Etat. En 1882, imposant au Reichstag des nationalisations (*Verstaatlichung*, le mot date de cette époque) il déclarait : « De nombreuses mesures que nous avons adoptées, pour le plus grand bien de notre pays, sont socialistes, et l'Etat aura à s'accoutumer à un peu plus de socialisme encore. » Rien ne lui était plus odieux que le « laissez faire » des économistes libéraux, qu'en termes dignes d'Engels il qualifiait de « manchestérisme politique ».

Le *Kulturkampf*, qui prit un tour très violent, et qu'il eut l'habileté de faire endosser par un ministre de la Culture libéral, Adalbert Falk, était une autre voie pour étendre le pouvoir de l'Etat : sur l'éducation, les mœurs, les manières, la conscience même. Ses juristes inventèrent la notion d'*Etat de droit* (*Rechtstaat*), qui fait de l'arbitraire de l'Etat la seule source du droit, et ils élargirent les missions dont l'Etat était traditionnelle- ment investi : sécurité, ordre, justice. Maintenant s'ajoutent, conformément à la pratique machiavélienne de Bismarck, le devoir de puissance à l'extérieur, et le devoir d'encouragement à la culture à l'intérieur (*Kulturbeförderung*). La théorie de l'arbitraire sans frein était complète. *L'Etat et la Révolution* de Lénine trouve chez Bismarck autant que chez Marx ses sources intellectuelles.

Si le *Kulturkampf* fut dirigé de préférence contre l'Eglise catholique, ce n'était pas seulement pour abattre son influence éducatrice et sociale, particulièrement forte dans les principautés allemandes du Sud, les plus francophiles, les plus rétives à leur absorption par le boa prussien. Plus profondément, il visait à détruire les rémanences en Allemagne des coutumes et des habitudes traditionnelles qui garantissaient l'autonomie des corps, des corporations et des Eglises dans les anciennes principautés annexées par la Prusse, ou en voie d'annexion. Le grand adversaire de Bismarck au Reichstag fut le magistrat et homme politique Ludwig Windthorst, un Westphalien (1812-1891) qui s'appuyait, pour défendre les droits des Eglises et des corps contre l'omnipotence de l'Etat prussien, sur le principe, d'origine aristotélicienne, de *subsidiarité*. Windthorst était catholique. Les libéraux, obnubilés par le *Syllabus*, ne virent pas que ce principe, honni par Bismarck, était pourtant à la racine de tout libéralisme politique, et que même l'Eglise de Pie IX, qui s'en réclamait contre les empiétements des Etats laïques, était, au moins à cet égard, philosophiquement libérale. En 1931, au seuil du IIIᵉ Reich, Pie XI le réaffirmera opportunément dans son Encyclique *Quadragesimo Anno* :

« Ce que les hommes peuvent accomplir par leur force et leur propre industrie, il n'est pas légitime de le leur enlever et de le confier à la communauté. De même il est injuste de remettre à une société plus grande et supérieure ce qui peut être fait ou accompli dans les communautés moindres ou inférieures : c'est, en même temps qu'un grave dommage, une perturbation de la morale. »

Ce principe régit aujourd'hui les relations entre les institutions européennes « supra-nationales » et les institutions nationales de la Communauté. Le totalitarisme de Bismarck, qui travaillait à homogénéiser au profit de l'Etat prussien hypertrophié la diversité des principautés et des traditions du Saint Empire romain germanique, voyait dans ce principe odieux la pierre angulaire d'un ordre ancien et gênant dont sa modernité conquérante ne voulait plus.

En 1959, le phénomène de *Kulturbeförderung*, établi sous l'autorité d'André Malraux, était vraiment nouveau en France. Sans se référer au principe de subsidiarité, la IIIᵉ République laïque, en dépit de ses ambitions éducatives et impériales, s'en tenait par anti-césarisme à la restriction traditionnelle des compétences de l'Etat. Comment, soudain, au seuil de la Vᵉ République, au moment où la puissance impériale était en train de lui échapper, l'Etat français pouvait-il se doter d'une compétence aussi neuve et ambitieuse : cet « encouragement à la culture », dans un sens voisin de celui qu'avaient défini, moins d'un siècle plus tôt, les juristes de Bismarck ? A cette révolution juridique et politique, l'éloquence de

Malraux pouvait bien prêter ses accents. A elle seule, cette autorité n'eût pas suffi. Le choc moral créé par la chute de la IVᵉ République favorisait les nouveautés. Mais celle-ci était au fond d'une telle taille qu'il fallait bien que les esprits y eussent été longtemps préparés. L'épisode de « Jeune France », au début du régime de Vichy, annonçait sans doute, et il faudra y revenir, cette naissance d'un Etat culturel français. Mais plus récemment, en 1955, Jeanne Laurent avait publié chez Julliard un petit livre intitulé *La République et les Beaux-Arts*. Apôtre de la « décentralisation théâtrale », cette sous-directrice du Théâtre dans l'Administration des Arts et Lettres avait été évincée de ses fonctions en 1951. Elle prit une redoutable revanche en écrivant ce livre.

A bien des égards, Jeanne Laurent, à laquelle j'accorde un rôle déterminant dans cette histoire, au moins autant qu'à Malraux, était un fonctionnaire français exemplaire, de ceux que l'étranger a longtemps et à juste titre enviés à notre pays. Petite, affable, intense, cette diplômée de l'Ecole des Chartes devait sa forte architecture morale à une première éducation dans l'enseignement religieux et sa forte architecture intellectuelle aux maîtres de l'érudition historique française. A cet égard, c'était l'anti-Malraux. Capable, désintéressée, modeste, sans ambition pour elle-même, elle n'était pas cependant un fonctionnaire terne. Sous sa douceur, se cachait une volonté d'acier, sous sa réserve le feu pour une cause qu'elle estimait sacrée. Elle rêvait d'accomplir ce qui n'avait été qu'ébauché par le Front populaire et sous la Révolution Nationale, et que la IVᵉ République ne poursuivait pas : faire de l'Etat la Providence des Arts. Elle voulut selon ce dessein métamorphoser l'Administration des Arts et Lettres qui, sous Vichy, avait déjà fait obstacle aux militants culturels de « Jeune France ». Sans qu'elle s'en doutât peut-être, cette « mission » qu'elle s'était à elle-même fixée coïncidait avec le mouvement irrésistible qui, dans l'après-guerre, poussait l'Etat à accroître ses compétences et son empire, et à exercer une tutelle universelle sur la nation. Le malheur de Jeanne Laurent fut d'être, un peu trop tôt, un des pionniers de cette excroissance. Il est probable qu'elle avait perdu la foi de sa jeunesse, mais elle en avait gardé le zèle ardent pour les œuvres. Elle reporta, comme tant d'autres, ce zèle d'Eglise dans l'Etat. Il y avait en elle, jusque dans sa façon de s'habiller, très stricte et dépourvue de coquetterie, de la dame patronnesse de province, qui, faute de pouvoir contribuer directement au salut des âmes par les sacrements et la confession, se dépense dans les fêtes de paroisse et les ventes de charité.

Sa paroisse à Paris, ce fut la sous-direction du Théâtre à l'Education nationale. Elle y détenait trop peu de pouvoir pour la grande cause salutaire qui l'animait, mais du peu dont elle disposait, elle fit l'usage le plus efficace et le plus conquérant : elle imposa les premiers Centres Dramatiques de province et de banlieue, et elle nomma Jean Vilar, avec le triomphe qui en résulta et qui rejaillit sur elle, à la tête du Festival-pèlerinage d'Avignon. Elle en devint même si jalouse que les humoristes de la IVe lui donnèrent le sobriquet de « dragonne de Vilar ».

On saura quelque jour la nature exacte du différend qui l'opposa à son supérieur hiérarchique, Jacques Jaujard, directeur des Arts et Lettres sous la IVe et qui resta puissant sous Malraux. Ce conflit se dénoua par une insolite révocation, que les nombreux amis de Jeanne Laurent tiennent pour inique. Il est probable que, sous le prétexte choisi, se heurtèrent alors deux conceptions différentes du service public, et ce genre de heurts dut se produire ailleurs dans l'administration centrale, au fur et à mesure que la volonté de puissance étatique s'enhardissait. Les mémoires de Suzanne Bidault en portent témoignage pour les Affaires étrangères [1]. A titre d'hypothèse provisoire, on peut suggérer que Jacques Jaujard, jaloux de son autorité, fidèle à la tradition prudente et sceptique de la IIIe, s'irrita des initiatives de Jeanne Laurent : croisée et prête à battre en brèche hiérarchies et convenances, celle-ci était portée par l'idée que le service public a le devoir de supplanter une industrie privée des spectacles indigente et corruptrice. Il faudrait un Balzac pour tirer de cette tragédie de bureaux une suite pour les *Employés*. Jeanne Laurent était encore un personnage de Balzac. Mais elle était déjà, et cela lui confère une sorte de grandeur, un technocrate culturel, le premier en France. Cette figure de transition, connue aujourd'hui des seuls initiés, a joué par deux fois un rôle décisif dans l'accouchement de l'Etat culturel : par son action, en peu d'années, elle brisa une limite, et par la brèche

---

1. Voir Suzanne Bidault, *Par une porte entrebâillée, ou comment les Françaises entrèrent dans la Carrière*, Paris, La Table Ronde, 1972.

ouverte, qu'elle paya chèrement, s'engouffrèrent plus tard, à son exemple, les vrais technocrates de la Culture, sous la bannière de Malraux. Par son livre en 1955, elle a établi le programme et l'argumentaire du Projet culturel de l'Etat, et toute l'immense littérature que celui-ci a déployée depuis n'est au fond que notes surabondantes en bas des pages de ce petit livre intelligent et clair.

*
**

La première partie de *La République et les Beaux-Arts* s'intitulait *Bilan artistique de la IIIe République*. C'était un réquisitoire sommaire et accablant pour l' « Ancien Régime ». Dans la mesure où la IVe s'était bornée à renouer avec les habitudes administratives de la IIIe, c'était aussi un pamphlet politique, et il eut un profond écho :

« Durant soixante-neuf ans, déclarait Jeanne Laurent, ce régime avait fait descendre la France du premier au second rang des nations. Telle avait été son incurie que les Français, dès 1910, étaient raillés à l'étranger parce que leur mode de vie, leurs préoccupations, leur aspect même, les faisaient paraître étriqués, dépassés par les événements dans un monde qui avait été profondément modifié par les applications des découvertes scientifiques. Les villes et les sites s'enlaidissaient en même temps que le cadre de la vie privée. Cette déchéance est d'autant plus étonnante que l'invention créatrice ne cessa pendant cette période de se manifester. »

Comme toute sa génération, Jeanne Laurent avait trouvé un bouc émissaire pour s'expliquer la cruelle défaite de 1940 : la République bourgeoise. Elle était portée par l'opinion générale, intellectuelle, artistique, politique, qui n'avait pas assez de mépris pour les radicaux-socialistes, que déjà Thibaudet identifiait à M. Homais. On en avait des preuves en morale, en économie, en politique étrangère, en stratégie. Jeanne Laurent, qui fréquentait les artistes, en apportait au chapitre des Beaux-Arts : la France de la IIIe, c'était Yonville et sa pharmacie, martyre pour l'âme et le goût d'Emma Bovary. Aucun avocat, alors, ne se risqua à la démentir.

Et pourtant, à s'en tenir à l'orgueil national que Jeanne Laurent prenait à témoin, la IIIe avait patronné une série d'expositions

universelles qui, jusqu'en 1937, avaient tenu en haleine le monde
entier. Sous son long règne, la France avait été le foyer des deux
derniers grands styles de l'art européen, l'Art Nouveau et l'Art
Déco. Gambetta avait promis une République athénienne : celle de
Becquerel et des Curie, de Gide et de Valéry, de Mallet-Stevens et
de Rodin, de Philippe Berthelot et sa Pléiade du Quai, celle de
Monet et de Seurat, de Degas et de Bonnard, autant que la France
de Louis XIV et de Louis XV, avait ébloui l'univers comme une
moderne Alexandrie.

Il ne serait venu à l'esprit de personne, tant la naïveté en ces
matières était alors profonde, de faire observer que la « vitalité
créatrice » sous la IIIᵉ avait été en raison inverse de la réserve
prudente reprochée au régime, de l'absence ou de la faiblesse de ses
« subventions », bref, du refus de la part de la République d'avoir
la moindre « volonté de culture » propre, elle qui en revanche était
si jalouse de son instruction publique et de son Université. Il était
entendu que l'argent du contribuable ne pouvait être gaspillé dans
des domaines où l' « offre et la demande » relevaient de choix
privés, et où l'emportait le jugement de goût. Il revenait ainsi à « la
société civile » (on n'employait pas encore ce terme, mais l'idée
était là) d'inventer et de financer elle-même les plaisirs, artistiques
ou autres, qu'elle était mieux placée que l'Etat pour connaître,
approuver ou désapprouver. En 1881, proposant au Président de la
République la « création » d'un ministère des Arts qu'il confia à
Antonin Proust et qui ne dura, comme son gouvernement, que
soixante-dix-sept jours[1], Gambetta écrivait : « La création que j'ai
l'honneur de vous proposer ne me paraît pas devoir amener au
budget de l'Etat l'accroissement de dépense que justifierait d'ailleurs le grand intérêt qui s'y attache. J'estime en effet que pour
faire œuvre utile, vraiment féconde et réellement conforme à nos
traditions, à nos aptitudes, à nos tendances, le ministère des Arts
n'a pas besoin de multiplier les établissements d'Etat toujours
coûteux et souvent stériles. Mon sentiment est qu'il doit s'attacher

---

1. Cette velléité de la IIIᵉ République avait été précédée par une tentative
de l' « Empire libéral » : en 1870, Emile Ollivier avait confié un « ministère
des Beaux-Arts » à Maurice Richard. Je remercie Maurice Agulhon, qui a lu
ce chapitre sur épreuves, d'avoir eu la générosité de me communiquer cette
précision, et quelques autres.

à associer l'action du pouvoir central, dans la mesure où celle-ci a le devoir de se produire, à l'action des corps déjà constitués, qu'il lui faut faire appel aux départements, aux communes, aux chambres de commerce, aux comités consultatifs des arts et manufactures, aux syndicats professionnels. » En cela, la IIIe était et resta moins dirigiste que l'Ancien Régime.

Encore que, contrairement à la légende peu républicaine qui voudrait faire aujourd'hui de Colbert, de Marigny, de d'Angivillier, les ancêtres de Malraux et de Jack Lang, le « dirigisme » d'Ancien Régime eût été lui-même très modéré. S'ils avaient un goût exigeant et vigilant, les surintendants aux Bâtiments du roi n'avaient aucune « volonté de culture ». Ils se bornaient, si j'ose dire, éclairés par ces corps de lettrés et d'artistes cooptés qu'étaient les Académies, à rendre les villes, les châteaux, les palais royaux aussi beaux, grands et magnifiques qu'il convenait au roi régnant et à la tradition de sa famille. L'exemple était sans doute imité. Mais à y regarder de près, chaque grande famille de la noblesse d'épée et de robe, ou de la Ferme générale, à Paris et en province, avait ou s'inventait son goût propre, qui présidait à la conception de ses hôtels, de ses châteaux, aux commandes passées aux artistes, à son mécénat envers les gens de lettres et les musiciens. Les magistrats municipaux n'étaient pas moins jaloux de leurs choix artistiques. A plus forte raison dans l'Eglise, où évêques et abbés, chapitres et ordres religieux avaient un sens aigu de la singularité de leur vocation, et de la nuance exacte des formes qui, encore une fois, leur *convenait*. Aujourd'hui encore, en dépit des simplifications rétrospectives qui nous font parler de « styles », et qui nous font croire qu'ils étaient alors dictés par un « centre » absolu, c'est l'extraordinaire diversité des habitats, des décors, des moindres objets produits par une même époque qui rend si attachant ce qui nous est parvenu de la France si diverse d'autrefois. Il n'y a qu'une harmonie, mais les chemins qui y conduisent partent de points tous différents.

Le mot convenance, compromis et dégradé en français par son emploi au pluriel, est cependant avec le mot propriété, son synonyme, un des plus profonds de notre langue. Le principe qu'il véhicule était très familier à l'ancienne France, comme à la plupart des civilisations traditionnelles. Proche de celui d'harmonie, de consonance, voire de commodité et de décence, accordé à la

maxime delphique « Rien de trop », il relève de l'esprit de finesse.
Les règles de l'art sont stériles quand la convenance n'est pas
observée : celle-ci tient compte non seulement de la correspondance heureuse des diverses composantes de l'œuvre, mais de sa
concordance avec ses destinataires, et avec le site où elle doit
figurer. La moindre maison de village, dans un temps soucieux de
convenance, donc de bonheur, est *à sa place* et *dans son ordre*. C'est
ainsi que même la succession de styles différents appliqués par des
générations successives à la même église pouvait laisser à celle-ci
son unité, sa nécessité, sa justesse. La beauté, composite et
harmonieuse, de Saint-Etienne-du-Mont sur la colline Sainte-
Geneviève, à Paris, en est un exemple éclatant.

Ce sens proprement libéral, que même l'Administration royale
introduisait dans la conception de son architecture et de ses arts
officiels, excluait toute rigidité doctrinale et toute uniformité
pédante. Aujourd'hui encore, en dépit des simplifications rétrospectives qui nous font parler de « styles », et qui nous inclinent à
faire défiler par régiments les ouvrages d'autrefois, comme si un
Quartier général (le *Zeitgeist* ?) leur avait dicté leurs uniformes,
c'est l'extraordinaire diversité des habitats, des décors urbains et
privés, des moindres objets produits par une même époque qui
nous introduit à l'infaillibilité du goût français. Une subtile
convenance — apparentée il faut bien le dire au respect et à
l'amour — a guidé les artistes et artisans, et elle prévenait toute
chute dans l'abstraction et la vulgarité. La grande manière royale
devait en tenir compte aussi bien que le simple bon sens bourgeois
et villageois. La convenance, loin d'être « dépassée » aujourd'hui,
est plus désirable et désirée que jamais.

En dépit des progrès de l'utilitarisme et de l'industrie, l'esprit de
convenance, donc de diversité et d'accommodation aux lieux et aux
temps, n'était pas perdu dans la République-Royaume chère à
Péguy. Elle avait ses divertissements populaires spontanés et
partout différents, dont le roman naturaliste a ignoré la gaieté.
Pour les arts « nobles », elle pouvait aussi rivaliser avec l'Ancien
Régime : elle n'eut pas, comme la Ve, cinq ou six ministres de la
Culture, elle en eut cent qui n'avaient pas de « portefeuille »
officiel, mais ouvraient leur portefeuille personnel avec une tout
autre indépendance, hardiesse, générosité désintéressée que le
timide « mécénat d'entreprise » actuel, attelé à la publicité ou à

l'Etat. De Jacques Doucet à Daniel Kahnweiler, de Jacques Rouché à Etienne de Beaumont ou aux Noailles, ils ont donné à Paul Morand la juste intuition de ce qu'avait été la Surintendance de Nicolas Fouquet : *Le Soleil offusqué*. Par leur goût, leur munificence, leur talent (on ne dira jamais assez que le talent des mécènes est souvent l'accoucheur du talent des artistes et des écrivains), Paris de 1875 à 1939 fut une « fête » dont Ernest Hemingway n'a donné qu'une pauvre idée. Les Ballets russes et le cubisme, Paul Valéry et Picasso, et même, hélas, le surréalisme, furent portés par ce mécénat « bourgeois » et privé, qui créait par ailleurs des chaires et des instituts universitaires, sans même bénéficier du stimulant fiscal qui encourageait naguère encore les mécènes américains.

La société civile, donc, puisqu'il faut l'appeler par son nom, se débrouillait toute seule, et les dollars, puisqu'il faut parler chiffres, n'en affluaient pas moins à Paris. Telle était cependant l'amnésie maussade et générale en 1955 qu'une ex-sous-directrice du Théâtre pouvait alors affirmer, sans faire rire, que le régime de Clemenceau et de Poincaré, de Jules Ferry et de Ferdinand Buisson avait « créé » en France un « désert culturel ». On le répète encore aujourd'hui, mais plus rarement et sans conviction. En réalité, Jeanne Laurent, dirigiste jalouse, en voulait à l'Administration de la IIIe de sa prudente réserve et de son libéralisme. J'ai cité Gambetta. Il faut citer Hugo, le prophète du régime qui, en 1866, avait dessiné par avance les compétences du futur Etat républicain, par opposition aux excès césariens du Second Empire :

« Le gouvernement restreint à cette vigilance considérable la voirie, laquelle a deux nécessités, circulation et sécurité. L'Etat n'intervenant jamais que pour offrir gratuitement le patron et l'épure. Concurrence absolue des à-peu-près en présence du type, marquant l'étiage du progrès. Nulle part l'entrave, partout la norme. Le collège normal, l'atelier normal, l'entrepôt normal, la boutique normale, la ferme normale, le théâtre normal, la publicité normale, et à côté la liberté. »

En 1955, ce règne modéré de la loi ne paraissait plus suffisant à Jeanne Laurent et à ses lecteurs. On ne pouvait plus se contenter du pouvoir de l'exemple. Hugo parlait de « patron », au sens de modèle : il est maintenant question de « patron » au sens de patronage direct et dominateur. Passant sous silence le caractère

exemplaire de l'édifice d'enseignement construit par la IIIe, Jeanne
Laurent lui reprochait d'avoir eu un art et une architecture officiels
« pompiers », ou, ce qui pour l'auteur était synonyme, « académi-
ques ».

Mais là encore, n'était-ce pas une preuve de convenance et de
modération ? L'Etat moderne et laïque n'est ni l'Eglise ni la
royauté d'Ancien Régime. Ses hommes politiques, ses fonctionnaires, ne peuvent, pour leurs édifices publics, faire mieux que de
patronner un art qui, comme la loi, observe un juste milieu
impersonnel au-dessus des préférences exquises ou spéciales des
individus ou des minorités privées. L'art officiel de la IIIe,
aujourd'hui en voie de pleine réhabilitation, n'enregistra qu'avec
retard, prudemment, dans un esprit de compromis, les goûts et les
recherches qui suscitaient l'enthousiasme de petits cercles d'avertis. La IIIe excella au moins dans les grandes expositions de
synthèse. Celle de 1900, triomphe de l'Art Nouveau, réconciliait le
saint-simonisme industriel et les ésotérismes symbolistes. Celles de
1925 et de 1937 firent apparaître en deux étapes le passage du
cubisme à l'Art Déco et au Néo-classicisme. Aucune exposition
depuis 1959, ni pour le succès international, ni pour la « vitalité
créatrice », ne peut de très loin être comparée à cette séquence
glorieuse. Nous avons néanmoins un art officiel. Mais l'Arche de
La Défense, écho tardif des audaces constructivistes et du Bauhaus, pourrait aussi bien se dresser à Sydney ou à Ryad.

La chance de l'art « académique » sous la IIIe a été justement
d'être soumis à la critique incessante, féroce à un degré qu'on n'ose
plus imaginer aujourd'hui, que lui opposaient de grands talents
indépendants. Il était jugé, même dans la presse, à l'aune du goût
difficile et dédaigneux de mécènes et d'un public avertis. Le
monarchiste, puis anarchiste, Octave Mirbeau pouvait écrire, avec
une virulence oubliée de nos jours : « Il n'en reste pas moins
entendu qu'en 1910, en pleine République radicale-socialiste, il
n'est d'art valable que l'art officiel, de peintres et de sculpteurs
représentatifs que les peintres et sculpteurs de l'Institut. Et les
autres, je veux dire les Rodin, les Monet, les Renoir, tous ceux qui
maintiennent par des chefs-d'œuvre la supériorité de notre art
français, ne comptent toujours pour rien, pour moins que rien. »
Rodin, Monet et Renoir étaient loin alors de la misère ou de
l'obscurité. Mirbeau rêvait pour eux d'un Louis XIV. C'était trop

d'honneur ou trop d'indignité. Reste que cette critique pugnace et cette concurrence entre art officiel et art plus ou moins « maudit » tenaient les uns en respect et exaltaient les autres. C'était tout simplement une situation libérale. Quand il n'y a plus qu'un parti, le parti ministériel, et un chœur de thuriféraires, même si le parti officiel se donne les gants du « pluralisme », l'ennui, la médiocrité font des ravages.

Si l'imprudent Octave Mirbeau pouvait reprocher à la République de ne pas accroître le nombre de ses artistes officiels, d'autres critiques, plus avisés, tel Joris-Karl Huysmans, voyaient fort bien que la pente de l'Etat à « encourager » n'était déjà que trop vive. Il écrivait en effet, dans *L'Art moderne*, en 1881, rendant compte de l'Exposition de 1883 : « Le mot de Courrier est toujours juste : " Ce que l'Etat encourage dépérit, ce qu'il protège meurt. " »

Par simple réaction, philosophique et juridique, contre le césarisme du Second Empire, la IIIᵉ République avait évité dans l'ensemble ce péril moderne, et elle ne s'était pas départie d'un rôle d'arbitre distrait et économe en matière de Beaux-Arts. Là était le crime aux yeux de Jeanne Laurent et de la plupart des bonnes âmes entre 1940 et 1991. Cette fureur est révélatrice. Elle cache le doute profond qui s'est installé dans les esprits depuis juin 40, un sombre complexe d'infériorité nationale. Elle révèle que désormais on n'attend plus grand-chose de la *nature* française : tout est devenu culture, volonté de culture et à la charge de l'Etat. La question des Beaux-Arts se trouvait portée au cœur du choix philosophique et politique majeur que les Français redoutaient de faire : soit une République libérale, une économie libérale, des Arts libéraux, soit un Etat se prenant lui-même pour le seul « créateur » modelant l'économie, les mentalités, les arts. Le choix n'est pas encore clairement fait.

Dans son petit livre, mais de grande conséquence, Jeanne Laurent s'offre le luxe de vanter le Second Empire pour abaisser la IIIᵉ République. Napoléon III, en despote éclairé, avait créé le « Salon des Refusés », il avait retiré à l'Académie des Beaux-Arts le privilège de décerner les Grands Prix de Rome. La IIIᵉ République avait restauré l'Académie dans la plénitude de son rôle, ce qui restreignait d'autant dans les choses de l'art le pouvoir des politiques et des fonctionnaires.

Ainsi la République « bourgeoise », respectueuse de l'Académie, avait osé préférer pour ses commandes, pour ses prébendes, pour ses croix d'honneur, Bonnat à Degas, Besnard à Cézanne ! Pour autant, Degas et Cézanne, bourgeois eux-mêmes s'il en fut, avaient œuvré en paix dans cette bonne République, et trouvé peu à peu la gloire. A en croire Jeanne Laurent, fidèle à Octave Mirbeau, leur existence avait été crucifiée parce que les fonctionnaires des Beaux-Arts ne leur avaient pas fait la cour, ne les avaient pas inondés de commandes et d'honneurs. On ne parlait pas du tout alors de goulag, mais si le mot avait circulé, nul doute que la IIIe République eût été qualifiée de « goulag pour les artistes ». C'était, et cela reste, un raisonnement bizarre : dès lors que l'art officiel était aux mains d'affreux tâcherons, qu'est-ce que les vrais artistes auraient eu à faire dans cette galère ? A supposer que Cézanne eût reçu commande pour la nouvelle Sorbonne, terminée en 1901, et qu'il l'eût acceptée, c'eût été une catastrophe pour l'histoire de l'art. L'ermite d'Aix (toujours dans cette hypothèse farfelue, mais à laquelle invitent les vues de Jeanne Laurent) nous eût privés de ses derniers dessins et aquarelles qui ont été peints non pour nous, mais pour quelque Ariel.

Se trouvera-t-il un historien de l'art pour reprocher à Poussin d'avoir manqué la chance insigne de sa vie, lorsqu'il laissa tomber la commande officielle qui lui avait été faite en 1642 de décorer les immenses plafonds de la Galerie du bord de l'eau, au Louvre ? Il préféra, après quelques essais, abandonner ce chantier qui le rendait malheureux, et les discussions sans fin avec les hauts fonctionnaires de cour, pour regagner son modeste logement de Rome, et y peindre, pour une poignée de collectionneurs choisis, sur des toiles de petit format destinées à la délectation privée, ses sublimes paysages héroïques, que Cézanne passera sa vie à « refaire sur nature », à Aix, devant la Sainte-Victoire. Du point de vue artistique qui est spontanément celui de toute propagande officielle, un Charles Le Brun, plus avisé et plus capable, qui savait peindre brillamment et docilement de vastes allégories décoratives, comme celles qui décorent le plafond de la Galerie des glaces à Versailles, est l'artiste qu'il faut. Le métier pour le « grand genre » public, d'Etat et d'Eglise, métier que l'Académie de Peinture honorait de préférence, mais non pas exclusivement, est tout autre chose que l'art de méditation, pour le tête-à-tête intime, d'un Poussin, ou d'un Vermeer. L'un et l'autre ont leurs mérites, mais la confusion des deux ordres est à l'origine de bien des erreurs historiques et politiques. Qui ne voit que la grandeur de l'art français est du côté de Poussin et de Cézanne, et non d'un Le Brun ou d'un Bouguereau ? Il fallut arriver en 1955 pour croire qu'il suffisait à des bureaux de confier à Poussin des tâches convenables à un Le Brun, ou à Cézanne celles dont se contente un Bouguereau, pour que la Culture s'en trouvât illuminée, démocratisée, moralisée !

Jeanne Laurent dévide alors une litanie qui a été depuis récitée et amplifiée : c'est le prétendu « refus » par l'Etat du legs Caillebotte, c'est le « ratage » après 1918 par les Musées des ventes Kahnweiler et Uhde, c'est la « fuite à l'étranger » de tant de chefs-d'œuvre qu'on aurait pu faire entrer alors dans les collections publiques à si bas prix. Tous ces épisodes d'une véritable « légende noire » masquent le fait que l'Europe et l'Amérique regardaient alors le Paris des arts comme elles regardent aujourd'hui le vignoble bordelais, un terroir naturellement fertile en succulences dignes de rois, sans que l'Etat républicain s'en mêlât. C'est justement cette abstention bornée qui fait le mérite de la IIIᵉ : le souvenir qu'avait laissé le dirigisme, dans les arts et les lettres, du Premier et même du Second Empire, était à lui seul un garde-fou.

L'argument suprême de Jeanne Laurent, selon lequel la IIIᵉ République aurait, par son incurie, laissé s'établir en province un « désert culturel », est loin d'être convaincant. Cette notion de « désert » a eu la vie dure[1]. Evidence pour les snobs parisiens, elle est devenue la mauvaise conscience des élus et des notables locaux, soucieux de ne pas demeurer en reste avec Paris. Loin de stimuler le sens des convenances propres à chaque localité, elle a accru la dépendance à l'égard des modèles de la capitale et accentué l'irrespect pour les habitudes, les manières, les goûts et les styles d'habitat traditionnels, qui faisaient jusque-là le charme, pour leurs habitants, des villes françaises et des quartiers de Paris, chacun dans sa singularité. Toutes ces anciennes défroques ont de plus en plus passé pour reliques du « désert » à combattre. Mais

---

1. Elle était alors toute récente. Le livre de géographie humaine de Jean-François Gravier, *Paris et le désert français, décentralisation, équipement, population*, Paris, Le Portulan, 1947, venait de créer le poncif.

seules, cependant, des coteries de demi-habiles du Quartier Latin ou des Beaux Quartiers pouvaient être assez arrogantes et pénétrées de leurs propres préférences pour prétendre ranger les jeunes filles de Bellac ou les natifs de Manosque parmi les « sous-développés » de la Culture.

Cette attitude condescendante et intolérante est exactement identique à celle des missionnaires chrétiens, rigoristes ou puritains, qui osèrent dépouiller leurs propres « indigènes » des mœurs, des croyances, plaisirs et fêtes qu'ils estimaient païens et primitifs. Pour ces zélotes chrétiens (dont il faut dissocier les Jésuites, avant que la Querelle des Rites ne les mît au pas) le monde non européen tout entier était, avant l'arrivée des missions rédemptrices, un « désert culturel ». On sait quelles sortes de jardins ont été « acculturés » par ces bons apôtres. Pour s'en tenir à la France, il ne serait pas venu à l'esprit de George Sand, toute parisienne et féministe qu'elle était, d'inventer l'expression de « désert culturel » pour qualifier le Berry de *François le Champi* ou de *La Mare au diable*. La lucidité morale de Balzac, dans ses *Scènes de la vie de province*, exclut tout dédain réformateur. Ni Eugénie Grandet, ni le curé de Tours ne se voient demander, pour entrer dans *La Comédie humaine*, un passeport de bonnes fréquentations culturelles ou une attestation de familiarité avec les « chefs-d'œuvre de l'humanité ». Ni Giraudoux, ni Giono, ni aucun écrivain depuis l'*Odyssée* n'a jamais été effleuré par ce travers de béotien pédant.

Jeanne Laurent écrivait son livre entre 1951 et 1955. La « terreur » régnait alors dans les lettres françaises, comme elle régnait chez les « intellectuels ». C'étaient les deux publics auxquels la théoricienne de la Décentralisation théâtrale s'adressait. Raymond Aron s'apprêtait à combattre l'une dans *L'Opium des intellectuels* (1957) ; Jean Paulhan, qui avait vu venir l'autre avec le surréalisme, l'avait analysée et tournée doucement en dérision dans *Les Fleurs de Tarbes* (1941). Mais Jean-Paul Sartre avait pris le relais d'André Breton dans le rôle de Robespierre. En 1948, il avait publié *Qu'est-ce que la littérature ?* où il accusait les lettres françaises de s'être « embourgeoisées » depuis la Révolution, et ne voyait de salut politique pour l'écrivain moderne que dans une poésie de rupture absolue ou, faute de mieux, dans une critique militante de tout compromis passé et présent des lettres avec l' « ennemi de classe ». Sartre trouva en 1953 un allié de grand talent en Roland Barthes, qui publie cette année-là *Le Degré zéro de l'écriture :* au nom de « l'Histoire », hégéliano-marxiste et sartrienne, la littérature est condamnée à se purifier, jusqu'à ce qu'*écriture* s'ensuive, de tous les « lieux communs », à commencer par elle-même, avec lesquels elle s'est compromise au cours de sa longue servitude envers la « Bourgeoisie ». En 1957, dans un recueil d'essais qui reste son meilleur livre, Barthes s'attaquait aux poncifs de la « culture petite-bourgeoise », sous-produit à ses yeux de la littérature des « grands bourgeois », mais plus niaise, plus naïve, plus « poisseuse » aussi, et donc plus redoutable encore pour la « conscience de classe ». Plusieurs de ces morceaux de bravoure (sur « le plastique » ou sur « le Tour de France ») échappent heureusement au brechtisme militant qui, aujourd'hui, rend la lecture de ce livre pénible. Mais l'essence de la Terreur décrite par Paulhan dès les années 1936-1941 est bien là : elle consiste à identifier « lieux communs » et poncifs ou slogans idéologiques, et à sommer l'esprit de se durcir contre tout compromis avec la « bêtise », talon d'Achille de l'intellectuel, et par où la « Bourgeoisie » le tient. Pour se durcir dans cette autocritique politique sans merci, l'intellectuel peut prendre appui sur un « savoir absolu », qui est son privilège, et qui, chose curieuse, peut lui-même se résumer en quelques slogans sommaires : « l'Histoire », d'abord, qui a un sens unique ; la « mystification politique bourgeoise », ensuite, qui, tant que la Révolution n'a pas eu lieu, travaille partout en France à voiler ce sens et à en retarder l'issue.

Cette critique terroriste, qui donne à qui l'exerce un pouvoir de procureur général, Paulhan avait montré combien elle est dommageable à la littérature. Car celle-ci, à moins de se faire hara-kiri, trouve sa vitalité et son large rayonnement dans ces « lieux communs » qui sont sa raison d'être : Breton, Sartre, Barthes, Brecht insistaient tous pour qu'elle les sacrifiât sur l'autel de « l'Histoire ». Le théâtre n'était pas épargné, en dépit de l'exemple donné par Sartre, dramaturge on ne peut plus conventionnel par sa technique et ses sujets. Qu'est-ce en effet que l'amour, la jalousie, la mort, la liberté, la vérité, le bonheur, Dieu et le Diable, sinon des lieux communs ? Ils sont l'étoffe même de cette jurisprudence de la vie humaine qu'est depuis Homère et Sophocle la littérature. Le drame, la comédie, le roman, la poésie, l'essai n'intéressent et ne traversent les générations que parce qu'ils traitent de ces lieux-là. Le propre de la littérature, disait en substance Paulhan, n'est pas d'évacuer les lieux communs, mais de les approfondir jusqu'à la révélation de leur *secret*. Ce secret, le plus difficile de tous à toucher, c'est celui de la nature humaine, commune à tous, mais singulière chez tous. Ce secret est inépuisable, il est à la source de la fertilité littéraire et de son extrême variété.

A vouloir confondre, au nom de la Terreur, l'étoffe des lieux communs avec leur usure dans la vie courante, à plus forte raison avec leur usage de propagande ou de publicité commerciale, on jette le bébé avec l'eau sale, on sort de la conversation civile et humaine. Politiquement, on se place en dehors de la démocratie. Sous couleur de faire la guerre totale aux « poncifs » bourgeois, on liquide aussi les questions générales que ces poncifs supposent, qui hantent tous les hommes, qui définissent leur humanité, et dont la littérature depuis toujours est tissée. Car ces questions simples et fortes, communes à tous les publics, sont susceptibles des réponses les plus diverses, selon les lieux, les personnes, les talents, les circonstances. Et ces réponses elles-mêmes, pour peu qu'elles ne soient pas insincères et touchent de près ou de loin au secret des cœurs, intéressent tout le monde, car elles réveillent en nous tous une de ces questions qui n'ont point de fin et qui nous poignent. Il faut être bien pédant pour ne pas voir que les réponses d'Edith Piaf, de Maurice Chevalier ou de Charles Aznavour (que les *Mythologies* de Barthes n'évoquent pas) peuvent toucher, selon les heures, autant que celles de James Joyce ou de Marcel Proust. En réalité, l'art populaire, quand il réussit à être vraiment populaire, peut aller jusqu'au secret des lieux communs aussi bien que l'art savant. L'un et l'autre chacun dans son ordre, participent à leur manière de la grande démocratie des lieux communs. Celle-ci repose en dernière analyse sur la nature humaine, dont le secret est manqué à coup sûr quand, après l'avoir interdite, on la condamne à ruminer ses crimes, et à les expier en se pliant à une culture qui ne lui dit rien, mais qu'elle doit faire semblant d'aimer pour ses péchés. Cette critique terroriste rend impossible tout art populaire, aussi bien que tout art et littérature vivants. Cet adjectif a été dérobé par la Culture d'Etat. Pour elle, « vivant » signifie *contem-*

porain et au goût des coteries régnantes. Vivant signifie en réalité en accord avec la nature, et comme telle, vainqueur du Temps. Tel est le « secret » au fond des lieux communs qui hantait Paulhan.

La langue, pour qui ne se contente pas de s'en servir machinalement, est un tissu de lieux communs dont on n'a jamais fini de tirer les fils. A elle seule, elle est, pour tous ceux qui la parlent et l'écrivent, un droit naturel qui déploie sans cesse des conséquences imprévues. Aussi est-elle un enfer pour qui a décrété que les lieux communs sont par essence une mystification de l'Histoire bourgeoise, ou de la Métaphysique occidentale. Il faut alors exhorter les consciences à en sortir. Mais par cette sortie, on se met en marge de toute société naturelle avec ses semblables, hors de l'humanité, hors de la nation, hors de la famille, hors de la liberté. On se met en position de folie ou d'extrême pouvoir, parfois des deux.

Qui ne voit la parenté profonde entre cette Terreur politico-littéraire et l'Etat culturel ? Celui-ci prétend faire la guerre aux lieux communs de l'art commercial et bourgeois, il prétend répandre également partout une « culture » qu'il a soumise préalablement à sa propre étamine : sur son passage l'herbe de l'art spontanément populaire, aussi bien que des arts savants traditionnels, ne repousse plus.

Sans qu'elle s'en doutât, en 1955, en dressant T.N.P. contre Boulevard, Centres Dramatiques Nationaux contre Comédie-Française, avant-garde contre art bourgeois, Jeanne Laurent prenait sa part de la Terreur ambiante dans les Lettres, elle travaillait à la transporter dans l'Etat. Encore un peu de temps, et c'est Vilar lui-même, Jean Dasté et les héritiers de Copeau qui se verront accuser de tromper le peuple et de ne pas comprendre la critique brechtienne des lieux communs. La Terreur nourrira la volonté de puissance administrative et s'en nourrira. Dans cette alliance, scellée sous Malraux, il n'est pas surprenant que l'art français du théâtre, mais les autres aussi, aient cessé le plus souvent de trouver le chemin des cœurs. Son public hexagonal est devenu un public de commande, qui n'interroge plus son sentiment pour juger, mais qui approuve docilement ce que l'idéologie officielle demande qu'on approuve, douce terreur qui dispense de chercher le secret des arts : le bonheur de reconnaître la nature au fond des lieux communs.

Sur les rails de *La République et les Beaux-Arts,* le train de
l'Administration culturelle, lancé à la reconquête du « désert »
français, s'accompagna à chaque station de déclarations d'un
mépris appuyé pour ce qui passait pour obscurcir l'intelligence de
nos concitoyens : le théâtre « bourgeois » et de Boulevard, le
répertoire d'opéras, d'opérettes, d'opéras-comiques qui faisaient
les beaux jours des salles lyriques à Paris comme à Lille, Bordeaux,
Marseille, Toulouse et Nîmes. La popularité de ces œuvres
lyriques était encore aussi générale et spontanée que celle dont
jouissait la chanson française. Donnant le ton à une intolérance de
demi-habiles, André Malraux n'aura pas de mots assez durs pour
condamner l'infamie des *Cloches de Corneville ;* son dédain s'éten-
dra à l'opéra en général, dont la popularité le désolait, et dont il
aimait à dire, par antiphrase, qu'il est « un divertissement pour
concierges, dont on ne voudrait pas à Romorantin ». Ces miséra-
bles régals de bourgeois et de petits-bourgeois avaient cependant
l'avantage, ainsi que le théâtre de Boulevard, de bien servir la
langue nationale, et de renforcer sa fonction naturelle de lien
commun entre Français. Ils n'interféraient nullement, par ailleurs,
avec les mœurs, les coutumes et les accents particuliers qui
coloraient quartiers de Paris et villes de province. On citait dans la
conversation « petite-bourgeoise et bourgeoise » des vers de théâtre, comme ce *Cyrano* de Rostand dédaigné par les beaux esprits
naguère, aujourd'hui réhabilité au soulagement de tous par le
cinéma. On chantait les airs de *Manon* de Massenet ou de *Violettes
impériales* de Scotto dans les pique-niques du dimanche et en
promenade. Tout le monde ne peut pas se hisser à l'altitude de
Michel Butor, qui déclarait récemment : « Je me surprends parfois
à siffloter du Webern. » On créait donc, et souvent en province,
des opéras de Verdi sur un livret traduit en français, des opéras-
comiques et des opérettes, genre fort estimable où excellait l'ami de
Proust, Reynaldo Hahn, auteur de l'immense succès que fut
Ciboulette (1925). Etait-ce là un désert ? Mais le but de la Culture
n'a pas été de faire verdoyer des terres en friche. Il lui parut urgent
de substituer au goût moyen et populaire qui convenait vraiment
au plus grand nombre le goût de « haut niveau » tel qu'on le
définissait alors dans les cafés intellectuels et les appartements

enfumés de la capitale. Excellent prétexte à une action missionnaire de grande envergure, qui, elle, convenait parfaitement aux ambitions et à la volonté de puissance des bureaux à la page. Rien n'est plus étranger à la vraie culture, qui est harmonie et non violence, qu'un tel projet empreint de violence sous ses prétextes humanitaires. Il revenait à imposer par décret, depuis Paris, une révolution des mœurs et des goûts, contre le gré et l'attente spontanée des citoyens. En 1955, n'en déplût à Jeanne Laurent et à André Malraux, Georges Thil et Ninon Vallin étaient aussi célèbres dans toute la France que Georges Simenon et Maurice Chevalier. Ce n'était pas un indice d'inculture générale.

Cette idée de la culture comme d'un liquide ou d'un gaz, dont on ne supporte pas la concentration, qui doit à tout prix être « diffusé » uniformément partout, est une idée d'ingénieur de fluides, ou d'impérialiste du goût. Telle était cependant l'impatience de ces distributeurs que Jeanne Laurent, en leur nom, sommait l'Etat, alors fainéant, de l'imposer à tous et partout. Dans la péroraison de son livre, emportée par le dépit, et exaltée par le souvenir de sa propre œuvre missionnaire de « Décentralisation », elle appelait et prophétisait un commissaire investi des pleins pouvoirs, et qui mettrait fin énergiquement à la tragédie où le libéralisme de la IIIᵉ avait plongé l'art français : « La rupture avec les errements du passé sera éclatante. A l'irresponsabilité des commissions se substituera une responsabilité individuelle. Celui qui la portera aura les moyens (crédits et pouvoirs) d'y faire face. »

On ne peut refuser à Jeanne Laurent l'extrême cohérence de pensée. Elle eut deux « bêtes noires » : la Société des Comédiens français, et l'Académie des Beaux-Arts. Deux sénats d'artistes, cooptés, disposant jusqu'alors d'une indépendance de corps certaine, et l'étendant l'une à l'Ecole des Beaux-Arts et à l'Académie de France à Rome, l'autre au Conservatoire d'art dramatique. C'en était trop pour un despote et un activiste de bureau. Il fallait chercher là les causes de la déchéance « bourgeoise » des arts français. Ces corps intermédiaires avaient freiné ou empêché l'action rédemptrice de l'Etat. La « décentralisation du théâtre » fut une stratégie d'encerclement qui a en effet fini par ranger la Comédie-Française sous l'autorité sans intermédiaire de la Rue de Valois, et accru en nombre les féaux de la Direction ministérielle du Théâtre. André Malraux, décontenancé en 1968, crut jeter du lest en décidant sur un coup de tête de soustraire l'Ecole des Beaux-Arts et la Villa Médicis à la compétence de l'Académie des Beaux-Arts. Un de ses successeurs, Michel Guy, conseillé par Jacques Rosner, supprima en 1974 le concours de sortie du Conservatoire, pépinière traditionnelle des étoiles du Français.

Ainsi s'accomplissait, sans elle, la volonté de Jeanne Laurent. Ni Malraux ni ses successeurs ne marquèrent beaucoup de reconnaissance à cette sainte Jeanne-Baptiste de la Culture d'Etat. André Malraux avait-il même lu *La République et les Beaux-Arts ?* C'est très probable. Tout s'est passé comme si ce livre avait non seulement inspiré l'idée d'un « commissariat à la Culture » qui convînt à un spécialiste célèbre de la propagande, mais dicté souvent sa conduite au « commissaire », une fois qu'il fut aux affaires.

3

DEUX ESSAIS COMPARÉS D'ÉTAT CULTUREL

I. Le Front populaire

Lorsque l'on écrira l'histoire du ministère de la Culture, Jeanne Laurent, qui n'en fut jamais, y tiendra une place méritée, au titre de Lénine de cette révolution administrative. On doit même espérer qu'une biographie lui sera consacrée, et que seront publiés ses *Mémoires* encore inédits où cette observatrice impitoyable de l'œuvre qu'on lui avait dérobée sert à coup sûr l'histoire et les Chartes. Dans *La République des Beaux-Arts*, elle excepte, de sa vindicte, parmi tous les politiciens de la IIIᵉ, le seul Jean Zay, ministre de l'Education nationale et des Beaux-Arts de 1936 à 1939. C'est une indication intéressante. Faudrait-il croire que le Front populaire a posé les premiers jalons de ces Affaires culturelles confiées en 1959 à l'auteur de *L'Espoir* ? Il est vrai que « les intellectuels antifascistes », dont était Malraux, et qui soutenaient le gouvernement Blum, usaient et abusaient, dans leurs journaux et revues, du mot « culture » ou de l'expression « défense de la culture ». Ils tenaient leurs *meetings* dans des Maisons de la Culture. Le dirigisme culturel de Staline leur semblait un modèle, et la meilleure réponse possible à celui d'Hitler et de Mussolini. Leur problème, nous allons y revenir, était de rallier « le peuple » à leur cause, et Malraux n'était pas le seul à penser que les arts pouvaient être d'efficaces aimants. Dans l'hebdomadaire alors « frontiste » *Vendredi*, dirigé par Jean Guéhenno et Andrée Viollis

(Malraux y publia les bonnes feuilles de *L'Espoir*)[1], Jacques Soustelle écrivait, le 26 juin 1936 :

« Ouvrons les portes de la culture. Brisons les murailles qui entourent comme un beau parc interdit aux pauvres gens une culture réservée à une élite de privilégiés. Ce n'est pas un hasard si les Maisons de la Culture, Radio-Liberté et la presse du Front populaire multiplient aujourd'hui leurs efforts pour mener à bien cette grande tâche. Nous allons à une Renaissance. Il est temps d'y travailler. »

Cet appel en faveur d'une *Association populaire des Amis des Musées* (signé par Paul Rivet, Georges Salles, André Varagnac, René Grousset, André Chamson) fut entendu par Jean Zay. Il fit ouvrir le Louvre de nuit, et organiser des visites guidées gratuites dans les salles éclairées *a giorno*. C'était très bien, mais on était loin de la « culture pour tous » et de la Renaissance que, par un optimisme d'époque, en attendait Jacques Soustelle. Les hommes à qui Léon Blum confia ce que l'on n'appelait pas unanimement alors la Culture, Jean Zay à l'Education nationale et aux Beaux-Arts, Léo Lagrange aux Sports et Loisirs, n'étaient pas des révolutionnaires culturels. Malraux était lié d'amitié avec Léo Lagrange, dont il fit un bel éloge salle Pleyel, le 9 juin 1945. Il avait peu de points communs en revanche avec Jean Zay.

Léo Lagrange, neveu d'un ministre de Gambetta, appartenait à l'aristocratie républicaine de la IIIe. Il avait trente-six ans quand il devint ministre de Léon Blum. Dans l'éloge que fit de lui Malraux, celui-ci parle à son propos de « socialisme nietzschéen ». Une fois de plus l'orateur se définissait lui-même. En réalité, Lagrange cherchait une formule républicaine qui répondît à la politique, alors unanimement crainte et admirée, des régimes allemand et italien en matière de sports et de jeunesse. La conjoncture était

---

1. Il faut ajouter, à la tête de *Vendredi*, André Chamson, ami d'Edouard Daladier, mais aussi d'André Malraux, et que nous retrouverons un peu plus loin, mobilisé en 1939, et participant pendant la « drôle de guerre » aux activités culturelles de l'Etat-Major du général de Lattre à Strasbourg. Maurice Agulhon me fait remarquer que la composition politique du triumvirat de *Vendredi* était exactement symétrique de celle de la direction du *Comité de Vigilance des Intellectuels Antifascistes* : à André Viollis (P.C.), Jean Guéhenno (P.S.) et André Chamson (rad.-soc.) correspondaient, au C.V.I.A., Paul Langevin (proche du P.C.), Paul Rivet (P.S.) et Alain (rad.-soc.).

favorable : le Front populaire accordait aux salariés et employés le droit aux « congés payés ». La République, pour la première fois, avait l'occasion d'organiser les loisirs de masse. Les syndicats, qui venaient d'être légalisés dans l'entreprise, étaient un rouage intermédiaire tout trouvé. A la mystique néo-païenne des fêtes propre au fascisme, Lagrange opposait des délassements qui n'abolissaient pas la liberté de choix de chacun, sports, tourisme, scoutisme, théâtre, lecture, initiation aux arts. Il déclarait :

« L'organisation des loisirs est un terme derrière lequel il convient de penser ce que l'on entend mettre. Il ne peut s'agir, dans un pays démocratique, de caporaliser les loisirs, les distractions et les plaisirs des masses populaires, et de transformer la joie habilement distribuée en moyen de ne pas penser. »

Léo Lagrange s'appuya donc sur les associations émanant des syndicats pour favoriser l'éducation populaire dans les sports, les arts, la lecture. Or c'est justement cette notion d' « éducation populaire », trop rustique et modeste aux yeux de Malraux, que combattit et rejeta la « Culture » du nouveau ministère en 1959[1]. Léo Lagrange s'employa à créer un réseau de bibliothèques publiques qui devaient être aussi des photothèques et des discothèques, où ceux qui le souhaitaient pourraient lire, s'initier à l'écoute de la grande musique, s'instruire dans l'histoire de l'art. Il encouragea par de modestes subventions les tournées en province des troupes d'André Barsacq et Jean Dasté. Dans le vocabulaire de Léo Lagrange, le mot « éducation » revient fréquemment. Entraînement physique, apprentissage d'une discipline de l'esprit ou de la main, lui apparaissaient les vraies alternatives au travail et au

---

1. Dans une circulaire inédite, émanant de M. Emile Biasini, alors directeur du Théâtre et de l'Action culturelle dans l'Administration Malraux, et datée d'octobre 1962, on peut lire la directive suivante : « Elles [les Maisons des Jeunes] veulent être un moyen de familiarisation, et souvent de familiarisation manuelle, avec les moyens d'expression d'une culture. La Maison de la Culture doit, elle, organiser la rencontre de tous ceux qui aspirent à cette culture avec ses formes les plus parfaites. Elle trouvera donc sa caractéristique fondamentale dans la notion du niveau culturel le plus élevé, et de la qualité la meilleure, en proscrivant la condescendance tout autant que le paternalisme. A cette notion de haut niveau, la Maison de la Culture doit ajouter celle de polyvalence... etc. » Je remercie M. Biasini d'avoir bien voulu me communiquer ce document qui fait foi.

métier quotidiens. Mais il avait le sens, très répandu alors en France, perdu depuis par les bureaucrates culturels, d'un goût moyen et populaire et des plaisirs sans prétention. Il quitta son ministère en 1939 pour s'engager dans l'armée, alors qu'il n'était pas mobilisable, au titre de député et d'ancien combattant : il mourut sur le front le 9 juin 1940.

Jean Zay, emprisonné de 1940 à 1944, assassiné le 12 juin 1944 par les miliciens de Darnand, fut un ministre encore plus jeune de Léon Blum : il avait trente-deux ans quand il fut chargé de ce qu'il y avait de plus « athénien » dans la IIIe République : l'Education nationale et les Beaux-Arts. A la tête de ce prestigieux ministère, il œuvra en étroite collaboration et sympathie avec Léo Lagrange. L'un et l'autre restèrent aux affaires après la chute de Léon Blum, et Jean Zay obtint que le sous-secrétariat d'Etat aux Sports et Loisirs de Léo Lagrange, jusque-là rattaché à la Santé publique, le fût à l'Education nationale, en 1937, lors de la formation du cabinet Chautemps. Cette répartition des compétences était profondément fidèle à l'esprit du régime. Les Sports et Loisirs, pour Jean Zay et Léo Lagrange, devaient être couplés avec l'école, dont ils étaient le complément et non le substitut. La IIIe, par ailleurs, n'avait jamais dissocié les Beaux-Arts de l'Instruction publique (devenue dans les années 30 Education nationale). On n'insistera jamais assez sur l'erreur commise en 1959 dans le nouveau découpage des compétences qu'entraîna l'invention d'un ministère taillé sur mesure pour Malraux. D'un côté les Arts et les Lettres, découplés de l'Education nationale, mais voués, sous de pompeuses formules, à organiser les « loisirs pour tous » ; de l'autre, une Education nationale découronnée des Arts et Lettres, et réduite à devenir une immense et grise école professionnelle. Quant aux sports, ils ont cessé d'être un facteur commun des Loisirs et de l'Education. Le dirigisme technocratique de l'Etat-Providence ayant pris entre-temps des proportions inconnues sous la IIIe, cette répartition arbitraire des compétences s'est projetée sur la société civile française et a fini par mouler ses représentations.

Sans être lui-même un « grand universitaire », Jean Zay était, comme beaucoup d'hommes politiques de la IIIe, un « homme vraiment cultivé ». Empruntons à Nietzsche, que Malraux avait lu en diagonale, la définition de ce terme : « Un homme vraiment cultivé possède ce bien inestimable de pouvoir rester fidèle aux instincts contemplatifs de son enfance, et d'atteindre par là à un calme et à une harmonie dont celui qu'attire la lutte pour la vie ne peut même avoir une idée. » Il avait été précédé dans ce ministère, dont Jules Ferry avait fait le pouvoir spirituel de la République, par des hommes de la stature intellectuelle d'un Léon Bérard ou d'un Anatole de Monzie, humanistes au sens où on l'entendait à la Renaissance. Jean Zay n'était pas indigne de cette noblesse républicaine.

Dans ses très beaux *Souvenirs et Solitude* qu'il écrivit en prison, chaque page donne des preuves du respect que Jean Zay, ministre des Beaux-Arts, éprouvait pour l'Université et la science françaises : « Un jeune ministre à ses débuts, écrit-il, ne découvrait pas d'épreuve plus redoutable [que de comparaître devant le Conseil supérieur de l'Instruction publique, auquel la IIIe avait conféré une large autorité, et où siégeaient les maîtres des trois ordres d'enseignement], pas même dans l'enceinte de la Chambre ni même celle du Sénat... Ce qui nous remplissait de crainte respectueuse au début du discours ministériel, c'était le sentiment d'être jugé soi-même, pendant qu'on parlait, par ces augures bardés de parchemins. »

Bien significatives de la fidélité de Jean Zay à la « République athénienne », ses remarques sur le rayonnement français à l'étranger. « On ne peut juger, écrit-il, de la vraie grandeur de la France au-dehors si on a jamais vu à l'œuvre, sur place, ceux qui représentent sa pensée à travers le monde. A Athènes, le centre de l'influence française était beaucoup moins la légation ou les bureaux commerciaux que l'Ecole d'Athènes avec M. Demangel et l'Institut d'Etudes supérieures de M. Merlier. » Même note au Caire pour l'Institut français d'archéologie orientale et les établissements d'enseignement. Il ajouta au réseau de ces instituts de haut niveau, dotés de bibliothèques de recherche, l'Institut français de Londres (rattaché à l'Université de Lille) et la Maison Descartes d'Amsterdam. Aujourd'hui, voués au « culturel », ces instituts ont, sauf exception, cessé d'être des extensions du haut enseignement français et ses ambassades auprès de leurs pairs étrangers. Les *Encyclopédies* de Diderot et de d'Alembert, dans les éditions du XVIIIe siècle, que la IIIe avait envoyées à leurs bibliothèques, ont été reléguées dans les réserves avec le fonds scientifique tari depuis 1940. Cessant d'être des relais entre le monde scientifique et universitaire français et ses correspondants à l'étranger, ces Centres culturels de l'extérieur se vouent trop souvent à une animation des loisirs locaux, qui fait apparaître la France officielle comme un impresario, et sa langue comme une variante secondaire de l'anglais du *show-business*. C'est pourtant la IIIᵉ, la « gueuse », qui passe aujourd'hui encore pour avoir fait tomber la France dans le décri « culturel ».

Jean Zay se préoccupa de créer une Ecole Nationale d'Administration, qui dans son esprit devait compléter, pour le recrutement des administrateurs, « l'œuvre démocratique poursuivie depuis de nombreuses années dans l'enseignement public et de prolonger en quelque sorte l'école unique ». Il ajoutait : « La continuité entre le lycée, la grande école (ou la bourse d'enseignement supérieur) et la fonction publique est le principe éprouvé qui doit nous servir de guide en matière de recrutement. » Le projet de Jean Zay, critiqué par le jeune Michel Debré, n'aboutit pas. On accusa Jean Zay entre autres choses de vouloir créer un mandarinat administratif. Marc Bloch, dans son *Etrange Défaite*, marque son hostilité de principe au projet, même sous la forme prudente que lui avait donnée Jean Zay. « Mieux eût valu, certainement, écrit-il, favoriser par des bourses l'accès de tous aux fonctions administratives, et en confier la préparation aux universités, selon le large système de culture générale qui fait la force du *Civil Service* britannique. » Quand, en 1945, Michel Debré fit agréer son propre projet, l'Ecole nouvelle justifia quelque peu les préventions de Marc Bloch. Elle forma un corps de hauts fonctionnaires « généralistes », imbattables dans la technique du résumé de dossier, et s'imaginant volontiers que ce brio universel faisait d'eux des « honnestes gens » comme au XVIIᵉ siècle, aristocrates ne se piquant de rien et ayant le dernier mot sur tout. C'était pourtant là le contraire de la discipline universitaire et républicaine, qui introduit sans doute à la culture générale, mais comme récompense d'un art libéral et spécial, patiemment appris et à fond. La « botte » de cette noblesse d'Etat, souvent formée par d'autres grandes Ecoles, choisit en principe les grands corps, et « pantoufle » souvent ensuite dans l'économie nationalisée ou privée. Entre 1969 et 1991, il est arrivé pourtant que des « honnestes gens » de cette haute extraction se soient laissé tenter par l'Administration de la Culture, qui leur donnait le triple frisson du mécénat aristocratique, de la B.A. démocratique, et même d'une forme de bohème nomenklaturiste.

Jean Zay fit en revanche adopter en 1937 une réforme de l'enseignement généralement approuvée. Elle prolongeait la scolarité obligatoire à quatorze ans, et prévoyait en conséquence le budget de constructions scolaires que cette mesure impliquait. La réforme créait à égalité, au côté du cycle d'études classiques, un autre moderne et un autre technique. Tous trois étaient précédés au seuil du secondaire par un tronc commun d'orientation. Des « loisirs dirigés » étaient institués un après-midi par semaine. L'éducation physique devenait obligatoire. Cette évolution ne sacrifiait ni les humanités, que la gauche révérait alors autant que l'Action française, ni les études modernes et techniques, indispensables dans une nation industrielle, ni la démocratie, que l'accent mis sur l'orientation servait, mais sans démagogie égalitariste.

Jean Zay prit grand soin de ne pas isoler le sérieux des tâches d'éducation de l'éclat des Beaux-Arts. Mais il se garda des séductions de la mode et de l'avant-garde, qui s'exerçaient à plein sur l'extrême gauche intellectuelle du Front populaire. De tradition classique et rationaliste, il tenait pour « ténébreuses et byzantines » les préférences post-symbolistes et surréalistes qu'affectaient les gens du monde et les intellectuels révolutionnaires. Il préférait La Fontaine à Mallarmé, Jules Renard et Anatole France à Breton et même à Valéry, qu'il appelait le « dauphin du symbolisme ». Son goût personnel dans les arts semble cependant avoir été assez proche du Valéry d'*Eupalinos,* mais il est probable qu'une thèse universitaire nous montrera un jour que son véritable maître en la matière était Alain, qui avait succédé à Renan dans le rôle de Socrate de la République. Avec son directeur des Beaux-Arts, Georges Huisman, il fit passer de plus nombreuses commandes à des artistes tels que Maillol, Bonnard, Vuillard, Despiau. Il demanda à une commission d'artistes de conseiller les achats de l'Etat (la pointe anti-académique est visible). C'est sous son autorité que fut organisée l'Exposition universelle de 1937 : le palais de Chaillot, reconnu aujourd'hui pour un chef-d'œuvre, résume parfaitement, comme le musée flottant du *Normandie,* l'élégante vitalité de « l'art officiel », contemporain de *La Guerre de Troie n'aura pas lieu.* Tandis que Raoul Dufy célébrait dans une immense fresque la fée Electricité, les Delaunay s'étaient chargés de décorer le pavillon des Techniques. Une magnifique *Rétrospec-tive des chefs-d'œuvre de l'art français* avait été installée au Palais de Tokyo. C'est bien avec le souvenir ébloui d'un Paris-Ville Lumière, fidèle à sa tradition d'esprit et de goût, moderne mais avec mesure, que le monde stupéfait apprit la défaite de juin 1940.

Jean Zay chercha en somme à atténuer le décalage, dont la IIIᵉ République s'était fort bien accommodée, entre l'art des diverses « avant-gardes » et l'art officiel, sans toutefois s'efforcer de les identifier. Jacques Rouché, puisant dans ses propres ressources, avait donné à l'Opéra de Paris un grand éclat depuis 1915. Avec Jacques Doucet, avec Paul Poiret et tant d'autres, il fut un de ces mécènes qui firent ingénieusement et généreusement contrepoids à la prudence parcimonieuse dont la IIIᵉ ne se départait pas, même en matière musicale.

Qu'allait devenir l'Opéra sous le Front populaire ? Dans un article resté inédit jusqu'en 1955, mais écrit en 1936, un influent critique musical, Max d'Olonne, sous le titre *La Musique et le peuple,* se livrait à des réflexions caractéristiques de la pente générale des esprits à l'époque :

« A l'heure actuelle, quels sont les gouvernements qui assignent à la musique et au théâtre un rôle important, et lui donnent une aide pécunaire efficace ? Ce sont ceux de l'Italie, de l'Allemagne, de la Russie. Pourquoi ? Parce qu'ils ont chacun une conception de la vie qui en englobe et en unifie toutes les manifestations, une doctrine. »

Cet esthète, dépourvu de préjugés politiques, s'interrogeait donc sur les intentions du gouvernement Blum :

« La musique est un art fort coûteux. Les élus du Front populaire voteront-ils le maintien des subventions absolument insuffisantes de nos théâtres, de nos concerts, de nos écoles de musique ? Les supprimeront-ils ? Quelques pessimistes s'écrient : " Voici venir à brève échéance la fin de tout art raffiné. C'est la mort des concerts symphoniques et des grands théâtres lyriques. La subvention n'ira plus qu'aux orphéons et aux fanfares. " Ces vues me semblent superficielles et simplistes à l'excès. Le mouve-ment socialiste et communiste n'a d'ampleur que par son idéa-lisme, sa mystique. Il est soutenu, vivifié, par de nombreux intellectuels, par des " croyants ", d'incontestable valeur morale. Les économistes peuvent discuter ou nier les possibilités de transformation du vieil édifice social. Ce n'est point mon affaire. Mais au lieu de voir une antinomie forcée entre la révolution sociale et l'art, il n'y a qu'à se rappeler le romantisme et maints écrits de philosophes et d'artistes, nommément Wagner, pour en saisir les profondes affinités et les raisons qu'ils ont de les allier. »

En 1955, repris dans un recueil intitulé *Le Théâtre lyrique et le public*, ce programme de réforme adaptée « aux exigences d'une société nouvelle » parut de nouveau d'actualité à Max d'Olonne. C'était justement l'époque où Jeanne Laurent était en train d'écrire *La République et les Beaux-Arts*.

Aux questions que se posaient les mélomanes, Jean Zay répondit en 1936 par la nationalisation de l'Opéra et de l'Opéra-Comique, qui justifia aux yeux des élus du Front ce budget de luxe, mais il maintint le mécène Jacques Rouché à la tête de la toute neuve *Réunion des Théâtres lyriques nationaux*, où il demeura jusqu'en 1945 [1]. Il y était assisté par un comité consultatif de compositeurs : le Groupe des Sept (Milhaud, Darcy, Honegger, Auric, Poulenc, Taillefferre, Lazarus) et Henri Rabaud, Reynaldo Hahn, Jacques Ibert, qu'il nomma à la direction de la Villa Médicis. A la Comédie-Française, il nomma avec d'insolites pleins pouvoirs Edouard Bourdet, assisté de ses amis les metteurs en scène du Cartel : Jouvet, Dullin, Baty, Copeau. Il créa le Grand Prix du Cinéma français, et préparait le premier festival de Cannes, pour rivaliser avec celui de Venise, quand la guerre éclata en 1939.

Dirigistes donc, mais avec tact et modération, Jean Zay et Léo Lagrange à eux deux formèrent pendant trois brèves années le plus complet « ministère de la Culture » républicaine de la IIIe, avec pour seul précédent le bref ministère Antonin Proust dans l'éphémère gouvernement Gambetta. Mais cette fois le grand maître de l'Université était aussi le patron des Beaux-Arts, et il s'était subordonné, avec son ami Léo Lagrange, les Sports et les Loisirs. Jean Zay tenta aussi de se subordonner la radio, dont il réussit toutefois à faire dériver chez lui une partie de la redevance.

Ce radical, ce franc-maçon, ce fils d'instituteur, dans un moment

---

1. Pour la suite de cette histoire des avatars de l'Opéra, genre de cour, dans la République de plus en plus monarchique des années 60-90, on se reportera à l'excellent ouvrage de Maryvonne de Saint-Pulgent, *Le Syndrome de l'Opéra*, Paris, Laffont, 1991.

de montée des périls, se voulut donc bien le Périclès de la « République athénienne » menacée. Le livre de Claude Nicolet, *L'Idée républicaine en France* (Gallimard, 1982), nous permet de comprendre de l'intérieur, contre tant de préjugés accumulés, quel sens philosophique et civique un homme de cette tradition pouvait donner à son action. Il coalisa et revivifia l'Education nationale, les Arts, les Sports, les Loisirs, selon un effort qui devait culminer dans les fêtes du cent-cinquantenaire de la Révolution, en 1939 : rassemblement du peuple autour de la représentation de ses lois et de ses œuvres, commémoration de ses annales. C'était bien, avec une tout autre cohérence que lors du bicentenaire de 1989, la mise en œuvre complète et consciente de la religion civile selon Rousseau, de la cité antique selon Fustel de Coulanges, de la sociologie religieuse laïque de Durkheim, mais corrigées par le libéralisme des *Propos* d'Alain et de son esthétique. Ultime synthèse, avant qu'il disparût, d'un régime qui avait une philosophie.

Au cours de l'Exposition universelle de 1937, le contraste des nombreux pavillons français avec celui de l'Allemagne et de la Russie apparut saisissant. D'un côté les emblèmes de la Raison, inséparable de la Beauté, laissant libéralement leurs fidèles manifester la diversité de leurs talents, de leurs vocations, de leurs goûts, et n'empiétant pas sur leurs préférences privées. De l'autre, l'Aigle collective et le Couple des stakhanovistes enthousiastes, deux symboles de Léviathan piétinant la raison, la liberté, la diversité, la vie privée. Mais la philosophie de la République ne s'opposait pas seulement à celle de Vladimir Ilitch Lénine et d'Adolf Hitler : elle protestait par avance contre l'Etat communautaire de Vichy, contre l'Etat technocrate et culturel d'après-guerre. L'acharnement des nazis et de leurs séides contre Jean Zay honore sa mémoire. Son exécution sommaire par la milice de Darnand conclut par un crime un confinement arbitraire. A lui seul il incarnait la République athénienne. Ses héritiers nominaux de 1981 ne se rattachent pas à lui. L'Etat culturel n'est plus le culte républicain de la Raison, moins encore celui de la Beauté. C'est celui du coup médiatique. Entre Jean Zay et nous, il faut maintenant faire témoigner Emmanuel Mounier.

II. Vichy et « Jeune France »

La victoire symbolique n'est pas nécessairement suivie de la victoire des armes. La défaite militaire de 1940 fut aussitôt interprétée par les adversaires, mais aussi par la plupart des bénéficiaires de la IIIe République, comme le jugement de Dieu. On oublia sur-le-champ que le même régime avait valu à la France (mutilée il est vrai d'un million et demi de ses jeunes gens, une génération entière, avec Péguy, avec Cochin) la plus grande victoire militaire de son histoire. La IIIe ne trouva pas d'avocat. Seul Marc Bloch, dans son *Etrange Défaite,* reste intégralement fidèle aux principes libéraux de la République vaincue, à qui la vertu avait finalement manqué. Même Léon Blum, plus tard, dans son beau livre *A l'échelle humaine,* se tiendra sur la défensive. Même Giraudoux, dont un des romans, *Bella,* avait pourtant donné de la République athénienne un portrait amical et spirituel, déclare forfait dans *Sans pouvoirs.* Anatole France, celui de *L'Ile des Pingouins,* n'était plus là pour rappeler la « douceur de vivre » sous cet excellent régime. La IIIe fut donc englobée dans le mépris pour le « stupide XIXe siècle », ou pour le « bourgeois », cette aberration de l'histoire. Maurras et Marx, Baudelaire et Flaubert, étaient contre ce pelé, ce galeux, d'où était venu tout le mal, autant de témoins à charge. Les crachats de Céline l'emportèrent donc sur l'humour de Giraudoux. Même Valéry, le poète lauréat du régime, n'eut pas un mot de condoléances.

La Révolution Nationale proclamée par Vichy tira profit de ces hautaines amertumes qui cachaient une intense humiliation. Débarrassé du Parlement, du suffrage universel, de la liberté de la presse, des droits de l'homme, le régime du Maréchal imprima à l'Etat vaincu qu'il héritait de la IIIe le tour activiste et technocratique qu'il a fait malheureusement entrer dans nos mœurs. Cet Etat moignon, ligoté par des accords d'armistice draconiens, déploya d'autant plus d'activité législatrice, réglementaire et culturelle sur sa propre société civile bâillonnée, qu'il était réduit à l'impuissance à l'extérieur. Cette loi de compensation, qui recommença à jouer avec la fin des guerres coloniales, est plus que jamais en vigueur depuis 1981.

Vichy ne s'attaqua pas de front à l'édifice de l'Education

nationale (rebaptisée Instruction publique), sinon par des révocations scandaleuses et l'emprisonnement sans procès de Jean Zay. En revanche, il développa une « politique de la jeunesse » et de ses « cadres » qui, prenant l'Education nationale à revers, commence indirectement à dépouiller la République de sa raison d'être : l'émancipation des esprits.

Dans le gouvernement de Vichy, le secrétariat général à la Jeunesse est chargé d'encadrer et de former les garçons que les accords d'armistice soustraient au service militaire. Lyautey, théoricien du « rôle social de l'officier », y prend la relève de Jules Ferry et de ses écoles. Le scoutisme et le patronage catholiques, influencés par les Maisons de la Culture et les Œuvres laïques des partis du Front populaire, s'enhardissent à concevoir une « mission culturelle » de vaste échelle appuyée sur l'Etat.

En attendant l'enquête historique souhaitable, on peut du moins recueillir, dès avant 1940, des témoignages sur l'état d'esprit d'officiers généraux qui, inspirés par les deux modèles, catholique et laïque, ajoutent aux missions traditionnelles de l'armée celle de plonger le contingent dans un bain de « culture ». Dans l'ouvrage que la maréchale de Lattre de Tassigny a consacré à son mari, *Jean de Lattre, mon mari* (1971), elle évoque, à la date de 1937, les « audaces les plus nouvelles dans les méthodes de commandement » auxquelles se risquait le général, ancien du Maroc et alors à la tête du 151ᵉ R.M.I. à Metz. Les jeunes recrues « pouvaient profiter d'une très belle bibliothèque, se délasser dans des foyers confortables, assister deux fois par semaine aux séances de cinéma dans leurs quartiers, faire leur correspondance ou lire dans des salles bien éclairées et bien chauffées ».

Passé en 1939-1940 à la tête de l'Etat-Major de la Vᵉ armée, à Strasbourg, le général décide « une innovation originale en créant une section vouée à tous les problèmes de l'ordre psychologique et moral, et dotée de moyens adaptés : photos, cinéma, contacts avec la presse ». Cette section d'action psychologique et culturelle travaille de concert avec les aumôniers militaires des diverses confessions. Un atelier d'artistes (un peintre, un graveur) est chargé de composer une histoire de l'Alsace en images d'Epinal, « depuis Turenne et Vauban, jusqu'à la victoire de 1918, en passant par les soldats de la Révolution, Hoche et Kléber ». La série contemporaine fut inaugurée par l'image du « Général et de la

Bonne Sœur ». Elle représentait la rencontre du général Bourret et d'un groupe d'écoliers conduits par une religieuse portant la cornette de Niederborn. Venaient ensuite « Le soldat laboureur », « Le coup de main sur la Lauter », « Les défenseurs de la Ligne Maginot », « La visite du Président Daladier ». André Chamson rédigeait les légendes. Selon la maréchale, lors d'une visite du colonel de Gaulle, à Strasbourg, on l'entendit déclarer, comme se parlant à lui-même :

« Ah ! Ce de Lattre, vraiment il en a des idées ! »

Lorsque le gouvernement de Vichy entreprend une « politique de la jeunesse », ce ne sont donc pas les idées qui manquent. Le général Huntzinger, ministre de la Guerre, codifie l'organisation des « Chantiers de la Jeunesse ». Et le général de Lattre, auteur lui-même d'une « Charte de la Jeunesse », et qui dans son commandement de Montpellier occupait ses hommes avec des concerts, des services religieux, autant qu'avec des exercices physiques, « avait espéré, nous dit la maréchale, tant il s'intéressait à cette formation, se voir confier la mission de les diriger. Celle-ci échut finalement au général de la Porte du Theil, un géant blond, portant moustache à la gauloise, qui avait été son professeur d'artillerie à l'Ecole de guerre ». Tandis que le commandant de la Chapelle met sur pieds, à Theix, une Ecole des Chefs, et que Dunoyer de Segonzac crée à Uriage une Ecole des Cadres pour civils et militaires, le général de Lattre en crée une à l'intérieur de son propre commandement. Cette « Maison de la Culture » militaire (avec théâtre, piscine, esplanade et mât pour la « Levée des couleurs ») attire de nombreux visiteurs.

Mais c'est évidemment à Uriage, et à l'intersection entre le ministère de la Guerre du général Huntzinger, et le secrétariat à la Jeunesse de Georges Lamirand, que les semences d'un véritable Etat culturel levèrent. Le « château de Bayard », où l'Ecole des Cadres de Dunoyer de Segonzac (le « Vieux Chef ») était installée, est aujourd'hui entré dans la légende. Il lançait un défi, sur la terre de France, aux burgs médiévaux où les S.S. aimaient loger leurs « maisons ». A Uriage eut lieu la jonction entre les militaires et les intellectuels de la revue *Esprit*, « non-conformistes des années 30 », sous la conduite d'Emmanuel Mounier. Ils apportèrent cet élément « culturel » (conférences et ateliers d'art) dont les militaires réduits à l'inaction avaient besoin, et ils trouvèrent eux-mêmes un champ d'action pour faire sortir de l'utopie leur projet de « communauté personnaliste », appelée à remplacer la République radicale et laïque. Péguy et Claudel leur servaient de caution littéraire. Il ne fait aucun doute que le projet mouniériste ne fut qu'une des nombreuses velléités, et mineure, parmi celles qu'agitait le nouveau régime[1]. Dès 1942, ce projet était hors course. Mais pendant un peu moins de deux ans, il fut mis à l'essai.

Je n'entrerai pas dans le débat, qui s'est produit depuis à un tout autre degré d'intensité et de gravité à propos de Heidegger, sur le point de savoir si Mounier et ses amis « résistaient » sous le masque ou adhérèrent un temps à la Révolution Nationale. Jusqu'en 1942, l'avenir semblait encore aller au fascisme. A Uriage, on était assez bon Français pour vouloir une France de nouveau forte, capable de « tenir son rang » dans le monde nouveau. Il était donc question de former une aristocratie française de « chefs », semi-militaire et semi-intellectuelle, activiste, virile, solidaire, armée d'une foi brûlante contre les vices de l'Ancien Régime démocratique : l'individualisme, l'hédonisme, le mercantilisme et le capitalisme. Et pourtant, cette école d'officiers désœuvrés se proposait de bonne foi de préparer une France enfin vraiment moderne. La modernité politique était alors définie (elle le restera longtemps encore) par le dilemme fascisme-communisme. Les chevaliers d'une technocratie future formés à Uriage devaient frayer une troisième voie toute française. Le « mythe du XXe siècle » tel qu'on l'imaginait à Uriage passa avec armes et bagages à la résistance la plus courageuse dès la fin 42, mais il resta placé sous la même constellation immobile. La République libérale demeurait l'ennemie. A Uriage, tel était le « mal français ».

L'autre instrument de travail pour Mounier est beaucoup moins connu et il intéresse plus directement notre propos : l'Association

---

1. Un autre témoin capital de ces velléités d'Etat culturel qui fermentèrent à Vichy est Georges Hilaire, nommé en 1944 Secrétaire général aux Beaux-Arts par Pierre Laval. Son programme est développé avec talent dans *Les Lauriers inutiles, Traité pour une politique des Beaux-Arts*, les Nouvelles Editions Latines, Paris, 1949. On y trouve, outre l'éloge des idées esthétiques de Malraux, une vive critique de l'Institut, et la définition d'un « nouveau colbertisme » : « Diriger l'art, c'est lui permettre de s'accomplir. »

« Jeune France[1] ». Uriage a été déterré par Bernard-Henri Lévy, et a fait depuis l'objet de plusieurs livres. C'est à peine si Claude Roy, dans son autobiographie (*Moi, je*, 1969), « toute en ellipses », fait allusion, à propos de Radio-Jeunesse, au petit cercle qui se forma alors autour de Pierre Schaeffer et de Roger Leenhardt, amis de Mounier, à Vichy et à Paris. De « Jeune France », pas un mot. Même silence dans la biographie de Jean Vilar par le même auteur, bien que Vilar ait contracté le goût des étendards dans les « Rassemblements de Jeunesse » organisés par « Jeune France » pour Georges Lamirand, secrétaire à la Jeunesse du Maréchal, et fougueux orateur.

Et pourtant l'association, en dépit de sa vie brève (novembre 1940-mars 1942), est une étape déterminante sur le chemin qui nous conduit aux « Affaires culturelles » de la Ve République. Pour la première fois en France, un organisme analogue à l'*Opera Nazionale Dopo Lavoro* (O.N.D.) de l'Italie fasciste, au *Kraft durch Freude* hitlérien, se loge dans l'appareil d'Etat. En 1935, Mounier et son ami Ulmann s'étaient rendus à Rome à l'invitation de l'Institut de Culture fasciste. Michel Winock, historien impartial d'*Esprit*, excuse ainsi la démarche de Mounier : « Le fascisme était pour certains une manière de dépasser le conflit jugé artificiel et stérile de la gauche et de la droite : une manière de réconcilier la patrie et le socialisme ; une façon de rompre avec l'individualisme bourgeois. Sur tous ces points, les jeunes gens d'*Esprit* pouvaient se sentir en sympathie avec ceux qui adhéraient aux ligues d'extrême

---

1. L'étude qui suit doit beaucoup à la thèse inédite de Véronique Chabrol, « Jeune France : Une expérience de recherche et de décentralisation culturelle », soutenue à l'Université de Paris-III, et qui ne peut être consultée sous sa forme dactylographiée qu'à la bibliothèque de l'Institut d'Etudes théâtrales de cette Université. Ce travail de première main s'appuie sur les archives personnelles de Paul Flamand, ancien directeur des Editions du Seuil, et père de Mme Chabrol. La plupart des textes que je vais citer sont reproduits d'après cette thèse, et ne se trouvent disponibles que là. En revanche, l'élégante brochure de présentation de l'Association Jeune France, imprimée, mais sans signature, ni pagination, où se trouve employée pour la première fois l'expression « révolution culturelle », figure parmi les anonymes de la Bibliothèque nationale, au titre : *Jeune France, principes, direction, esprit*. Je remercie Paul Flamand d'avoir bien voulu me signaler l'ouvrage de Mme Chabrol, qui depuis a publié un article sur le même sujet, recueilli dans *La Vie culturelle sous Vichy*, Paris, éd. Complexe, 1990, p. 161-178.

droite. Nul mieux que Brasillach n'a décrit (chanté serait mieux dire) ce qu'il nomme " l'esprit du fascisme ", exaltant la jeunesse, les exercices du corps, le plein air, la camaraderie du sport, l'auto-stop, le fascisme comme poésie, comme esthétique, comme légende. L'adhésion à une telle mythologie traduisait chez beaucoup la haine viscérale pour un régime économique et politique incapable de freiner la décadence du pays... C'était une même façon de dire non à la France de Herriot. » Cette mythologie, que redoutait Léo Lagrange, trouve sa version « franchouillarde » dans la bizarre organisation vichyste d'un culte de la jeunesse rendu à un vieillard, le Maréchal, identifié par ailleurs à Jeanne d'Arc !

« Jeune France », qui a pour âme l'équipe d'*Esprit* et pour stratège Mounier, se charge des cérémonies du nouveau culte. Mais ses ambitions sont plus vastes, plus radicales même que l'O.N.D. de Mussolini, qui ne fut guère qu'une agence de tourisme et de loisirs pour les ouvriers et employés italiens, très mol véhicule de la propagande pour le Duce et ses exploits. Tandis qu'Uriage voulait créer une nouvelle aristocratie d'Etat qui remplaçât les politiciens et universitaires libéraux de la IIIe, « Jeune France » veut doter cette aristocratie de médiations « culturelles » qui scellent autour d'elle un peuple fervent, et d'abord la jeunesse. Dans le vocabulaire d'Uriage comme de « Jeune France », le mot « culture » connaît sa seconde inflation contemporaine. La première avait été le fait des « intellectuels » compagnons de route du communisme dans les années 1930-1940. Un des mots d'ordre de l'association est ainsi formulé : « Il n'y a de culture que populaire, c'est-à-dire partagée par tous. » La « culture », en ce sens, devient le lien pseudo-religieux ou sacral qui, supprimant les individualismes, les différences entre familles d'esprit ou les options philosophiques, les degrés sociaux, réunit toutes les « personnes » autour d'un objet de foi unanimement partagé, et les unit à ses « chefs » (autre mot clef du vocabulaire d'Uriage et de « Jeune France »). On est aux antipodes de l'éducation républicaine et de sa façon de poser le problème des élites. Dans la République libérale, l'éducation (outre ses fins scientifiques et littéraires) vise à éveiller dans le suffrage universel, quelle que soit la vocation propre à chacun, l'esprit critique et les instruments du dialogue civique. Uriage et « Jeune France », les deux pinces de la tenaille qui devait mettre fin à l'hégémonie universitaire, pensent la société future en termes hiérarchiques. A Uriage, la formation des « chefs » politiques et technocratiques ; à « Jeune France », la diffusion d'une « culture » émotive et sensorielle qui relie le peuple, jeune ou rajeuni, à ses chefs, dans la communion des chants, des spectacles, des mythes et des images. Aux origines de la « République athénienne », Gambetta pouvait déclarer : « La démocratie, ce n'est pas de reconnaître des égaux, c'est d'en faire. » Telle était la maxime de l'Instruction publique et de l'Université sous la IIIe. Elle sera de nouveau en vigueur sous la faible IVe. Mais à Uriage et à « Jeune France », où l'on ne parle ni de démocratie ni d'égalité, il n'est question que de communauté *organique*, dont les chefs sont le moteur, la « culture » les rouages et l'huile.

C'est seulement après la guerre, quand le Parti communiste se présentera avec une nouvelle arrogance comme le parti de la Culture, que fusionneront plus intimement le patronage marxiste et le patronage catholique, le premier servant de plus en plus de caution « de gauche » à l'autre. A Uriage et à « Jeune France », à ce stade de notre histoire, on déteste justement l'Université de la IIIe parce qu'elle entendait, par l'éducation de la raison, « faire des égaux » qui partagent les mêmes disciplines de dialogue, le contraire d'un « sacré » hiérarchisant. Dans l'Etat qui se profile alors à l'horizon de ces deux « laboratoires », la distance et le secret, qui sépareront le commandement de l'obéissance, seront comblés par la participation culturelle : la « Culture », dans ces cercles où les amis d'*Esprit* côtoient des anciens d'*Ordre nouveau*, des maurrassiens, bref des « non-conformistes des années 30 », se veut populaire, non seulement au sens folklorique, mais en ce qu'elle fait appel à l'affectivité, à l'admiration, au vague des passions, communs au peuple et à ses chefs. Elle n'est pas d'ailleurs sans retentir sur ceux-ci : la vulgate idéologique qui avait cours à Uriage et à « Jeune France » était élémentaire et émotionnelle.

L'étude du « ministère de la Culture » dont Emmanuel Mounier et ses amis furent, pendant dix-sept mois, les animateurs et les penseurs éclaire rétrospectivement l'idéologie actuelle de la « culture ». Ressaisie à sa naissance « personnaliste », l'idéologie culturelle n'est démocratique que par sa volonté totalisante de s'appliquer à « tous », de faire partager « par tous » les mêmes « valeurs » vagues et émouvantes. Cette démocratie-là n'est pas passée par l'épreuve socratique, elle ne cherche pas à libérer, dans la même quête de la vérité, dans le même respect des lois, la singularité des talents et des pensées. Elle ignore la distinction proprement moderne entre vie publique et vie privée, entre la règle du jeu fixée par la loi et le libre jeu des préférences et vocations individuelles. Elle a peu de lumières en économie et en philosophie politique. Elle veut qu'un milieu englobant (parfois rêvé sur le modèle du « corps mystique » médiéval) oriente et condense les énergies de l'homme privé et public. De l'Eglise médiévale et baroque, elle ne retient pas la théologie, mais une esthétique et une sociologie de la ferveur. Les sons, les images, les gestes, les émotions pathétiques et dramatiques, lui conviennent mieux que l'enquête historique ou l'analyse philosophique. C'est bien cette voie qui a été suivie par « la Culture », autre nom plus noble de la propagande d'Etat.

A cet égard, deux textes datant de 1941, émanant tous deux de l'association « Jeune France », peuvent passer pour les incunables de la vulgate culturelle. L'un est anonyme, mais dû probablement à Paul Flamand, alors directeur de l'association pour la zone occupée ; l'autre, véritable « circulaire ministérielle », est signé Emmanuel Mounier, et adressé aux cadres de l'association.

Le premier texte, imprimé, et destiné à la propagande de « Jeune France », commence ainsi :

« Au lendemain du 11 novembre 1940, Radio-Jeunesse commentait sept jours de suite le grand message du Maréchal. Les thèmes de la Révolution Nationale étaient ainsi repris l'un après l'autre, sous l'angle de la jeunesse, sans discours ni proclamations, mais comme en une paraphrase sonore et poétique, proche du témoignage personnel. Cette façon de faire étonna quelque peu. On nous trouvait bien osés de nous approprier ainsi le texte du Maréchal. N'était-ce pas notre droit, et qui empêchait d'autres d'en faire autant ? En des jours où l'esprit d'équipe et le sens de la communauté étaient à l'ordre du jour, nous avions le sentiment d'en donner l'exemple : jeunes poètes, écrivains, compositeurs, acteurs et musiciens, nous formions une véritable équipe, et mêlés à nos camarades de la jeunesse française, nous avons répondu à la voix du Maréchal d'une voix *commune et personnelle* [je souligne]. Notre réponse n'était pas apprise, mais sortait de notre esprit et de notre cœur. »

Cet éloge d'émissions de propagande où poésie et musique,

théâtre et bons sentiments sont mobilisés pour faire passer les slogans du jour, est l'amorce du programme de diffusion « culturelle » qui va prendre le nom de « Jeune France ». Quand Malraux relèvera le flambeau en 1959, il sortait à peine lui aussi d'une carrière, beaucoup plus longue, de délégué à la propagande, puis de ministre de l'Information. Une des équivoques dont s'est chargé depuis 1930 le mot « Culture » tient certainement à ce qu'il a servi dès lors d'uniforme de vieille coupe à un monstre naissant, la propagande idéologique, le matraquage politique. *Cultura animi*, c'était la croissance de l'âme par l'étude désintéressée. Elle est inséparable de la conversation intime et lettrée. Culture, maintenant, c'est l'accoutumance imposée aux esprits, à l'aide des arts utilisés comme moyens de séduction et d'imprégnation, de formules répétitives, de slogans, de poncifs idéologiques. Encore quelque temps, et la « Culture » deviendra l'alibi de la publicité commerciale, qui elle aussi a besoin de sucre pour faire passer ses potions amères. La synthèse de la « culture » et de la propagande, de la « culture » et de la publicité, *consomme* les œuvres de l'esprit, innocentes et amicales, dans l'intérêt du pouvoir et de la cupidité. Grâce à elles, le viol des foules devient contagion unanimiste, facile, affective.

La réussite des communicateurs de Radio-Jeunesse (une radio de propagande) leur donna les titres pour faire agréer l'association « Jeune France ». A en croire Claude Roy (*Moi, je*), sa propre collaboration avec Mounier, Messiaen, Chris Marker, Roger Leenhardt, Pierre Barbier, Daniel Lesur et Albert Ollivier ne dura guère. « Le papier noircissait mal, écrit-il, mais nos idées s'embrouillaient de plus en plus, avant de se tirer l'une par l'autre, au clair. Le dernier jour, nous étions anti-pétainistes. » En réalité, pour cette petite « société de pensée », l'aventure commençait.

Voici comment, dans la même brochure anonyme de 1941, où pour la première fois apparaît l'expression « culture jeune », la mission rédemptrice assignée à « Jeune France » est décrite :

« Jeune France ne se donne pas pour tâche de combler les loisirs, mais de ranimer la vie de l'art et la vie de la culture, par les jeunes, dans le peuple français. Notre projet principal n'est pas de distraire ou d'enseigner, mais d'aider à transfigurer la vie quotidienne des Français.

« Une civilisation trop utilitaire a fini par nous faire oublier qu'une certaine gratuité doit entrer jusque dans la trame d'une de nos journées, qu'elle doit aller transfigurer le banal plutôt que de nous en divertir. Au lieu de quoi on travaille pour un gain ou pour un intérêt technique, dans une atmosphère de morne nécessité. Et puis, quand vient l'épuisement, on demande à n'importe quelle distraction de combler le vide d'une oisiveté qui ne connaît plus la joie, ni le recueillement, ni le goût sain du jeu. Le temps du travail et le temps du repos souffrent donc du même mal. Relever la qualité des loisirs ne serait qu'un demi-remède : des nourritures saines ne profitent guère à des organismes malades. C'est la couleur même de nos jours et des cœurs qu'il nous faut aider à changer [...] Il fut un temps où le chant accompagnait le geste du métier, où la fête naissait des travaux et des jours aussi bien que de la prière et du repos, où la poésie courait le long des heures, mêlée aux peines du labeur. C'est cette normalité de l'art que nous voulons retrouver. »

L'art qui libère, la culture qui fait croître, entrent ainsi dans un projet totalitaire : l'esprit captif se voit contraint de travailler à une conversion collective, à cimenter un nouveau régime politique, et à renverser les effets du rationalisme laïque qui était la philosophie du régime défunt. Art, culture et écologie avant la lettre font bon ménage à « Jeune France ». Prophétique à cet égard aussi, l'Association fait du mythe agraire et pseudo-médiéval de l'harmonie entre l'homme et la nature un auxiliaire de la société « organique » rassemblée autour de ses chefs.

Le dessein politique qui cherche un véhicule dans l'action culturelle apparaît encore plus clairement dans le *Rapport sur l'organisation des activités culturelles générales à Jeune France* signé Emmanuel Mounier, et qui, lui, est de ton quasi léniniste. Il est daté de 1941, Mounier y parle en maître, en « ministre de la Culture » de fait (ce qui fut pour beaucoup dans sa disgrâce en 1942). Il vaudrait la peine de comparer ce texte à tous ceux que multipliera Pierre Emmanuel dans les années 50-70, dans un livre comme *La Révolution parallèle* (1975), comme dans ses rapports à la Commission du VIᵉ Plan. La continuité tenace d'un même projet, dans une même famille d'esprit, est patente. Entre-temps, Emmanuel avait substitué la « convivialité » à la « communauté » de Mounier.

Dès les premières lignes de ce Rapport de 1941, apparaît la

formule « volonté de culture », forgée peut-être sur l'expression « volonté d'art » (*Kunstwollen*) d'Aloys Riegl, et qui marque bien la césure sémantique entre le sens traditionnel en latin et en français du mot « culture », et le sens nouveau qu'il est en train de prendre en France. On n'avait jusqu'alors parlé de culture qu'en association avec un complément : culture des Lettres, culture des Arts libéraux, culture de l'âme. C'était une activité philosophique propre aux hommes libres et qui les rendait dignes d'être libres, par accroissement de leurs dons naturels et « fertilisation » de leur raison. La « volonté de culture » renverse complètement l'idée traditionnelle. Maintenant, la « culture » n'est plus une activité qui trouve en elle-même son propre principe et sa propre récompense : c'est un objectif, un objectif collectif, qu'il s'agit de répandre et de diffuser de l'extérieur par des techniques opportunes, comme on le fait pour le lait en période de disette, afin de consolider la communauté menacée d'éclatement. Une telle volonté part d'un mouvement éthique abstrait pour aboutir à une manipulation sociologique des mentalités, non moins abstraite. Mounier l'oppose à ce qu'il appelle la « mystique des loisirs » du Front populaire, « mal venue à un moment où la France eût dû se raidir dans une activité de salut public ». La politique de Jean Zay et de Léo Lagrange, respectant et encourageant le libre choix individuel, défaisait donc la « communauté » au moment même où il eût fallu commencer à la refaire. Néanmoins, poursuit Mounier, cette politique a « fait naître un espoir authentique de culture qu'il serait maladroit de blesser ». « Jeune France » prend donc la relève de la République bourgeoisement libérale, en substituant la vraie culture, celle qui enclenche la « personne » dans la « communauté », à l'émiettement des individus dans de « vains divertissements », « l'oisiveté », le « temps vide ».

La condamnation que porte le maître à penser de « Jeune France » sur l'Université de la IIIe n'est pas moins sévère que sur la politique des loisirs des années 36-39. On la retrouvera aussi virulente chez Pierre Emmanuel en 1975, qui parlera de « révolte de l'âme » contre le savoir universitaire. Mounier esquissait dès 1941 le poncif du « désert culturel » français :

« Nous avons gaspillé notre héritage national jusqu'au dernier sou. L'inculture de l'étudiant et de la nouvelle bourgeoisie qui forment encore nos classes dirigeantes est proprement effarante :

l'Université a sa part de responsabilités, dont nous aurons à tirer profit. Le journal et quatre-vingts pour cent de la production cinématographique, jour par jour, poursuivent leur œuvre de déshumanisation parmi les masses populaires. L'homme de la rue ne pense que par slogans. Et l'on entend des professeurs d'université déclarer trop difficile pour eux la lecture même d'un périodique à leur usage. Cet abêtissement collectif est au moins aussi responsable de nos revers que les défaillances du caractère ou de la politique française. »

Il faut donc former des « hommes nouveaux » qui, s'appliquant à faire surgir « les sources mêmes de la résurrection du pays », se livreront à une « vaste croisade pour faire de nouveau du peuple français, qui ne l'est plus, le peuple le plus intelligent du monde ». La « formation culturelle » qu'ils diffuseront, rompant avec les spécialisations savantes, les disputes doctrinales, la division travail-oisiveté, les divertissements commerciaux, mettra ces « animateurs culturels » en mesure d'agir sur « l'homme total ». Qu'entendre par là ? « Un homme qui vit non en harmonie, car toute vie est inquiétude, mais en état de tension constante avec son corps, son milieu, son temps, avec la société des hommes, et par-delà avec l'univers et avec un idéal de dépassement de soi. » Si tant est que cette gelée philosophante ait un sens, il rassure presque sur la réalité du dessein de Mounier : plus que d'une utopie fascisante (dont « Jeune France » adopte quelques prémisses), ne s'agit-il pas au fond d'étendre à tous les Français le privilège de devenir des intellectuels du groupe *Esprit* ? La France rassemblée deviendrait une église peuplée de fidèles « personnalistes ».

C'est une tâche grandiose, de celles qui s'organisent. L'organigramme du commissaire personnaliste à la Culture préfigure trop exactement l'administration culturelle qui sera mise en place par Malraux, pour qu'il n'y ait pas, entre 1941 et 1959, filiation et continuité :

« Il appartient à Jeune France, écrit Mounier, de prendre en charge le renouveau culturel dans la masse du pays, et de préparer un réseau de Maisons de culture. Il va de soi que ce projet, dans toute son ampleur, ne pourra être réalisé qu'après la paix. Mais il serait précisément dangereux qu'il fût entrepris d'emblée sur une vaste échelle, où les déboires inévitables des premières expériences retentiraient sur l'édifice entier. Ici encore, je crois à la nécessité d'expériences limitées, rigoureuses, suivies de près. On pourrait, pour commencer, en faire une dans chaque maîtrise de la zone non occupée. Les leçons que nous en tirerons nous permettront de mettre au point sur prototypes l'instrument définitif qui sera établi après guerre. La culture est morte jusque dans l'école et l'Université. Jamais un grand corps ne se réforme dans son appareil sans impulsion externe. A Jeune France appartient, à mon sens, l'immense tâche de réveiller la culture française en marge de l'Université et d'obliger l'Université à suivre l'impulsion donnée par nous. »

Rédigé hors de l'Université par un agrégé de philosophie, ce texte, qui la vise, n'est pas sans analogie avec le fameux *Discours du rectorat* prononcé par Heidegger en 1933 [1]. Même volonté de mettre fin à un enseignement qui, pour reprendre les termes d'Heidegger lui-même, doit « cesser d'être le calme plaisir de s'occuper sans danger à faire simplement avancer le progrès des connaissances » et dont la discipline libérale signifiait principalement « l'insouciance, l'arbitraire des projets et des inclinations, la licence dans tout ce que l'on faisait ou ne faisait pas » (*ibidem*).

Même appel, à long terme, à faire collaborer un enseignement nouveau (Mounier parle plutôt de « formation ») à la tâche de régénération totale de la nation, pour se porter à la rencontre de l' « esprit du peuple » retrouvé. A des altitudes philosophiques différentes (Mounier est un Heidegger du pauvre), c'est la même dénégation de la raison critique, et des Arts libéraux comme constitutifs de l'autodiscipline de la liberté. C'est le même salut inaugural à un monde nouveau, à un destin nouveau, qui fait resurgir là le fond germanique, ici le fond chrétien et français trop longtemps occultés. Les « croisés » dont parle ici Mounier, comme, il faut bien le dire, les étudiants régénérés dont parlait Heidegger, ont pour mission de prendre sur eux et de faire partager une intuition poignante, destinée à effacer le savoir dissolvant des professeurs de raison. Cette grande « tâche de culture » fera passer le peuple de France de l'état de « bêtise » où il est tombé à celui d' « intelligence » !

---

1. On se reportera à l'ouvrage de Victor Farias, *Heidegger et le nazisme*, Paris, Verdier, 1987.

Mais comment ? Le premier principe est d'abolir la distinction entre les « activités d'expression » et les « activités pédagogiques », en d'autres termes entre l'émotion et la raison, entre la participation sensorielle-motrice et l'apprentissage des disciplines sévères de l'esprit. Il faut entrer, déjà, « en communication ».

« Toute activité d'expression de Jeune France doit être informatrice et en ce sens éducatrice en même temps que gratuite. Tout enseignement Jeune France doit être l'enseignement d'un geste, du corps, de l'esprit, du cœur, donc au sens plein une *communication mimique*, et non pas un dressage ou une communication académique et verbale. Il serait mortel de juxtaposer une équipe de professeurs à une équipe d'artistes. Notre fonction même est de dissoudre ces catégories stériles dans une vie commune, un style commun, des préoccupations communes. »

Il est clair que, dans ce type de formation, l'élite de formateurs projette ses propres certitudes dans les disciples qu'elle se donne pour tâche de former, faisant « corps » avec eux. C'est bien ainsi que l'entendait Heidegger dans sa vision du nouveau savoir allemand « communautaire », qui ne laisse aucun espace de jeu aux instances indépendantes de l'opinion publique, à la critique argumentée, ni à la collaboration maïeutique ou dialectique du maître et de l'élève dans la quête de la vérité.

Comment seront formés ces « formateurs » ? La doctrine « personnaliste » leur sera d'abord inculquée. Mais quelle sera leur formation « culturelle », qui pour Mounier semble radicalement distincte de la réflexion philosophique, celle-ci leur ayant été donnée d'avance et dogmatiquement ? Elle procédera par « thèmes culturels ». Mounier se contente de quelques suggestions. Elles suffisent pour faire comprendre à quelle réduction barbare, à « Jeune France », sont soumis les Arts libéraux. Premier thème culturel : le « problème de la révolution culturelle » (*sic*).

« Une leçon introductrice, aussi mordante que possible, sur l'inculture contemporaine, ses causes, ses modalités, les principes et les grandes lignes d'une culture de l'homme total. »

Même ton aigre et tranchant pour le second « thème », la « culture littéraire » :

« Elle devra rompre, il va de soi, avec les mornes méthodes universitaires faites d'imprécisions, de rhétorique et d'académisme. Un soin particulier devra être apporté ici au choix des collaborateurs, notamment quand il s'agira de professeurs de l'enseignement secondaire ou supérieur. »

Le « bagage » littéraire des nouveaux croisés est défini surtout par des refus. Mounier s'en prend ensuite aux conservateurs du Louvre, et se moque des commentaires de chefs-d'œuvre auxquels ils s'étaient livrés lors des visites organisées sous Jean Zay, en 1936-1938. A ce pédantisme d'historiens de l'art, Mounier oppose sa méthode nouvelle d'initiation aux Beaux-Arts, qui préfigure très exactement l'enseignement dit des « Arts plastiques » qui a aujourd'hui la faveur de la « Culture » et même de l'Education nationale :

« Nous n'apprendrons à nos stagiaires ni l'histoire de l'art, sauf de rapides mises en place, ni les admirations forcées. Nous leur apprendrons les attitudes esthétiques élémentaires, ou plutôt nous tâcherons de les en approcher.

« Par exemple, au lieu de consacrer une leçon à la sculpture égyptienne ou à la peinture italienne, nous dirons : aujourd'hui nous allons à la recherche du sens de la couleur ; promenons-nous à travers les diverses salles du musée, à la recherche des coloristes, de leurs qualités, de leurs erreurs ; devant les vitrines des rues que nous longeons, à la recherche des fautes de goût ; au retour, sur des catalogues de mode ou d'ameublement, combinons des jeux d'étoffes ou des intérieurs. Voilà une curiosité éveillée. Un autre jour, nous irons à la recherche du sens de la forme. A travers les galeries de sculpture, sans oublier au passage les cariatides de l'Hôtel de Ville ou l'inévitable monument aux morts, nous étudierons la différence d'une forme exacte, d'une forme molle, d'une forme suggestive, d'une forme raide, d'une forme vibrante, d'une forme figée. Un autre jour, nous nous attacherons aux valeurs. L'analyse musicale, avec le secours des disques, a son programme tout tracé... Nos stagiaires partiront peut-être avec peu de connaissances, mais avec un savoir *nouveau* (sauf incapacité congénitale) ou au moins un éveil *nouveau*. Ils auront moins que des séries de conférences ne leur auraient donné. Ils *seront* plus. Une vie *nouvelle* commencera pour eux. »

Telles sont les lumières qui vont dissiper l'ignorance française. Mounier leur adjoint beaucoup de bavardages hasardeux sur les « significations historiques » (art et décadence, incidences esthétiques de phénomènes sociaux et spirituels *comme la foi*) et encore les

« significations esthétiques » (« Qu'est-ce qui constitue l'essence de la peinture... ? »). Un demi-savoir fuligineux d' « animateurs culturels » est donc parfaitement situé. Et Mounier de conclure, comme si cela n'allait pas de soi : « Mais ce ne sera jamais un enseignement d'érudition ou de mémoire. »

Ce catéchisme culturel ne pouvait manquer de faire place à la morale. Elle formera les caractères par l'exemple héroïque et hagiographique. Suit une liste hétéroclite de modèles à suivre : « Roland ; un chef des croisades ; Saint Louis ; les grands caractères de la Réforme : Coligny, d'Aubigné, l'Hospital *(sic)* ; Descartes, Poussin, Saint-Just *(sic)*, Psichari, le père de Foucauld, Péguy, un ou deux colonisateurs. »

Ces *Vies parallèles* du pauvre qui mélangent fiction (Roland) et histoire, guerriers et philosophes, résument assez bien l'esprit de patronage qui régnait à « Jeune France » comme dans les casernes du général de Lattre, et qui est resté la marque distinctive de l' « imprégnation » culturelle. Le dernier chapitre de la circulaire s'intitule justement « La diffusion culturelle ». La « langue de bois » à laquelle nous nous sommes accoutumés depuis 1959 est déjà inventée à « Jeune France », et la plume de Mounier s'y montre très exercée. La « culture jeune », l' « animation culturelle », la « diffusion culturelle », les « buts culturels », sans compter la trouvaille de la « révolution culturelle », font partie des dettes de notre langue envers « Jeune France » et son inspirateur. La nostalgie de la communauté sacrale et de l'homme total, qui y retrouverait son site, ne s'est pas bornée à ce langage vaguement énergétique, déchet laïcisé du vocabulaire proprement religieux. En se retournant en *volonté* de reconstitution du corps mystique perdu, elle se fait technocratique et bureaucratique, et le langage de « Jeune France », notamment le « Rapport » de Mounier, surabonde en « enquêtes », en « dossiers », en « responsables » de diverses « maîtrises » préparant les futures « Maisons de Culture », et quadrillant tout le pays. Observons au passage que dans cet organigramme aussi bien que dans les plans des Maisons de Culture « Jeune France », nulle place n'est faite aux bibliothèques ou à la lecture, activité privée, séparée, et donc contraire au but « culturel » poursuivi. Léo Lagrange et Jean Zay s'étaient beaucoup préoccupés de développer en France, à l'image des nations anglo-saxonnes ou scandinaves, la lecture publique. Le général de

Lattre, en 1937, offrait à ses recrues une bibliothèque. Malraux, en cela héritier de « Jeune France », y restera complètement indifférent.

Le fonds de lectures prévues par Mounier pour les « animateurs » de « Jeune France » n'est certes pas destiné à la lecture solitaire et silencieuse, mais à la lecture de groupe à haute voix, de préférence lors de « veillées » autour de feux de camp. Soigneusement sélectionné, il ne va pas au-delà de « cent textes », souvent des morceaux choisis, et toujours ronéotypés. Mounier n'en donne pas la liste exhaustive, mais un « noyau » qui donne un aperçu du reste : cinq textes choisis de Péguy, *Réflexions sur le sport* de Montherlant, *Renaissance du village* (montage de textes) de Giono, *Vol de nuit* de Saint-Exupéry, deux extraits de *Sido* de Colette, un extrait de *La Femme à tout faire* de Marius Richard, des extraits de *Knock* de Jules Romains, une nouvelle de Marcel Aymé.

L'homme total selon Mounier sera peut-être une personne musclée et déterminée, il n'est pas menacé d'avoir une tête bien pleine.

Voilà pour la théorie. Que fut, en réalité, « Jeune France » ? A l'origine, donc, les émissions de propagande animées par Pierre Schaeffer et ses amis sur les ondes de Radio-Jeunesse. Leur succès donna au « vieux chef » d'Uriage l'idée que les veillées du château et en général des Chantiers de Jeunesse pourraient être « animées » aussi heureusement. Le grand dessein prit alors forme, et se fit agréer du secrétaire général à la Jeunesse. Les statuts officiels de l'association (en net décalage avec le grand dessein secret de Mounier) mettaient avant tout l'accent sur l'encadrement des jeunes gens :

« L'association Jeune France, fondée en 1940 à Vichy sous l'égide du Secrétariat général à la Jeunesse, sous le patronage du secrétariat d'Etat à l'Education nationale et à la Jeunesse, a pour but de :

1. Faire créer par les jeunes et pour les jeunes un mouvement « Jeune France » qui rénove la grande tradition de la qualité française en matière artistique et culturelle (spectacle, musique et chant, danse, arts plastiques et architecturaux, etc.).

2. Réaliser des groupements de jeunes artistes susceptibles d'une production artistique adaptée à la jeunesse, et capables d'un rayonnement dans tous les publics.

3. S'efforcer de donner des possibilités de travail aux jeunes chômeurs en les utilisant notamment dans des équipes chargées de donner des spectacles de qualité à tous les publics (bourgs, villes, et campagnes, chantiers et centres de jeunesse).

4. Apporter un concours qualifié de tous les points du territoire aux émissions de Radio-Jeunesse, à l'action du Centre des Jeunes du Cinéma Français, et en général aux organisations poursuivant dans la jeunesse les fins de la Révolution Nationale.

Le premier Conseil d'Administration, désigné à la fin 40, est composé de :

— Pierre Schaeffer, chef de service adjoint propagande par le spectacle et la radio.

— Albert Ollivier, rédacteur de Radio-Jeunesse.

— Paul Flamand, chef de service adjoint propagande par le spectacle et la radio.

— Pierre Barbier, directeur de la première Maison Jeune France, à Lyon.

— Maurice Jacquemont, directeur de la troupe théâtrale Les Quatre Saisons provinciales.

— Daniel Lesur, du service musical Jeune France.

— Henri Malvaux, directeur de l'Ecole d'Arts professionnels de Mâcon.

— Claude Roy, des éditions Jeune France. »

Très vite, une administration se met en place avec une direction générale zone Sud (Pierre Schaeffer) et une autre zone Nord (Paul Flamand). Sept bureaux d'études, à Paris et à Lyon, sont chargés respectivement du théâtre, de la littérature, de l'architecture, de la musique, des Arts plastiques, des Arts populaires et de l'artisanat, de la radio et du cinéma. C'est, moins les deux derniers secteurs, le spectre prophétique du ministère des Affaires culturelles. Il n'est que justice d'ajouter que celui-ci engloba des administrations qui avaient fait leurs preuves depuis longtemps, et dont la compétence scientifique eut à souffrir du voisinage et des directives de la nouvelle « Culture ».

Les Musées, les Archives, les Monuments historiques, ce qu'ils supposent de cette « science universitaire » traitée de si haut par Mounier, n'apparurent pas à l'horizon de « Jeune France ». Ces vieilles administrations, même sous Vichy, étaient ses adversaires. En revanche, beaucoup de noms qui figurent dans cette administration parallèle et embryonnaire réapparaîtront dans l'histoire de l'action culturelle, qui recommence dès la IVe avec le proconsulat, bref, mais mémorable, de Jeanne Laurent à la sous-direction du Théâtre (1946-1951). Pour le théâtre, en effet, nous trouvons Olivier Hussenot et Jean-Pierre Grenier à Lyon ; Jean Vilar, Pierre Fresnay, Fernand Ledoux, Raymond Rouleau, Pierre Renoir à Paris. Pour la littérature, Albert Ollivier, Claude Roy, René Barjavel, Jean de Fabrègues à Lyon ; Maurice Blanchot et Albert-Marie Schmidt à Paris. Pour l'architecture, Edme Lex à Lyon ; Bernard Milleret et Pierre Billard à Paris. Pour la musique, Daniel Lesur et Maurice Martenot à Lyon ; Annette Dieudonné, Jacques Chailley, André Jolivet à Paris. Pour les arts plastiques, Laprade à Lyon ; Jean Bazaine, Léon Gischia, Alfred Manessier, Edouard Pignon à Paris. Pour les arts populaires et l'artisanat, Maurice Martenot à Lyon ; Daniel Apert à Paris. Pour la radio et le cinéma, Claude Roy et Roger Leenhardt à Lyon ; Victor Soulencq à Paris. On relève encore, dans l'encadrement des « maîtrises » Jeune France, les noms de Jean-Marie Serreau, Jean Dasté, André Clavé, Jean-Louis Barrault, Jean Desailly. A la tête des Maisons Jeune France, qui devaient préparer les Maisons de Culture « décentralisées », Jean Françaix est au Mans, Léon Chancerel à Toulouse, Roger Leenhardt et Max-Pol Fouchet à Alger.

Emmanuel Mounier, l'âme de l'organisation, n'y figure qu'au titre de « chargé de mission ». C'est lui aussi qui, avec la troupe d'Olivier Hussenot, est le principal trait d'union avec Uriage, et avec les nombreux personnages de grand avenir qui y transitent : Benigno Cacérès, Joffre Dumazedier, Paul-Henry Chombart de Lauwe, futurs sociologues de la « culture » et des loisirs, Jean-Marie Domenach, futur directeur d'*Esprit*, Hubert Beuve-Méry, Jean Lacroix et Philippe Viannay, futurs maîtres à penser du *Monde*, Simon Nora et Paul Delouvrier, Roger Stéphane. Autant de sympathisants de l'association « Jeune France », et qui verront sans surprise, après une période de relative latence de dix-sept ans, resurgir autour de Malraux en 1959 la « constellation culturelle » apparue brièvement en 1940-1942.

Dans l'ensemble, deux groupes se détachent, par le nombre et le talent, du personnel artistique de « Jeune France ». Le groupe des gens de théâtre, et les peintres. Les gens de théâtre, héritiers directs ou proches du Cartel, sont soucieux comme Copeau de vivifier leur art en mettant l'accent sur l'acteur, sur le texte, plutôt que sur le décor, et en lui cherchant un public peu nombreux et fervent. C'est ce qui sera traduit par Jeanne Laurent en 1946 dans le concept administratif de « décentralisation ». Les peintres, et avant tout leur chef de file, Jean Bazaine, forment le noyau de ce que l'on pourrait appeler l'Ecole de Chartres, pour l'influence qu'exercèrent sur leur abstraction les vitraux de la cathédrale. Ils auront leur heure de gloire méritée dans la première décennie d'après-guerre, avec Manessier, Bissière, Estève, Vieira da Silva : avant l'offensive new-yorkaise de l'expressionnisme abstrait, ces amis du Père Couturier, de l'abbé Morel, de la revue l'*Art sacré* seront tenus pour le dernier mot de la tradition française en peinture. Ils passeront injustement, dès la fin des années 50, pour surannés et provinciaux face à l'art « international » dont New York et Düsseldorf commencent alors à donner le ton. Ils n'étaient pas non plus les préférés de Malraux. Ils ont été les premières victimes de la nouvelle nouvelle Culture. En revanche, très liée à ces peintres, mêlée par ses fonctions et ses convictions aux hommes de théâtre fervents d'un public neuf, Jeanne Laurent a joué un rôle important, entre 1946 et 1951, pour faire au moins renaître l'esprit théâtral « Jeune France », auquel elle n'avait pas personnellement participé. Son livre, *La République et les Beaux-Arts*, doit beaucoup aux idées d'Uriage et à l'expérience de « Jeune France ». Si elle ne put rien pour ses amis peintres, elle put pendant quelques années beaucoup pour les choses du théâtre : par sa volonté, les premiers Centres dramatiques nationaux, le T.N.P. et le festival d'Avignon qu'elle confia à Jean Vilar firent revivre le réseau provincial amorcé par « Jeune France » et les « fêtes » que l'association mettait en scène pour le secrétariat à la Jeunesse de Vichy. Léon Gischia, le décorateur du T.N.P., comptait parmi les peintres amis de Jean Bazaine et de Jeanne Laurent.

L'influence de « Jeune France » (comme d'ailleurs celle d'Uriage) est disproportionnée à sa brève durée et à la relative modestie de ses moyens. Son legs idéologique, reflet d'un moment de la pensée de Mounier, est considérable : c'est à propos de « Jeune France » que la notion de « culture », au sens officiel qu'elle a pris sous la Ve République, a été peaufinée, et que les plans d'un ministère de la Culture ont d'abord été tracés. Si l'on excepte l'importante et courageuse exposition organisée à Paris par Jean Bazaine en 1941, « Vingt peintres de tradition française », son bilan artistique est nul : il se réduit à une somme d' « événements culturels » éphémères, et dont le souvenir même a été occulté ou effacé par le passage de Mounier, de « Jeune France » et d'Uriage à la Résistance. Une des principales activités de « Jeune France » fut en effet de donner un grand éclat théâtral et musical aux « assemblées de jeunesse » et aux commémorations qu'affection-nait le régime du Maréchal.

L'heure, dans l'Europe allemande, était aux « fêtes » officielles, à l'éloge des fêtes. Le directeur du service des manifestations de « Jeune France » à Lyon, Yves Bonat, publia dans *Le Figaro* en 1941 un article intitulé « Il faut faire revivre l'art des fêtes », dont l'actualité aujourd'hui n'échappera à personne. Il recommandait qu'elles fussent nationales, mais aussi villageoises, familiales, corporatistes, et qu'elles fissent renaître le folklore et les rites oubliés. Il concluait : « Redonner une signification aux symboles éternels, retrouver dans le coude à coude exaltant des motifs de croire, d'espérer, ou de construire, telles semblent être les caractéristiques des dernières fêtes auxquelles la nation a parti-cipé : le 1er Mai ; les voyages du Maréchal ; la célébration de Jeanne d'Arc ; les assemblées de jeunesse ; l'anniversaire de la Légion. »

La passion totalitaire, de droite ou de gauche, a reçu de Rousseau, adversaire sans compromis du théâtre « à l'italienne » qu'il jugeait corrupteur de la société politique, le rêve de grandes fêtes unanimes scellant la volonté générale et raffermissant la vertu. Richard Wagner — et Hitler lui en fut reconnaissant — avait offert au nationalisme allemand les liturgies de Bayreuth. A son exemple, à la fin du siècle et après la Première Guerre mondiale, Gordon Craig, Max Reinhardt, Erwin Piscator, avaient fait la théorie et la pratique d'un théâtre de metteurs en scène mégalomanes, manipu-lant l'espace scénique, et les techniques d'éclairage pour électriser les masses. Rien n'était plus étranger aux Français du Cartel, Jacques Copeau en tête, qui cherchèrent le renouveau du théâtre dans la poésie des textes et de l'acteur, dans l'intimité de publics restreints. Pas plus que l'expressionnisme pictural, l'expression-nisme de théâtre, ou son dérivé cinématographique, n'avait trouvé d'adeptes en France. Mais en 1941 *Le Triomphe de la Volonté* de Leni Riefenstahl (1934), hymne cinématographique en style Pisca-tor (un marxiste pourtant) à la gloire des Fêtes nazies de Nuremberg, passait pour une preuve de la modernité hitlérienne.

La mécanique grandiose et le pathos brutal des cérémonies collectives du régime national-socialiste hantaient les esprits, et, pour des raisons tout autres qu'artistiques, fascinaient jusqu'aux adversaires les plus résolus de l'hitlérisme. Marc Bloch lui-même pouvait ecrire, dans *L'Etrange Défaite* : « Ce n'est pas par hasard si notre régime, censément démocratique, n'a jamais su donner à la nation des fêtes qui fussent véritablement celles de tout le monde. Nous avons laissé à Hitler le soin de ressusciter les antiques péans... » Le fascisme mussolinien avait ouvert la voie en ranimant pêle-mêle pèlerinages aux saints et carnavals païens, en cultivant le folklore, en « décentralisant » le théâtre et l'opéra à l'aide de Camions de Thespis et de Camions lyriques, en multipliant les jours chômés : Fête de l'Arbre, Fête du Fruit, Fête du Raisin, Fête des Mûres. On songeait sans doute à la Fête du Poisson quand les malheurs commencèrent.

En 1942, pour rattraper le net retard français sur cette mode moderne et internationale, Yves Bonat annonça quatre grandioses fêtes, outre la Fête des Mères, propres à rassembler vraiment le peuple entier. A Pâques, l'Evangile de la Lumière (texte de Maurice Audin, musique de César Geoffray) ; au 1ᵉʳ mai, la Fête du Travail, avec délégations des métiers et corporations, tenant leurs bannières ; la Fête de Jeanne d'Arc ; la Noël. Pour la Fête du Travail, Jean Vilar avait écrit un jeu dramatique adapté d'Hésiode, *Les Travaux et les Jours :* la musique originale de Marcel Landowski était dirigée par Charles Münch, la mise en scène était due à Bernard Lajarrige. Dans une grande prairie, sont disposés cinq plateaux sur lesquels se déroulent simultanément plusieurs spectacles. La fête, répondant aux grands mots d'ordre de la Révolution Nationale, s'ouvre par un défilé de tous les corps de métier du monde rural, bannières en tête, houes et pelles-bêches sur l'épaule, sur les cinq plateaux. Puis, tous les éléments du défilé se regroupent autour d'un grand plateau nord sur lequel est donnée la représentation des *Travaux et les Jours* [1]. N'est-ce pas la prémonition du défilé Goude sur les Champs-Elysées et de la Fête de Valmy, en 1989, sauf la participation populaire spontanée ?

Pour la Fête de Jeanne d'Arc, double féminin et jeune du

---

1. J'emprunte cette description à la thèse, citée, de Mme Chabrol, p. 169.

Maréchal, on joua *Le Portique pour une Fille de France*, œuvre, oubliée elle aussi, de Pierre Schaeffer et Pierre Barbier, mise en scène par A. C. Gervais à Lyon, par Olivier Hussenot à Marseille, par Léon Chancerel à Toulouse. Olivier Messiaen collabora à la partition musicale. Partout, cent mille spectateurs, au bas mot, participèrent chaque fois à l'événement culturel. Le monde nouveau était en marche.

J'ai suggéré quelques-uns des innombrables canaux qui purent véhiculer cette « volonté de culture » communautaire depuis ces années 1940-1942, pleines d'espérance crépusculaire, à un après-guerre où l'espérance avait changé de camp. Comme la petite madeleine trempée dans le thé de Tante Léonie, le ministère des Affaires culturelles, en 1959, réveilla toutes sortes de souvenirs de jeunesse, de vieux espoirs, d'anciennes émotions qui couvaient dans les arrière-consciences depuis 1940-1942. Est-ce un hasard si, sous le proconsulat culturel de Malraux, se ranimèrent aussi, pour le plus grand malheur du théâtre français, celui de Jouvet comme celui de Vilar, celui d'Edouard Bourdet comme celui d'Ionesco, les fantômes de Piscator et de Brecht, et le vieux rêve expressionniste du metteur en scène — tyran, rassembleur et manipulateur des âmes ? Malraux lui-même, fils des années 30, et orateur expressionniste s'il en fut, était admirablement désigné pour inaugurer cette singulière « Renaissance » germano-soviétique en terre française. Depuis 1981, le nombre des Fêtes en France a de nouveau augmenté, comme sous l'Eglise d'Ancien Régime et sous Vichy :

> *Et Monsieur le Curé de quelque nouveau saint*
> *Charge toujours son prône.*

4

ANDRÉ MALRAUX
ET LA RELIGION CULTURELLE

Mens agitat molem.
Un esprit travaille la matière.

Virgile

I. *L'intellectuel et « l'homme »*

Et Malraux ? Car enfin, si Jeanne Laurent a bien commencé à déniaiser l'Administration des Beaux-Arts, c'est bien Malraux, avec sa légende, son verbe, son talent pour les coups de théâtre, qui a fait violence aux vieilles pudeurs républicaines et fait entrer dans les mœurs les Affaires culturelles. On l'imagine mal, en 1941-1942, prêtant intérêt au patronage semi-clérical de « Jeune France ». Retiré dans la villa *Suco* de Saint-Jean-Cap-Ferrat, il écrivait alors *La Lutte avec l'ange*. Il n'en a laissé subsister que quelques fragments, publiés en 1951 sous le titre *Les Noyers de l'Altenburg*. Il avait aussi en chantier *La Psychologie de l'Art*. Dans *Les Noyers*, le mot « culture » revient aussi souvent que dans les circulaires à peu près contemporaines de « Jeune France ». L'autre mot clef, dont Mounier est plus avare, lui préférant cette « personne » qu'il a empruntée à Renouvier, est « l'homme ». C'est aussi un mot d'époque, que l'auteur des *Noyers* partage, à cette cadence d'emploi, avec sa génération littéraire. Dans *Terre des Hommes* de Saint-Exupéry, paru en 1938, on retrouve ce fonds commun :

« Où loge la vérité de l'homme ? La vérité n'est point ce qui se démontre... Si cette religion, si cette culture, si cette échelle de valeurs, si cette forme d'activité et non telles autres favorisent dans l'homme cette plénitude, délivrent en lui un grand seigneur qui s'ignorait, c'est que cette échelle de valeurs, cette culture, cette forme d'activité sont la vérité de l'homme. La logique ? Qu'elle se débrouille pour rendre compte de la vie. »

On reconnaît, sous une forme adoucie, la dérive de toute une génération loin de la République « bourgeoise », et la quête d'un principe nouveau, religieux, social, politique, déjà associé au mot « culture ». Ce principe, Saint-Exupéry, pas plus que Malraux, ne le cherche dans la lumière naturelle, mais dans une conjonction entre une « certaine idée » qu'il se fait de « l'homme » et le cadre extérieur qui favorise celle-ci. Selon cette exigence, la IIIe République n'est pas une « terre des hommes ». Elle a peut-être bien fait son travail : l'hygiène, le niveau de vie, l'instruction se sont améliorés depuis le XIXe siècle. Mais cet aviateur humanitaire ne s'en satisfait pas. Un grand scandale subsiste. De tous ces bonnes gens, le régime n'a pas fait des intellectuels. Il écrit :

« Il en est d'autres pris dans l'engrenage de tous les métiers, auxquels sont interdites les joies du pionnier, les joies religieuses, les joies du savant. On a cru [la IIIe République] que, pour les voir grandir, il suffisait de les vêtir, de les nourrir, de répondre à tous leurs besoins. Et l'on a peu à peu fondé sur eux le petit bourgeois de Courteline, le politicien de village, le technicien fermé à la vie intérieure. Si on les instruit bien, on ne les cultive plus. Il se forme une piètre opinion de la culture celui qui croit qu'elle repose sur la mémoire de formules. Un mauvais élève du cours de Spéciales en sait plus long sur la nature et sur les lois de la nature que Descartes et Pascal. Est-il capable des mêmes démarches de l'esprit ? »

Pour effacer cette misère inédite, qui consiste chez les non-intellectuels à être (ou à être tenu pour) privés des états d'âme grands et sublimes dont les intellectuels souffrent d'avoir le privilège, Saint-Exupéry songe aux fêtes de Nuremberg, et à la grande entreprise nazie. Celle-ci lui fait horreur. Il rêve donc de restaurer les communautés villageoises dissoutes par l'urbanisation, et il évoque un « On » omniscient et compatissant qui, sachant connaître et rassembler tous les cœurs, saurait identifier et révéler à lui-même, en tout enfant qui a « un visage de musicien », le naissant Mozart. Se retournant vers la France d'Herriot, de Daladier, il n'hésite pas à lui opposer cette accusation atroce :

« Ce qui me tourmente [dans la foule d'un train français], c'est un peu, dans chacun de ces hommes, Mozart assassiné. »

Il conclut ainsi cette mercuriale :

« Je ne comprends plus ces populations des trains de banlieue, ces hommes qui se croient des hommes, et qui cependant sont réduits par une pression qu'ils ne sentent pas, comme des fourmis, à l'usage qui en est fait. De quoi remplissent-ils, quand ils sont libres, leurs absurdes petits dimanches ? Une fois, en Russie, j'ai entendu Mozart joué dans une usine. Je l'ai écrit. J'ai reçu deux cents lettres d'injures. Je n'en veux pas à ceux qui préfèrent le beuglant. Ils ne connaissent pas d'autres chants. Je n'aime pas qu'on abîme les gens. »

A la source de ce passage célèbre, et dans cette même veine d'humanisme, au sens humanitaire et moderne que le mot prend alors, il faut remonter au *Caliban parle* de Jean Guéhenno, publié avec un grand succès en 1928. Dans ce livre, Jean Guéhenno prêtait la parole à Caliban, « l'homme » au sens de Saint-Exupéry, et lui faisait réclamer sa propre conversion aux mystères de la Culture. Ce Caliban, contemporain de l'Exposition coloniale organisée par Lyautey, ne devait rien à Shakespeare. Son monologue était en réalité une réponse à Maurice Barrès, et, par-delà Barrès, à Ernest Renan, qui en 1888 avait publié un drame philosophique où le savant orientaliste s'était diverti à imaginer une suite à *La Tempête* de Shakespeare. Renan y montrait la déchéance de Prospero, le savant, le lettré, qui finissait par condescendre au rôle de ministre de la Culture de Caliban. Sitôt que Prospero acceptait ce renversement des rôles, Ariel, lançant une dernière harmonie mozartienne, s'évanouissait dans les airs et désertait la terre. On ne pouvait dire en termes plus voilés et goethéens que la démocratisation de l'esprit, c'est étendre à tous le partage de choses qui n'existent plus.

L'auteur de la *Prière sur l'Acropole*, le texte sacré de la « République athénienne » avait à la fin du siècle l'autorité d'un Socrate du régime. Il en acceptait le principe démocratique, mais parce qu'il le croyait capable, mieux que les autres, de maintenir vivante la haute culture libérale. La République devait donc, par son Université, ménager le passage de Caliban à Prospero, sans que celui-ci eût à se soumettre à celui-là. La vraie « trahison des clercs », que Renan, à titre d'avertissement, décrivait dans son drame, c'était de laisser croire à Caliban que la culture de masse était la vraie culture. C'était cependant cette tentation qui poignait alors Jean Guéhenno, obsédé qu'il était par l'impossibilité de convertir autrui à soi, de transporter l'âme d'un intellectuel dans celle de « l'homme » :

« En allant à l'ouvrage le matin ou le soir, en en revenant, tandis que le train nous emporte tous ensemble, serrés les uns contre les autres, masse humaine vouée à la peine monotone des jours, souvent je me prends à interroger les visages de mes compagnons inconnus. Il pèse un étrange silence. Les hommes sortent du sommeil ou s'apprêtent à y entrer. Ils ne savent pas mon anxiété, et si nos regards se croisent, il ne se fait aucun échange. Chacun est seul et comme muré en soi-même. Alors un singulier désir s'élève en moi de connaître celui de ces êtres qui, sans que je le sache, est en cet instant le plus menacé. »

Jean Guéhenno, traçant alors la voie au Saint-Exupéry de *Terre des Hommes*, fait un sombre tableau des inégalités « culturelles » que la IIIe République aurait laissé subsister, de la bourgeoisie cupide qu'elle favorise et à qui elle réserve jalousement la « culture » et la notoriété, dressant ainsi ce gouffre insupportable entre l'intellectuel, qui « sait », et « l'homme » qui ne sait rien. Cette théorie, qui aura le plus vif succès en Amérique latine, conduit Jean Guéhenno à formuler le vœu d'une « Nuit du 4 Août » culturelle, où les intellectuels pourraient communiquer ce qui les fait tels à leurs frères innombrables et séparés. Mais à la fin du livre, l'apôtre de la compassion culturelle est saisi par sa propre indignité, dans un mouvement que ne renierait pas le *Curé de campagne* de Bernanos :

« Cependant le soir, dans mon galetas, je sens se lever en moi une grande angoisse à l'idée qu'il nous revient de sauver l'homme, et de lui garder son génie. Le pourrons-nous ? Sommes-nous nous-mêmes assez purs ? Avons-nous échappé à cet avilissement et à cette corruption qu'engendre la civilisation ? Qui n'a besoin d'eaux lustrales ? »

Ainsi, les boursiers de la IIIe République, renchérissant sur la féroce caricature qu'avait faite d'eux Maurice Barrès dans *Les Déracinés*, vont plus loin encore que Barrès et la critique de l'Action française dans leur condamnation de la République « bourgeoise » et arriérée. La « République athénienne », comme l'avait redouté Renan, était reniée par ceux-là mêmes qu'elle avait élevés au sacerdoce de l'esprit. Prospero, abandonné d'Ariel, devenait le singe non de « l'homme » réel, indifférent à tant de tours et détours, mais de son propre double projeté en Caliban. Gide ne s'y trompait pas, qui lança cette pointe vengeresse :

« Guéhenno, c'est comme Caliban. Comme d'autres parlent du nez, il parle du cœur. »

II. *Nature et culture, matière et esprit*

En 1991, un demi-siècle après Saint-Exupéry, Danièle Sallenave s'interroge dans de très beaux essais qu'elle intitule *Le Don des morts* :

« Cette séparation, écrit-elle, que creuse entre les hommes la privation de culture, de livres, est philosophiquement, politiquement intolérable, parce qu'elle sépare l'homme de lui-même et du monde. On dira : mais qui éprouve cette douleur, qui en est le sujet ? Et on objectera : celui qui vit sans livres est comme l'ignorant selon Socrate, qui ne sait pas qu'il ignore. Seul celui qui vit avec les livres sait ce dont il jouit et dont l'autre est privé... Cette douleur, il peut l'éprouver même s'il ne peut la nommer. C'est le pressentiment terrible que le " vaste monde commence à côté ". Comme le dit une femme de ménage citée par Pierre Bourdieu, dans *La Distinction :* " Quand on ne sait pas grand-chose, on reste un peu à l'écart. "

« Comment s'accommoder de cette séparation, de ce vide, de cette douleur ? Comment aussi les traiter ? »

Il est saisissant et troublant, après trente ans d'intense démocratisation culturelle, qu'un écrivain sensible puisse se poser avec la même intensité la même question que Jean Guéhenno et Saint-Exupéry en 1928-1938. En dernière analyse, cette question altruiste est la seule justification morale de la Providence culturelle, et le seul argument apparemment irréfutable que celle-ci puisse invoquer pour « traiter » le problème à sa manière. Mais est-ce une bonne question ? Chez les trois auteurs que je viens de citer, la « culture » est définie comme une propriété du clergé intellectuel, et ils souhaitent généreusement que cette propriété soit universellement partagée. Leur générosité n'est pas douteuse. Mais son point d'application est très contestable. La définition de la « culture » comme une addition de « choses », même précieuses et luxueuses (« Mozart », « les livres »), convient à une *intelligentsia* le plus

souvent recrutée par concours et qui place à juste titre très haut les
« œuvres » et les « valeurs » de l'intelligence auxquels leurs
études lui ont donné accès. Mais la racine de cette « culture », de ce
musée de choses infiniment précieuses, son terrain fertile et
originel, sa chance d'accroissement et de renouvellement, c'est la
nature, c'est la lumière naturelle impartie plus ou moins à tous les
hommes, et dont peut-être les voyageurs du P.L.M. regardés avec
commisération par Saint-Exupéry et Guéhenno, ou la femme de
ménage citée par Danièle Sallenave, sont pourvus en abondance,
plus que leurs doctes observateurs.

Cette lumière naturelle trouve en chacun de nous une expression
différente, et parfois méconnaissable pour des esprits pourvus du
luxe patenté de la « culture » : il faudrait d'abord s'en assurer
avant de faire monter tout le monde dans le même wagon rempli de
« choses » précieuses et que l'intellectuel tient pour « culturel ».
Cela ne veut pas dire, pour autant et par un excès inverse, que
« tout est culturel ». Car cette formule ne fait qu'étendre à l'infini
une charité sans imagination d'autrui ni véritable sympathie, et qui
méconnaît la lumière naturelle impartie à chacun de nous. Quand
cette lumière est obscurcie, c'est le plus souvent pour des raisons
morales sur lesquelles la « culture », réduite à des « choses », n'a
point d'effet magique. Il faut y appliquer la maïeutique de Socrate.
La difficulté au fond n'est pas essentiellement différente de celle
sur laquelle ont buté les missionnaires chrétiens répandus dans le
« monde païen » quand ils refusaient d'admettre une lumière
naturelle commune à toute l'humanité. Au lieu de s'adresser à ces
païens au nom de ce qu'ils avaient déjà en commun, le désir de
vérité, le désir de bonheur, ils exigèrent d'eux qu'ils veuillent bien
échanger leur « culture » contre la leur, qu'ils estimaient, en bons
fonctionnaires des Eglises, la seule propice à sauver les âmes
de ces malheureux aveuglés. C'est aussi une difficulté
pédagogique : ou bien tout enfant porte en lui un germe fécond
que l'éducation se doit de faire croître, chaque fois selon sa
propre lumière et selon une finalité singulière, ou bien ce n'est rien
qu'une matière informe à laquelle il faut imposer les formes toutes
prêtes dont leurs maîtres sont si fiers et si contents. Ce germe
fécond, s'il participe d'une même lumière universelle, et peut-être
transcendante, n'en prend pas moins chez chaque individu une
orientation et une extension différente, qui est le principe même de

sa liberté. Les tuteurs et les engrais peuvent beaucoup aider à cette poussée intérieure, et la guider vers les formes en acte qui lui conviennent le mieux, qui l'aideront à passer de la puissance à l'acte : rien ne peut remplacer ce mouvement premier et naturel et son orientation singulière. Et rien ne peut être plus nuisible à la vigueur de cette poussée et à sa singularité que le prêt-à-porter « culturel », même emprunté aux trésors les plus précieux, les mieux choisis. Appliqués de l'extérieur, et mécaniquement, les chefs-d'œuvre à eux seuls ne tiendront jamais lieu de cette invention de soi-même, et de l'éducation convenable qui pourrait la favoriser. Une démocratie libérale a pour principal ennemi les cultures de masse. Il est paradoxal que la générosité elle-même puisse être invoquée en faveur d'une culture de masse quelconque, même quand elle se prétend, selon le mot d'Antoine Vitez, « élitaire pour tous ».

Il est bon, il est excellent que tout soit fait — et la IIIe République s'y est employée avec plus d'intelligence pédagogique que les régimes suivants — pour que l'éducation, ouverte à tous, donne à tous les moyens d'entrer en dialogue avec les chefs-d'œuvre : mais pour dialoguer, il faut être deux. La lumière des chefs-d'œuvre appelle et fait sourdre notre propre lumière, mais elle a besoin aussi d'elle pour se manifester. Toute « culture » ne vaut que rajeunie et comme enflammée par cette lumière naturelle ou, comme disaient les Anciens, cette étincelle divine qui nous rend capables non seulement d'inventer, mais de réinventer à neuf ce qui a déjà été trouvé. Le vrai dialogue est entre culture et nature, et non de culture à culture. Encore faut-il admettre que la nature n'est pas une matière opaque et neutre, et que, dans l'homme aussi, elle est germination de formes vivantes qui souhaitent, pour croître, bénéficier de l'exemple des formes parentes qui sont déjà là. A tout réduire à une affaire de culture, on impose un immense éteignoir sur la lumière naturelle, et l'on est, même sans le vouloir, sur le chemin de la grande confusion contemporaine entre la germination des œuvres de l'esprit et la répartition des marchandises.

Pas plus que la moyenne de sa génération, André Malraux n'avait la fibre libérale. Moins humanitaire que Guéhenno ou

Saint-Exupéry, il est hanté comme eux par le mur invisible qui sépare l'intellectuel de « l'homme ». Mais chez lui le mur n'est pas d'ordre psychologique, il est métaphysique, et il n'est pas l'objet de chagrin, mais de spéculation et de volonté. Ce mur, ou ce gouffre, est une obsession dans *L'Espoir,* où le narrateur-héros demande, comme Saint-Exupéry et leur maître commun Conrad, aux fraternités de l'action une fusion émotionnelle. Mais dès *L'Espoir,* dans le récit de la conversation de Scali avec le père de Jaime Alvear, dans la bibliothèque de celui-ci, on voit l'Art servir de contrepoint et même de recours aux tumultes de la guerre civile. En 1941-1942, dans *La Lutte avec l'ange,* ou ce qui en subsiste, la scène capitale a pour décor la bibliothèque romanesque de l'Altenburg, (« Les voûtes romanes dans l'ombre où se perdaient les rayons des livres, car la salle n'était éclairée que par des lampes électriques fixées à hauteur des yeux... »). Elle est le théâtre d'un colloque haletant entre très grands intellectuels. Le narrateur, d'une génération plus jeune, et qui se remémore beaucoup plus tard, est mêlé à la guerre de 39-40. On est à peine surpris de retrouver, dans cet autre épisode, le poncif ferroviaire cher à Guéhenno et Saint-Exupéry : mais cette fois la rencontre impossible entre « l'intellectuel » et « l'homme » a pour décor non un wagon de 3ᵉ classe, mais la nef de la cathédrale de Chartres, le 21 juin 1940 :

« Chaque matin, je regarde des milliers d'ombres dans l'inquiète clarté de l'aube et je pense : " C'est l'homme ! " Ceux qui m'entourent, eux, vivent au jour le jour depuis des millénaires. »

Et Malraux conclut sa matinale méditation par une définition du surhomme comme l'*intellectuel standard* :

« J'ai cru reconnaître plus que ma culture, parce que j'avais rencontré les foules militantes d'une foi, religieuse ou politique. Je sais maintenant qu'un intellectuel, ce n'est pas seulement celui à qui les livres sont nécessaires, mais tout homme dont une idée, si élémentaire soit-elle, engage et ordonne la vie. Ceux qui m'entourent, eux, vivent au jour le jour depuis des millénaires. »

Et cette fois, le gouffre n'arrache aucun gémissement à celui qui est du bon côté.

Malraux, entièrement délivré de ce qui subsistait de charité chrétienne chez ses prédécesseurs, écrit froidement, à propos de ces inconnus auxquels il ne se mêle point :

« Les timbres changeaient, mais tous restaient les mêmes, très anciens, enrobés dans le passé, comme l'ombre de cette sape, la même résignation, la même fausse autorité, la même absurde science, et la même expérience, la même inusable gaieté, et ces discussions qui ne connaissent que l'affirmation, de plus en plus brutale, comme si ces voix de l'obscurité ne fussent jamais parvenues à individualiser même leur colère. »

La question posée par Guéhenno en 1928 change de sens. Ce n'est plus : comment me projeter en autrui pour le sauver, illusion tolstoïenne, mais comment ramener autrui à moi-même, ce qui pose un problème très pratique de moyens. C'est alors que le narrateur se reporte en arrière, au colloque des « grands intellectuels » de l'Altenburg, où la question était posée moins brutalement, mais en substance dans les mêmes termes. L'accord se faisait sur un point essentiel : les religions sont mortes, et elles ont laissé pour déchet cet « homme » arriéré et agglutiné, que l'intellectuel, mécanicien de la locomotive-histoire, doit faire monter dans ses wagons. Sombre tâche, car le mécanicien n'ignore pas que « nous ne sommes hommes que par la pensée, nous ne pensons que ce que l'Histoire nous laisse penser, et sans doute n'a-t-elle pas de sens... L'homme est un hasard, et sans doute le monde est fait d'oubli ». Cet évangile gnostique est impossible à enseigner explicitement, sinon à l'étroite « famille » des maîtres-penseurs. Et cependant le père du narrateur avait suggéré, à l'Altenburg, qu'une rhétorique du nihilisme est possible. C'est pour le fils un trait de lumière :

« Le plus grand mystère n'est pas que nous soyons jetés au hasard entre la profusion de la matière et celle des astres, c'est que, dans cette prison, nous tirions de nous-mêmes des images assez puissantes pour nier notre néant. »

Voilà la médiation trouvée. La conversion de « l'homme » aveugle est possible par les images :

« Et de jour en jour, conclut le narrateur, m'obsède davantage le mystère qui n'oppose pas, comme l'affirmait Walter, mais relie par un chemin effacé la part informe de mes compagnons aux chants qui tiennent devant l'éternité du ciel nocturne, à la noblesse que les hommes ignorent en eux, à la part victorieuse du seul animal qui sache qu'il doit mourir. »

Les images de l'Art deviennent donc des manifestations du vain défi que l'intellectuel, propriétaire de la noblesse humaine, oppose à la mort et au néant. Les livres le manifestent aussi. Mais l'avantage des images, Bible des pauvres, est d'être plus indirectes et plus facilement recevables par « l'homme », encore hébété par sa pré-histoire religieuse. Par les images de l'Art, la foi nihiliste trouve un véhicule qui la communique de façon voilée, et qui instaure ainsi le lien de subordination recherché entre l'intellectuel en tête de l'Histoire et « l'homme » à la traîne [1]. Cette doctrine n'est pas sans rappeler, surtout à la date où elle est établie, l'héroïsme « destinal » auquel Heidegger en 1933 conviait la nation allemande, et qui devait ressouder le peuple à ses professeurs, dans un grand dépassement de la « métaphysique occidentale ». Les images de l'Art vont de pair avec celles de la Fête, et chez Malraux les unes et les autres, en violents contrastes de blanc et de noir, de lumière et de ténèbres, n'épargnant pas les déformations optiques, restent fidèles à l'esthétique de l'expressionnisme cinématographique allemand et russe. *Les Noyers de l'Altenburg* sont les fragments d'un évangile gnostique. Malraux s'y désigne lui-même comme l'archonte appelé à rassembler les « parfaits » et le peuple, face au « silence des espaces infinis », dans de grandes célébrations audiovisuelles dont l'efficacité, à cette date, était déjà bien attestée.

Un ordre nouveau est annoncé, une communion, au moins affective et sensorielle, peut y être établie entre les intellectuels d'avant-garde et la masse d'arrière-garde. Malraux est celui qui est appelé à apporter cette révélation à la nation française. Il va de soi que cet ordre et cette communion ne seront pas le fruit d'un élan réciproque entre les guides et leur peuple. L'ultime secret reste un secret, qu'une poignée d'initiés connaît, et que les autres doivent se contenter de croire. « La noblesse que les hommes ont en eux » n'est pas dans leur nature, mais dans la culture, les livres, les

---

1. Le modèle marxiste de cette conception est indubitable. Dans une *Réponse à Trotsky*, publiée par la N.R.F. en avril 1931, Malraux écrit : « Une action marxiste n'est possible qu'en fonction d'une conscience de classe. Tant que les masses professent qu'il est plus important de sauver son âme que d'être heureux et libre, tant qu'elles croient — comme en Chine — que toute vie est provisoire et sert de préparation à une vie meilleure, dont la violence éloigne à jamais, toute conscience de classe reste secondaire. Elle doit être éveillée, puis développée. » L'action culturelle « brechtienne » est cette violence qui éveille et développe une « contre-nature », la « conscience de classe ». Mais l'action culturelle « heideggerienne », qui réveille de la « métaphysique occidentale », n'est pas une moindre violence faite au naturel humain, à ses lieux communs.

images, dont les intellectuels sont seuls à comprendre le sens ultime et caché. « L'homme » (et Malraux entend par là le non-intellectuel) ne s'y porte pas spontanément. Il faut les lui exposer, et l'y exposer, avec tout l'appareil d'une liturgie, pour qu'il adore ce qu'il ne comprend et ne souhaite pas. Mais Malraux n'a nulle intention, comme ses lointains successeurs, d'exposer *les livres*. Il ne lui est pas venu à l'esprit qu'ils puissent jamais devenir l'objet d'un culte et d'une culture de masse. En revanche les images, plus accessibles aux sensations et aux émotions élémentaires, se prêtent mieux aux grand-messes gnostiques et aux frissons de foule. Idoles du nihilisme, elles sont l'objet d'ostensions publiques et de communions collectives, « sous l'éternité du ciel nocturne », tandis qu'officient par la parole les intellectuels-archontes.

Entre ces grandes cérémonies gnostiques dont rêve Malraux à la fin des *Noyers*, et la « révolution culturelle » à laquelle s'affaire Mounier à la même époque, la marge est évidente. Ces deux visées toutefois, surgies dans un temps d'humiliation, étaient vouées à sympathiser et fusionner dans des temps meilleurs. Elles ont beaucoup de points communs. Le principal est le rôle de clergé missionnaire et convertisseur que l'une et l'autre attribuent aux intellectuels, et l'essence idéologique du message que ceux-ci ont à propager. L'isolement de l'intellectuel, et l'orgueil qu'il en tire, sont transformés en « vision du monde » culturelle qu'il s'agit de faire partager, par des voies irrationnelles. La différence entre les deux versions de l'idéologie n'est pas tant de substance, que de rapport aux réalités. De l'aviateur Malraux, on peut dire ce que Proust disait de Stendhal, en le prenant au sens propre : il a le « sentiment de l'altitude ». Il ne quitte pas les nuées et les éclairs. Mounier et ses amis ont plus de sens pratique, qu'ils tiennent de l'expérience du patronage de paroisse. Ils ont même acquis, en se heurtant avec « Jeune France » aux administrations de la IIIe réemployées par Vichy, un début de sens de l'Etat. Il n'est pas surprenant que le zèle et l'efficacité de Jeanne Laurent se soient inspirés, dans les années 1946-1951, du milieu « Jeune France ». Mais l'action de Jeanne Laurent n'aurait peut-être pas eu les suites qu'elle souhaitait si, en 1959, la chute de la IVe République n'avait pas projeté Malraux au rang de ministre d'Etat, chargé des Affaires culturelles de la France. Sa prédication, sa célébrité, les gestes sensationnels dont il était coutumier, amplifiés par la télévision naissante, transformèrent en « ardente obligation » nationale ce qui n'avait été jusque-là, en dépit de Jeanne Laurent et de Jean Vilar, qu'une aventure théâtrale des Arts et Lettres. Malraux acclimata, et il était seul à le pouvoir faire, une idéologie culturelle d'Etat en France et dans l'Administration française.

Pour autant, comme il était loin d'avoir la ténacité et le génie administratifs d'une Jeanne Laurent, cette victoire dans l'imaginaire fut loin de correspondre à une réussite réelle[1]. Les Directions patrimoniales regroupées dans son ministère ne se laissèrent pas affecter par l'idéologie, et Malraux n'insista guère. En revanche, la Direction nouvelle du Théâtre et de l'Action culturelle, plus enthousiaste pour ses vues, recruta dans un clergé moins « national » que ne le souhaitait Malraux, celui du Parti communiste. Timide envers les traditionalistes de son ministère, il fut indifférent ou très tolérant envers les idéologues d'un autre bord qui affluaient chez lui, et en qui sans doute il reconnaissait sa propre jeunesse. Tout sembla s'achever en 1968 par un cataclysme. Mais en réalité le ministère idéologique s'enkysta, survécut, en attendant des jours meilleurs. Il les trouva en 1981.

III. Un ciment pour la société organique

Pour bien comprendre dans quel esprit la Culture s'est développée en France, il faut ajouter au témoignage de Mounier et de Malraux celui, plus émouvant, plus innocent, de Gaëtan Picon. Ce normalien, cet agrégé de Lettres, avait été un grand admirateur de Malraux dès avant-guerre, et il deviendra son directeur des Arts et Lettres de 1959 à 1966. En 1943, méditant lui aussi sur la défaite, il écrivait :

« Il est de l'essence de la culture d'être partagée entre tous. Aucune culture n'est créée par le peuple, toute culture est créée

---

1. On se reportera au jugement de Jean Lacouture (*Malraux, une vie dans le siècle*, Paris, Seuil, 1973, p. 382-388) : « L'art et l'Etat » : « Il n'est pas totalement paradoxal de prétendre que c'est au printemps des barricades que l'entreprise déclenchée au mois de juin 1959 a porté ses fruits révolutionnaires, opposant André Malraux " agitateur culturel " à M. Malraux ministre. »

pour lui. La fin de la civilisation c'est l'homme, et l'homme est chacun de nous.

« Une société organique doit prévoir la diffusion de son contenu spirituel. On voit ce que pourraient donner quelques-uns des moyens que la technique moderne met à notre portée... N'attendons pas que le public demande autre chose que les films de M. Fernandel, la grivoiserie du music-hall français, la fastueuse médiocrité de notre Opéra-Comique : c'est à nous de l'habituer à mieux » [1].

Ce jeune intellectuel tourmenté bute sur le même obstacle qui a fait dérailler tant de ses camarades « non conformistes », depuis le *Caliban* de Jean Guéhenno. Il ne voit l'idéal politique que dans la « transparence » qui le libérerait lui-même de son isolement par rapport à « l'homme ». Au-delà de Guéhenno, il faut donc, avec Jean Starobinski, remonter jusqu'à la source à la fois de la politique et de la psychologie narcissiques de l'intellectuel moderne : Rousseau. La « transparence » quasi mystique qui souderait la « société organique » suppose deux préalables : la disparition du « bourgeois » et celle des sociétés corrompues par l'argent, l'individualisme, les lettres et les arts égoïstes. La jonction devient alors possible entre l'intellectuel (le « créateur de culture ») et « l'homme » (à qui elle est destinée). Cette jonction, même alors, reste difficile : elle n'est pas naturelle, mais culturelle. La culture des intellectuels doit combattre le péché de séparation commis par les Arts et les Lettres bourgeois, corrupteurs du lien social. Elle doit se faire, répétons-le parce que là est le nœud de la question, *volonté de culture*, technique et organisation, qui désaliène du péché et crée le lien mystique nouveau.

Nous retrouvons encore une fois la religion civile de Rousseau, qui est, comme l'avait bien perçu Renan, une des tentations de la IIIe République, et notamment de ses sociologues. Les intellectuels qui « passent à Caliban » le font pour nouer avec lui un lien religieux, mais il leur manque désormais ce que supposait tout de même la religion civile du *Contrat social* : la foi dans une lumière

---

1. Cette citation, et celles qui suivent sont tirées du recueil de Gaëtan Picon, *La Vérité et les mythes, entretiens et essais, 1940-1975*, Paris, Mercure de France, 1979.

naturelle et originelle impartie à tous les hommes. Leur religion civile est maintenant toute *culturelle*. Et ils ne se contentent plus de la théorie, ils veulent l'expérience de la religion civile nouvelle et nihiliste, ils veulent la mettre en pratique, ils veulent en éprouver existentiellement le pouvoir. La philosophie politique émotionnelle que partagent, avec des nuances, Guéhenno, Mounier, Saint-Exupéry, Malraux, Picon (il faudrait allonger la liste...) refuse d'admettre une autre formule de société qu'*organique,* mais de cet organicisme ils sont seuls à détenir le secret. Ce qu'il y avait de libéral dans la IIIᵉ (qui admettait de vastes dérogations privées à la devise *publique* de la République : *une et indivisible*), à plus forte raison la philosophie libérale des régimes anglais et américain, leur était donc profondément odieux. Ils veulent expérimenter, mais au nom de l'Histoire cette fois, la participation que Lévy-Bruhl, Mauss et les ethnologues leur décrivaient au même moment en acte dans les sociétés « primitives » et préhistoriques.

Gaëtan Picon, jeune intellectuel sous l'occupation, est déterminé entièrement par une série de lieux communs spéciaux qui sont depuis les années 30 de mise dans sa caste : la « culture » comme une addition de choses qui peuvent et doivent être partagées. Ce partage doit être organisé, et l'on voit dès 1943, pointer en prolongement de la théorie des images chère à Malraux, l'espoir dans les techniques audiovisuelles pour massifier ce partage ; celui-ci est le fait d'une élite qui doit combattre les appétences spontanées de la masse ; enfin, ce vaste travail de massification de la culture doit devenir le lien social et politique d'une société *organique*.

Il n'est donc pas surprenant qu'en 1940-43, Gaëtan Picon éprouve la même aversion que Mounier pour l'Université de la IIIᵉ République, construite sur une philosophie de l'éducation et de la démocratie entièrement étrangère à la participation « culturelle ». Il envisage pour elle une réforme radicale :

« La réorganisation de l'enseignement, écrit-il, fait partie de cette organisation pratique de la culture. Aujourd'hui, l'enseignement est en marge du peuple, comme de la vie. Qu'on le veuille ou non — et la gratuité n'y changerait rien —, c'est un enseignement de classe. L'enseignement paraît à celui qui le subit une morne nécessité et à celui qui reste à sa porte un divertissement pour quelques privilégiés. Or la culture est un bien commun à tous, elle

est aussi la plus haute exigence de la vie. On prend une piètre idée
du métier de l'éducateur, lorsqu'on parle à de jeunes bourgeois
pour qui des heures de lycée sont à la fois un passe-temps sans
conséquence et un douloureux pensum ; peut-être en aurait-on une
conception toute différente si l'on s'adressait à des hommes venus
de tous les horizons du peuple et qui verraient dans ces instants la
récompense de leur journée de travail, de merveilleuses vacances et
la seule part importante de leur vie. Il ne suffit pas de rapprocher
de l'homme la matière de l'enseignement, prenons garde de le
frustrer de la culture qui lui est destinée. Que le lycée fasse place à
la maison de la culture, que la salle de classe s'élargisse jusqu'à la
salle de meeting. Cathédrales futures, cathédrales de l'homme,
lorsque vous dominerez nos cités, c'est alors que nous saurons
qu'une nouvelle civilisation est apparue. »

L'idéologie du futur ministère des Affaires culturelles, son
projet de se substituer à l'ancienne Instruction publique et même à
la récente Education nationale, sont donc déjà tout formés. La
virulence de Gaëtan Picon contre l'Université dépasse même celle
de Mounier, et tranche sur la réserve d'André Malraux sur ce
sujet :

« La culture ne s'achète pas, elle se donne. Elle ne s'impose pas,
elle répond à un appel. Mais comme nous élargirons la salle de
classe, nous donnerons aussi à la voix de celui qui parle plus de
puissance et de portée. Pour parler à tout un peuple au nom du
génie de tout un peuple, il faut être un peu plus qu'un de ces
innombrables parasites de l'érudition moderne ou qu'un laissé-
pour-compte de la vie, il faut être un homme. Ceux qui forment,
nous les choisirons parmi ceux qui sont eux-mêmes formés, parmi
les voix les plus éloquentes et les plus hautes. Nous leur
demanderons plus de génie que d'objectivité [le modèle, ici, c'est
Malraux] : de la flamme et non de l'indifférence. Lorsque l'enseignement ne sera plus le tête-à-tête de ceux qui rechignent à la
culture, et de ceux qui l'ont froidement acceptée, lorsqu'il sera la
communion de ceux qui en vivent et de ceux qui veulent en vivre,
peut-être alors pourra-t-on en attendre quelque chose. »

Ainsi, dans ces années terribles, où l'amertume et l'humiliation
nationales nourrissaient des rêves, indéniablement généreux, de
révolution et de régénération, de plusieurs côtés à la fois la volonté
naissait de refaire la France par une « participation culturelle »,

afin qu'elle rejoigne dans la modernité politique les régimes qui alors semblaient contradictoirement incarner cette modernité : fascisme et communisme. Cette « volonté de culture » se voulait française, et indemne des vices qui faisaient haïr l'Allemagne et qui inquiétaient en U.R.S.S. Elle n'en reniait pas moins résolument la philosophie politique qui avait été à l'origine de la Constitution « orléaniste » de la IIIe République, et qui avait valu à bon droit à la France républicaine l'assistance des Etats-Unis contre Guillaume II et François-Joseph en 1917. Elle rejetait le rationalisme critique et scientifique qui avait, jusque chez ses sociologues, prévalu dans son Université.

A la bien prendre, cette charité culturelle, qui se réclamait si hautement du sens de l'Histoire, était déjà en retard sur l'histoire. Fascinée par les régimes « organiques » et les philosophies nihilistes qui étaient autant d'effets pervers du trouble introduit en Europe par le machiavélisme de Bismarck, elle était et restera aveugle au fait majeur du xxe siècle, le triomphe de la démocratie libérale. Cet aveuglement, largement partagé par les « intellectuels » après la Libération, les ancrera dans la méfiance envers les Etats-Unis et la sympathie envers l'U.R.S.S. Quand il sera question, avec Malraux, d'une « troisième voie » française, celle-ci s'obstinera à se poser un faux problème : ni capitalisme, ni communisme. La « Troisième voie » suppose à la fois un capitalisme vampirisé par la technocratie d'Etat, et un communisme adouci par la Culture. En réalité, le vrai dilemme, qui ouvre à la France et à l'Europe la seule voie qui soit digne d'elles et qui leur convienne, est ailleurs : qu'est-ce qui, dans notre propre tradition, nous permet de dépasser le pur utilitarisme qui préside avec succès à la démocratie américaine ? Qu'est-ce qui ne nous enferme pas dans une gestion exclusivement intestinale et commerciale des choses, et nous donne assez de noblesse pour rallier à nous tout ce qui est libre et noble dans un univers malheureux et démoralisé ? Ce ne peut pas être l'administration d'une Culture égoïste et commercialisée. L'esprit français, l'esprit européen doivent se livrer à une remémoration qu'ils sont seuls, en Occident, à pouvoir faire au nom de tous les peuples assaillis par une cruelle actualité immédiate.

C'est à cela que nous avons à consacrer notre loisir, puisque nous avons la chance luxueuse d'en avoir. C'est cela seul qui peut le justifier, le rendre acceptable. La chance de la France et de l'Europe s'appelait hier Taine et Renan, aujourd'hui Alphonse Dupront et Claude Lévi-Strauss. Les ressources matérielles dont nous disposons ne sont rien en comparaison de celles de notre mémoire : Platon et Aristote, Cicéron et Virgile, Salomon et l'Ecclésiaste, Athènes, Rome et Jérusalem. Par le haut, la « métaphysique occidentale » peut entrer en dialogue avec toutes les grandes traditions de sagesse oubliées par la modernité utilitaire et converger dans une *philosophie pérenne* de l'humanité. L'avenir de la France et celui de l'Europe sont certainement du côté de l'écologie, mais d'abord et aussi d'une écologie de l'esprit. Une Université qui mérite ce beau nom de complétude en fera un jour son programme.

La « volonté de culture », chère aux « intellectuels » des années 30, était une erreur de plus, qui nous a longtemps hébétés. Nuisible politiquement, elle l'est peut-être aussi économiquement : elle l'est surtout spirituellement et moralement. Elle connut en 1968 un premier et cuisant échec. Pour avoir « chosifié » la culture, Malraux dut découvrir que les bénéficiaires de ces « choses » lui réclamaient d'autres objets culturels de première nécessité, les gadgets et les plaisirs du marché des loisirs. Il est assez pathétique, pour conclure ce chapitre des « origines », de lire sous la plume de Gaëtan Picon, trente ans après qu'il eut rêvé de révolution culturelle, cette page désorientée et désenchantée écrite en 1968 :

« Aveugle et sourd à la parole qui venait d'être prise parce que je connaissais d'avance les mots dans lesquels elle allait retomber, ces mots qui étaient les miens, " Professeurs, vous nous faites vieillir ". Car moi aussi, moi avant eux... Non, pourtant. Tout à coup, je me sens écarté d'une expérience qui n'avait jamais été la mienne. Nous aussi, nous avant eux, avions rejeté les mots aliénants, les mots que nous n'habitions plus, leur opposant une parole, mais c'était une parole que d'autres avaient déjà prise ; nous, nous nous étions toujours conduits en adultes, nous avions quitté une route pour en choisir une autre, sans croire et sans vouloir qu'il y eût là une question d'âge ; l'amour est à réinventer, nous le savions, mais nous cherchions plus la parole de l'amour que des mots pour ce qui n'avait pas encore de nom, et pour ma part, si j'avais toujours tenu un fil dans le dédale, c'était celui que me tendaient des hommes que j'admirais, qui avaient vu avant moi ou voyaient plus que moi, du moins le croyais-je, non pas des inventeurs du vide, le comblant avec des gadgets de nature et d'usage variables... »

Déjà, alors, pour l'un de ses plus sensibles initiateurs, l'aventure française de la « participation culturelle » était terminée.

Mais l'Administration, conservatrice du pire quand elle ne l'est pas du meilleur, poursuivit sur la lancée de Malraux, et en 1981 inaugura une mise en scène encore plus grandiose et coûteuse que jamais du scénario Prospero-Caliban, écrit par Jean Guéhenno en 1928.

La « volonté de culture » comme l' « égalité de culture » étaient en France des dinosaures naissants, à l'heure crépusculaire des « régimes organiques ». Aujourd'hui, où la philosophie, le droit, l'histoire, les Arts libéraux, retrouvent et retrouveront lentement leur place à côté de la science, dans une Europe qui, fleuve débordé, regagne son lit, ce ne sont plus que des dinosaures empaillés qui encombrent et polluent le paysage français.

II

PORTRAIT DE L'ÉTAT CULTUREL

1

LE FOND DU DÉCOR

La France a donc été la première nation du monde démocratique à se pourvoir, en 1959, d'un ministère des Affaires culturelles. Il est devenu depuis ministère de la Culture, de la Communication, du Bicentenaire et des Grands Travaux. Son budget s'est multiplié. Le nombre de ses Directions, de ses fonctionnaires, de sa clientèle a augmenté. Il est devenu une puissante bureaucratie dont les antennes sont présentes dans toutes les régions de France, y engendrant des rejetons locaux. La croissance de cette bureaucratie, et du budget qui lui est alloué, est relativement modeste par rapport à celle d'un secteur public et semi-public qui occupe en France une place et détient une puissance incomparables à celles que connaissent les autres pays libéraux. Comme un poisson dans l'eau, elle se répand dans un milieu extrêmement favorable, où, en principe du moins, les connexions, communications et solidarités sont serrées et constantes, les habitudes mentales et le vocabulaire semblables : elle est un pseudopode de cette énorme entité qu'est l'Etat-Providence, et si celui-ci s'identifiait, comme on le dit parfois, à l'Entreprise France, voire au Groupe France, le ministère de la Culture (qui porte ce nom depuis 1976) serait son gigantesque Comité d'Entreprise, chargé des loisirs. S'il n'est, en France, nommément, qu'une seule Administration de la Culture, celle-ci préoccupe en réalité plusieurs ministères, au moins trois, et même, comme les Mousquetaires d'Alexandre Dumas, quatre. Jack Lang, en dépit de sa visibilité médiatique entre 1981 et 1988, fait depuis le début du second septennat Mitterrand de plus en plus pâle figure en comparaison du Président de la République lui-même, qui se passe de plus en plus volontiers de son ministre, et qui prend soin personnellement de la grande affaire du règne, les

Grands Travaux. Le ministre de la Culture reste plus connu, mais il est moins puissant que sa déléguée, Catherine Tasca [1], ministre de la Communication, donc de la Télévision : les chaînes, publiques ou privées, directement ou indirectement sous tutelle, touchent l'immense majorité des Français, alors que les arts patronnés par Jack Lang, anciens ou modernes, ne mobilisent que des publics parcellaires. Enfin la responsabilité de l'exécution à bonne date des Grands Travaux revient à un autre ministre de plein exercice, Emile Biasini, qui en réfère directement au Président. Comme la tétrarchie romaine sous Dioclétien, l'Etat culturel a quatre têtes très inégales, l'une d'entre elles étant singulièrement plus inégale que les autres.

Le général de Gaulle, qui avait son domaine réservé, laissait entièrement à André Malraux l'apanage des Affaires culturelles. André Malraux, et lui seul, fit approuver par le Parlement son plan grandiose de « Grands Travaux » avant la lettre, qui devait couvrir la France de Maisons de la Culture. La prodigieuse ténacité impersonnelle de l'Administration, en dépit de la faillite de ces Maisons, en dépit du petit nombre d'entre elles qui furent incrustées en province, a poursuivi depuis sous d'autres noms et d'autres formes ce projet conquérant. Le budget du ministère Malraux était relativement modeste. Tout changea d'échelle quand Georges Pompidou prit lui-même ces affaires en main : en décidant d'imposer à Paris sa première Maison de la Culture, sous le nom de Centre Beaubourg, il fit du *Kulturkampf* à la française, qu'un simple ministre d'Etat n'avait pu porter au bout de son projet, un chapitre du domaine réservé du Président de la République. Avec François Mitterrand, le poids politique de la Présidence a fait grimper le nombre et la taille des Maisons de la Culture à Paris, infléchissant davantage dans le sens du gigantisme la vision pourtant déjà grandiose d'André Malraux, et la magnificence de Georges Pompidou. Le ministre de la Culture en titre ne fait plus figure aujourd'hui que de quatrième couteau. Dans le même temps la Télévision, donc l'Information, restent soustraites à la Culture ministérielle, et par divers artifices, étroitement dépendantes du suprême Pouvoir.

---

1. Ce portefeuille a changé de titulaire dans le ministère Cresson.

Le sentiment national français, à l'époque de la Renaissance, avait pris pour mascotte l'Hercule gaulois, un géant vêtu de peaux de bête et dont la bouche émettait des chaînes d'or entraînant après lui les peuples, suspendus à sa parole. Le soleil de Louis XIV est une version moins compliquée de ce symbole de l'Eloquence de l'Etat. Une auréole de rayons plus harmonieux remplace les bizarres chaînes, mais le sens est le même : seuls le Porte-voix royal et ses relais autorisés doivent frapper les oreilles des sujets. Aujourd'hui le système solaire de l'Etat culturel et communicationnel est aussi exclusif, mais plus efficace : par les chaînes de télévision, il rattache les loisirs privés de tous les Français non au ministère de la Culture, mais au centre du Pouvoir.

Et comme la pluralité des mondes est postulée par le système de Galilée, il n'est pas de ville, pas de région en France qui n'ait aujourd'hui son petit système solaire culturel, dépourvu il est vrai de ses rayons les plus puissants, les chaînes télévisuelles. A Paris même, déjà siège de la constellation d'Etat, l'Hôtel de Ville en offre encore un double en réduction, avec sa puissante Délégation des Affaires culturelles installée dans deux hôtels restaurés de la rue des Francs-Bourgeois, qui rivalisent autant qu'ils peuvent avec le Palais-Royal. Mairies, conseils régionaux et généraux de province, luttent d'imagination et de munificence pour se pourvoir eux aussi d'un système solaire culturel hors duquel un notable fait aujourd'hui figure de roturier. L'Etat culturel a fait des émules et des petits partout dans l'Hexagone. S'il laisse imiter débonnairement les modèles proposés par la Rue de Valois, il est plus jaloux de celui sur lequel le Conseil National de l'Audiovisuel et son ministre de tutelle veillent à Paris, sous l'œil attentif du nouveau Roi-Soleil.

La IIIe République avait une philosophie, la Ve gaulliste, une passion nationale, dont la Culture selon Malraux n'était qu'un véhicule mineur. La Ve socialiste s'est voulue entièrement culturelle. Aucun autre Etat démocratique n'a parachevé un édifice aussi compact en vue de la Culture, aucun n'a, comme la France, un Chef d'Etat culturel, aucun n'est si tenacement attaché à garder le contrôle de la Télévision. On donne généralement à ce phénomène une explication historique très discutable : en France, la nation aurait été la création de l'Etat, et l'Etat culturel, dans son excroissance régulière depuis 1959, ne ferait que retrouver le lit creusé pour lui par l'Ancien Régime, par Richelieu, par Louis

XIV. C'est une explication séduisante, mais étrange. Car l'Etat culturel, s'il en ressort anobli, y perd aussi cette modernité dont il se targue à la tête des nations, et qui leur montre les chemins de l'avenir. Héritier gigantesque de la Surintendance des Bâtiments de la monarchie, mais aussi de *La Gazette de France* et de l'art des panégyriques de Cour, il apparaît comme une régression bizarre vers sa propre enfance, un archaïsme d'autant plus singulier qu'il emprunte, et avec quelle emphase, les formes modernes de la technologie et de l'idéologie. Que s'est-il donc passé entre Louis XIV et de Gaulle, entre Louis XIV et Mitterrand ? La Terreur, l'Empire, *Le Moniteur*, le Sacre de Joséphine, l'assassinat du duc d'Enghien. Depuis la Restauration jusqu'à la fin de la IIIe République, les excès tyranniques de la Convention et du Premier Empire avaient servi de repoussoir. L'académisme officiel a été victorieusement battu en brèche par le romantisme et la bohème, et le philosophe de la IIIe République, Alain, finit même par ériger en doctrine la stricte séparation du politique et des choses de l'esprit.

L'Etat, pendant le XIXe siècle, avait appris en France son rôle de restaurateur et conservateur du patrimoine, monuments, musées, théâtres de répertoire, archives. En quoi il se montra alors exemplaire. Le ministère français de la Culture, quoique mal nommé, trouve sa justification civique dans les services propre- ment patrimoniaux dont il assume l'héritage. Mais aujourd'hui le patrimoine s'est étendu aux villes en général, à la Nature entière, menacées par les vandales pollueurs des habitats, des fleuves, des forêts et de l'atmosphère. L'Etat eût été bien inspiré de prévoir cette extension de l'idée de patrimoine, et de concentrer ses efforts et notre argent sur cette tâche urgente et vitale. Au lieu de cela, le voici évoquant le fantôme d'un lointain passé orgueilleux, et se rêvant résurgence du Roi-Soleil. C'est une résurgence mons- trueuse. Les académiciens et publicistes qui chantaient la gloire de Louis le Grand n'avaient pour propager l'obéissance au roi que leur talent et leur éloquence, qui leur donnaient une audience euro- péenne ; ce n'est plus le cas de la nouvelle *Gazette de France*. Les peintres, musiciens, architectes, jardiniers, gens de lettres qui travaillaient aux fastes de la Cour n'avaient pas besoin d'une énorme bureaucratie pour les mettre à l'ouvrage : peu nombreux, pleins de zèle, ils étaient et ils se savaient les meilleurs d'Europe, ils se comparaient même à leurs rivaux de l'Antiquité. La Culture française actuelle compte plus de bureaucrates culturels que d'artistes, et les uns et les autres, bien protégés sans doute, ne se comparent plus qu'entre eux.

Archaïque par ses modèles historiques, l'Etat culturel est-il moderne par les aspirations qu'il comble ? On observe, dans tous les pays riches et démocratiques, une croissance de la demande de loisirs, demande que la Télévision satisfait, mais aussi le tourisme, les spectacles, les expositions en tous genres, les parcs de loisirs, les galeries marchandes. L'offre qui répond à cette demande est faite par le marché lui-même, sauf pour les genres les plus difficiles, que l'Etat ou le mécénat privé subventionnent sans esprit de système. On observe aussi, dans ces mêmes nations entreprenantes et relativement fortunées, un reflux de la croyance, ou en tout cas des pratiques religieuses : à la place de l'église ou du temple, le musée devient le but de la promenade dominicale, et la prière du soir en famille est remplacée par une convivialité toute profane devant l'écran de télévision. La France moderne n'échappe ni à la société de consommation ni à la recherche de culture comme religion de substitution.

Mais en France la soif massive des loisirs et celle d'une religiosité de rechange ne sont pas abandonnées à une quête tâtonnante : l'Etat les a canalisées, et il s'est donné les moyens sinon de les étancher, du moins de les occuper, d'autant plus aisément qu'il n'a pratiquement pas de concurrents. Il en invoque, à grand fracas, et il les dénonce : l'impérialisme culturel étranger, l'argent-roi. Il prétend les combattre, et prévenir les tentations qui, immanquablement sans lui, précipiteraient le public français disponible dans ces bras corrupteurs. L'Etat culturel organise donc lui-même les loisirs et la religiosité « comme il faut ». Les Français ne les réclament pas sous cette forme, on ne les a pas consultés ; ils les trouvent tout prêts à leur portée et ils sont bien obligés de s'en accommoder.

Ce protectionnisme préventif ne va pas sans inconvénients. Ils ne sont nulle part plus visibles qu'à la Télévision. Elle doit rester, même lorsqu'elle est financée par l'argent privé, et surtout alors, sous l'étroite tutelle de l'Etat. C'est à cette seule condition qu'elle échappera, répète-t-on depuis les origines, à la vulgarité et à la corruption commerciales. Le salut du public de télévision est au prix de ce monopole de fait. Mais pour se faire oublier, et pour se rendre acceptable, ce monopole est tenu d'en rajouter dans la facilité raccrocheuse, et la Télévision « culturelle » est un serpent de mer toujours annoncé, mais dont la tête n'émerge jamais, ou fort rarement. L'alignement de la Télévision publique, ou corsetée par l'autorité publique, sur les goûts et les passions supposés du public le plus élémentaire sacrifie les publics intermédiaires, plus divers, plus dispersés, moins nombreux, que ce pilon bureaucratique et démagogique opprime sans remords. La Télévision d'Etat, ou docile aux vœux de l'Etat, ne peut et ne veut connaître qu'un seul public, le public robot : elle en rajoute de peur de le manquer. Elle rend impossibles les périls du libre jeu de l'offre et de la demande, mais aussi ses avantages : le contact entre les publics et les programmes, la diversité des programmes correspondant à l'extrême diversité des publics. Protectionnisme et monopole de fait condamnent à la monotonie et réduisent la « culture par l'image » au plus petit commun dénominateur.

Ce qui est vrai à la Télévision l'est aussi, ou menace de le devenir, dans les domaines plus confidentiels qui relèvent du ministère de la Culture proprement dit : musées, théâtres, opéras, concerts, s'adressent pourtant à des publics limités en nombre et dont les goûts sont fort différents. C'est encore plus vrai des bibliothèques que le ministère de la Culture, tardivement et partiellement, a fait aussi entrer dans ses attributions. Une bibliothèque de lecture publique, telle qu'on la trouve au Centre Pompidou, peut espérer, par une pédagogie appropriée, accroître le nombre des lecteurs réguliers. Les autres types de bibliothèques s'adressent à des publics parfois très spécialisés, le plus souvent sachant très bien ce qu'ils veulent. La pente de la bureaucratie culturelle, si prompte pourtant à invoquer la défense de la Culture contre ses agresseurs mercantiles ou étrangers, est de brimer la demande de ces publics divers, au nom d'un non-public anonyme, qu'il faut, malgré lui, amener au théâtre, à l'opéra, au concert, au musée, à la bibliothèque. Cet impératif abstrait sacrifie le réel à une entité imaginaire (le suffrage universel de la Culture), et la qualité à la quantité. On retombe dans ce que l'on prétendait fuir : la médiocrité du grand commerce, et l'on y retombe en s'embrouillant dans des contradictions que le grand commerce, plus naturel dans son ordre, ne connaît pas. C'est ainsi qu'on aboutit au fiasco retentissant de la Bastille, ou à l'absurde projet d'installer une

Bibliothèque nationale, par essence confidentielle, au beau milieu d'un Centre gigantesque de loisirs. On parle déjà de « Champs-Elysées » de la Culture, qui du Grand Louvre à Versailles, en passant sous la Grande Arche de la Défense, conduirait en pèlerinage à Versailles, à Chartres, à Chambord, transformés en Complexes touristico-culturels de masse, amorce d'un *nouveau Chemin de Compostelle*. Ce serait la réponse française au String, les Champs-Elysées de Las Vegas.

Peuplé par les Grands Travaux présidentiels d'un nombre croissant de Maisons de la Culture, Paris devient la capitale d'une France qui, à son exemple ou sous son impulsion, se transforme en parc monumental de loisirs, de plus en plus attrayante peut-être pour le tourisme de masse, mais à la longue de moins en moins accueillante pour les amis de la réflexion, de l'invention, du recueillement. Conquérant de l'espace national (mais au nom de la ville vibrionnaire, et non de la forêt ou des sources), l'Etat culturel rêve d'identifier le temps tout entier de ses sujets à son année liturgique : le salut culturel passe idéalement par les offices publics des Maisons de la Culture, et les vêpres ou les messes commémoratives retransmises devant l'autel domestique de la Télévision. Dans la multiplicité de ces événements culturels successifs ou simultanés, mais toujours programmés, pas un instant perdu pour se soucier de soi, pour lever la tête vers le ciel, pour marcher sur les chemins qui ne mènent nulle part, pour perdre son temps afin de le retrouver. Cette agitation collective, entièrement factice et urbaine, accumule les distractions et n'alimente pas. Le désert bruyant et arrogant de la Culture accule, fin de partie, au gémissement de l'Ecclésiaste : *Vanité des vanités, tout est vanité*. Le paradoxe de cette religion d'Etat est qu'elle ne consomme pas seulement dans son culte composite tous les anciens offices, pourvu qu'ils soient vidés de leur sens : elle se nourrit de tous les sentiments religieux à la fois, pourvu qu'ils soient devenus insincères : la foi dans le progrès, dans la charité, dans le nirvâna, dans la menue monnaie de l'Absolu.

2

CARÊME ET CARNAVAL

> « Je serais tenté de vous dire que la vraie
> finalité d'un ministère, et aussi bien d'une
> administration culturelle, c'est de dépérir et
> disparaître. [...] Ce que je souhaite, c'est que
> soient aménagées des règles telles que l'Etat
> n'ait plus à intervenir directement, pour tout
> gouverner, tout régenter. [...] Sept ans de plus,
> et le désastre était consommé, l'activité artisti-
> que abandonnée aux lois du marché. »
>
> Jack Lang,
> Interview par Dominique Jamet
> (1er juin 1981)

L'image du ministère de la Culture, et celle de son titulaire depuis dix ans, ou presque, sont excellentes à droite et à gauche. Si l'on en croit les sondages, deux Français sur trois estiment le ministère utile. Cette approbation mondaine et médiatique, cette popularité de l'Action culturelle vont d'abord à son principal acteur. Dans une photo de groupe réunissant l'équipe gouverne-mentale, celui-ci peut arborer ce sourire kennedyen et servan-schreiberien qui nous tient lieu de mystère de la Joconde. Ses collègues, et Dieu lui-même, sont plus renfrognés. Dans l'éternel combat entre Carême et Carnaval, l'Economie et les Finances, l'Intérieur et l'Armée, l'Education nationale et la Justice sont du côté de Carême. La Culture, du côté réjoui de Carnaval. L'Envi-ronnement, le Tourisme, les Relations culturelles extérieures, ne peuvent, et de très loin, rivaliser avec cet arc-en-ciel de néon. « J'aimerais, déclarait Jack Lang à *Playboy* en 1981, qu'on envisage la culture comme plaisir, jouissance, et non comme devoir, cuistrerie, privilège de caste ou obligation mondaine. » Il a réussi à s'identifier longtemps à cette définition de music-hall.

Ce bonheur a commencé à s'assombrir depuis 1989. Le coup de tonnerre de la réunification allemande a fait descendre de plusieurs degrés le baromètre d'une douce arrière-saison française, où l'euphorie au beau fixe de Jack Lang donnait le ton. Tour à tour ont réapparu la vieille et sévère compétition franco-germanique, la question de l'Enseignement, la question du Commerce extérieur, et, plus inattendue encore, quoique au Moyen-Orient, l'angoisse d'une « drôle de guerre ». Du coup, les ministres aux sourcils froncés, l'Education nationale, l'Economie et les Finances, l'Armée, et naturellement le chef de l'Etat, prennent le pas sur l'homme éternellement jeune et content. La Télévision, donc l'Information, qui a maintenant un « ministre délégué », redeviennent l'enjeu visible que l'on était tenté d'oublier. De l'Etat culturel restent seuls d'actualité les Grands Travaux, directement liés à la Raison d'Etat. On est entré dans la zone des turbulences. Nous assistons au crépuscule de l'Age d'or culturel.

Pendant le premier septennat socialiste, la conjonction, en la personne d'un ministre souriant, des dimanches de la vie et de l'Etat avait prêté une seconde jeunesse à une administration qui, avant lui, laissait voir déjà son essoufflement. Grâce à l'abattage de son patron, la Rue de Valois a pu sembler, pendant cinq ans, moins un ministère qu'une corne d'abondance d'où s'épanchaient sur Paris sculptures et peintures, colonnettes et lampions, spectacles et concerts, fêtes et Salons, cocktails mondains et réceptions brillantes, vernissages et inaugurations. Le côté ensoleillé de la rue. Bercy et Grenelle, Beauvau et Saint-Dominique avaient beau faire : ils restèrent associés dans l'esprit du public à des barreaux et des guichets, des bureaux et des amphis. Le maussade de l'existence. La polarité que Daniel Bell a voulu voir dans le capitalisme américain s'est projetée en France, sur l'écran immense de l'Etat : hédonisme/lutte pour la vie ; loisirs/travail ; week-end/jours ouvrables ; temps avec et sans cravate. Aux Etats-Unis, ces deux régimes de l'emploi du temps moderne, ce Carnaval et ce Carême de l'*affluent society*, ne cherchent pas leurs symboles à Washington. Le Carême de la société civile est à Wall Street, à Silicone Valley, à Chicago, à Detroit. Son Carnaval est à Hollywood, à Nashville, à

Las Vegas, à Disneyland East and West, à Acapulco. Epicure et Calvin, Vénus et Jupiter se répartissent équitablement les lieux et les effigies. En France, tous les dieux de l'Olympe et tous les plans de l'existence se croisent et banquettent ensemble à Paris, capitale par excellence justement par ce mélange unique de la gravité et de la frivolité, du pouvoir, de la pensée et de la *Vie parisienne*. Depuis que la Culture en France est un ministère, la frivolité elle-même est devenue ministérielle. Nous avons eu un Epicure d'Etat. Cela ne va pas sans une certaine gêne. L'épicurisme est une sagesse privée : *Cache ta vie, Tiens-toi à l'écart du vulgaire, Ne te mêle pas de politique,* tels sont quelques-uns des axiomes du Jardin, et ses recommandations pour le bonheur. En ce sens, l'hédonisme de masse américain, le *fun* démocratique et l'*entertainment* commercial, décrits par Bell ou Bloom, restent sous le régime des transactions privées : à leur façon, fidèles à la philosophie antique du plaisir. La Culture ministérielle française est plus paradoxale : son épicurisme est un service public, une doctrine et une religion d'Etat.

L'Etat culturel n'a pas toujours eu ce visage séducteur. Le contraste est vif entre son passé et son présent. A l'origine, contemporains de la guerre froide et de la guerre d'Algérie, la véhémence sombre, le clair-obscur dramatique d'André Malraux intimidèrent. L' « ami génial » du général de Gaulle venait du Portique, non du Jardin. On aurait cru voir les *Mémoires de Louis XIV* et le *Mémorial de Sainte-Hélène* tenir compagnie à *La Légende des siècles* et aux *Phares*. L'Etat et la Culture n'étaient pas encore confondus. Leur style s'accordait par le haut. Deux versions, l'une en prose, l'autre en vers, de l'épopée du 18 Juin. Deux appels à la grandeur, française et universelle. Les deux burgraves, le Général et le Ministre, tous deux glorieux, se renvoyaient l'un à l'autre en les exaltant une autorité qu'ils ne devaient qu'à eux-mêmes, et Malraux écrira le testament de ce dialogue au-dessus de la France des partis et des syndicats dans la conversation funèbre des *Chênes qu'on abat*. Bien loin de changer avec l'opinion, ils cherchaient l'un et l'autre, l'un par l'autre, à la tenir en respect du haut de leur empyrée. Ils ne manipulaient pas les mentalités, ils les dominaient ou croyaient sans trop d'illusions pouvoir les dominer. Grand seigneur, Malraux se fit un point d'honneur — sauf aux pires heures de Mai 68 — de se porter garant pour ses ennemis politiques dont il honorait le talent, et il laissa, sans se troubler ou sans feindre de le remarquer, son Administration devenir dans l'Etat un des Boulevards de la gauche et de l'extrême gauche intellectuelle. La France sociologique et idéologique changeait de couleur : Malraux, comme de Gaulle, resta impavide dans le même clair-obscur traversé d'éclairs qui était sa manière depuis 1942 et les *Noyers*. La Culture, sous Malraux, était peut-être un autre nom de la propagande du gaullisme, et du culte de la personnalité du Général : elle ne pouvait l'être que par la personnalité hors du commun du chef de l'Etat, et par la fidélité de Malraux à celui-ci et à lui-même. Le ministère des Affaires culturelles ne devint pas un fief gaulliste, au contraire, et l'idéologie véhiculée sous Malraux par le théâtre subventionné était aux antipodes de celle que le ministre, écrivain et orateur, suggérait éloquemment dans ses oraisons funèbres et ses improvisations mystérieuses.

L'explosion hédoniste de Mai 68 scia à égalité les deux grands hommes. Leur mythe s'enracinait dans les années tragiques, sombres et pauvres des guerres et après-guerres. Leur humour était hautain et noir. Ils étaient devenus, la croissance des années 1945-1965 faisant son effet, et la guerre d'Algérie oubliée, des empêcheurs de tourner en rond. On le leur fit bien sentir, et la Culture administrée par Malraux fut la première à sonner le hallali. Les amateurs de Jean-Luc Godard (cinéaste subventionné) se mirent à crier : « Sous les pavés la plage. » C'est alors que commença à se lever l'étoile d'un futur ministre de la Culture, et même, encore bien voilée, celle d'un futur Président-monarque qui, lui, saura se servir de la Culture pour rester éternellement « branché ». L'alliance du socialisme et du gauchisme jouisseur, de l'économie mixte et de la libération sexuelle, du syndicalisme et du Club Méditerranée, des arts d'avant-garde et de la démocratie du spectacle, n'était alors qu'en germe. Comment aurait-on soupçonné en Mai 68 que les frairies du Quartier Latin pourraient se relier, dans la légende, aux Congés payés du Front populaire ? L'un et l'autre événements n'avaient pas en commun les mêmes acteurs, mais le même sujet : les loisirs. Mais comment relier les loisirs ouvriers, conquête du travail, aux loisirs perpétuels que pratiquaient les disciples de Marcuse et de Guy Debord ? La Culture, mot-valise, mot-écran, mis en circulation par Malraux, favorisa le transport. C'est alors qu'elle apprit, dans l'opposition toujours, mais une opposition qui avait depuis 1959 pénétré et occupé l'Administration des Maisons de la Culture et des théâtres décentralisés, à devenir le plus efficace instrument de propagande politique : celui qui construit ses réseaux, non pas seulement sur les slogans martelés, mais sur la complicité des prébendes et des plaisirs.

A l'origine de la Culture d'Etat fut le théâtre. C'est avec la « Décentralisation théâtrale » que Jeanne Laurent amorça, dans les années 50, la transformation des Beaux-Arts en Affaires culturelles. Pourtant, les premiers Centres dramatiques qu'elle rendit officiels, le Festival d'Avignon qu'elle confia à Jean Vilar, étaient la conclusion d'une grande aventure de l'esprit français : tous les artistes que Jeanne Laurent plaçait ainsi sous la protection de l'Etat-Providence étaient, à des degrés divers, les héritiers de Jacques Copeau. Au même moment, en 1952, Sartre accablait sous le pavé abstrait de son *Saint Genet comédien et martyr* le génie poétique de Jean Genet, qui ne s'en remit jamais. La poésie de théâtre qui, depuis 1913, avait fait connaître à notre langue une de ses saisons les plus enchanteresses, ne s'en remit pas davantage. Par deux vagues successives, l'appareil mis en place par Jeanne Laurent pour sauver les héritiers de Copeau fut envahi et occupé par des étrangers à la tradition du Cartel. Tour à tour des « brechtiens », puis les « soixante-huitards » qui avaient pris Nancy pour capitale, bousculèrent et remplacèrent les enfants de la balle du théâtre français. Alors que les anciens du *Vieux Colombier* avaient fait bon ménage avec la Comédie-Française et même avec le Boulevard, le conflit artificiel sur lequel Jeanne Laurent fonda son œuvre, et qui opposait le « service public du théâtre » au théâtre « commercial » et « bourgeois », finit par avoir raison de toutes les familles traditionnelles du théâtre français. Dans la faille ouverte par ce conflit fratricide put s'élever le Festival à la fois officiel et contestataire de Nancy. Son impresario souriant règne depuis dix ans ou presque sur l'appareil d'Etat de la Culture.

Il importe donc, pour bien comprendre ce qui sépare les choses de l'esprit des Affaires culturelles, et pour mesurer la hauteur de la flamme sur laquelle s'est abattu l'éteignoir de l'Etat culturel, de se livrer à un retour en arrière. Tout commence, pour notre propos, ou tout recommence, en 1913, avec la fondation du théâtre du *Vieux Colombier* par Jacques Copeau. Mais on est obligé de reconnaître le *Fiat lux* de cette étonnante aventure des lettres françaises dans la première saison des Ballets russes de Diaghilev en 1909. Quelle ironie ! Un Parisien de Saint-Pétersbourg, un profond connaisseur de l'art de Richard Wagner, offrit alors à Paris ce que celui-ci attendait, ce qu'avaient préparé de longue date la poésie de Stéphane Mallarmé, la musique de Claude Debussy, le groupe littéraire de *La Revue blanche*, voire la sublime *Parade* de Seurat : ce Russe européen, qui mourra à Venise, propose à Paris la plus exquise réponse à l' « Œuvre d'art totale » de Wagner, et à sa « mélodie infinie » qui hantait depuis Baudelaire les écrivains et les artistes français comme une inspiration, mais aussi comme un défi. Autour de la danse, Diaghilev organise une synthèse spiri- tuelle de poésie et de musique, de peinture et de théâtre, dont les harmoniques jubilantes conjuraient le pathos saturnien dont était lestée la *Kultur* de Bayreuth. Point d'Etat pour « encourager » et « subventionner » cette réponse de génie à génie dans la grande compétition européenne de l'esprit, mais une conjuration de mécènes privés, parmi lesquels brillent la duchesse de Guermantes et le Charlus de Proust, la comtesse Greffuhle et son inséparable ami le comte Robert de Montesquiou.

L'effet en retour produit par les Ballets russes sur les lettres, la poésie, la musique, les arts décoratifs français exalta la dernière Renaissance européenne. Il ne se borna pas, dans nos lettres, à dicter plus tard à Paul Valéry *L'Ame et la Danse*. L'art du théâtre s'en trouva presque aussitôt fertilisé. Il était alors dominé à Paris par le naturalisme d'André Antoine et par le vedettariat flamboyant des Sociétaires de la Comédie-Française, inséparable de l'éclat du Boulevard. De la féerie ininterrompue de Diaghilev, Jacques Copeau et ses amis reçurent l'inspiration du poète : rendre à notre langue le bonheur des comédies-ballets de Molière, faire revivre un printemps du théâtre. Ce rêve de renaissance trouva un soutien (et un soutien financier et matériel) parmi les écrivains amis de Copeau, groupés dans la toute jeune N.R.F. : André Gide, Roger Martin du Gard, Jean Schlumberger, Georges Duhamel, mais aussi auprès de Charles Péguy. La première saison du théâtre dirigé par

Jacques Copeau, *Le Vieux Colombier*, eut lieu en 1913-1914, quatre ans après qu'eut paru le premier numéro de la N.R.F. De la coopération qui s'établit alors entre gens de théâtre et écrivains, et qui s'étendit tout naturellement aux peintres et musiciens amis de la N.R.F., Copeau, dans ses *Remarques intimes*, a pu écrire : « Au milieu d'eux [ses amis écrivains] mon caractère et mes idées se sont formés. Avec eux, j'ai fait l'apprentissage d'une vie consacrée à la tâche de chaque jour. J'ai pris les mœurs de l'indépendance et du courage intellectuel. L'amitié, dans cette famille d'esprits fiers, était mise au service de chaque chose, mais rien n'était mis au service de l'amitié. Nous étions les plus unis et les plus libres que j'aie jamais vus. »

Le foyer de « poésie de théâtre » que Copeau et ses amis firent flamber au *Vieux Colombier* n'attira pas seulement un public fervent, qui en 1917 s'étendit jusqu'aux Etats-Unis. Les meilleurs talents de la jeune génération s'y associèrent aussitôt. Charles Dullin, acteur et metteur en scène, y demeura jusqu'en 1918, puis transporta la flamme au théâtre de *L'Atelier*, sur la Butte, une des légendes de cette histoire qui en compte tant. Venant du *Théâtre des Arts*, que dirigeait alors le mécène Jacques Rouché, Louis Jouvet entra chez Copeau en 1913 comme régisseur, puis comme comédien. Remarquons tout de suite un trait caractéristique de cette grande Ecole de théâtre qui commence : loin d'être jalouse de la Comédie-Française, elle naquit sous le signe de Molière, dans une émulation généreuse avec sa Maison ; elle cherchait pour sa part le sens qu'avait eu Molière de la troupe d'acteurs, et du chef de troupe *à la fois* comédien lui-même et « metteur en scène ».

Les metteurs en scène formés par Copeau, à son exemple, évitèrent le travers de leurs grands collègues allemands, Max Reinhardt et Edwin Piscator, démiurges politisés qui confondirent le public de théâtre et le « peuple » rassemblé en foule solitaire autour de spectacles intimidants mais « révolutionnaires ». Dans le sillage aussitôt créé par Copeau, se révélèrent à leur tour Georges Pitoëff et Gaston Baty. Baty est le seul, parmi les cinq Grands de cette Renaissance, à s'être inspiré, quoique avec mesure et goût, des techniques d'éclairage et des effets optiques qu'affectionnaient les expressionnistes allemands et russes, un Reinhardt ou un Meyerhold.

L'esprit du *Vieux Colombier*, apparenté à celui de la N.R.F. et du cubisme, est résolument à contre-courant du modernisme européen, et c'est pourquoi il est si moderne, et le reste exemplairement. Aucune tentation n'effleura ces poètes de tomber dans le piège qui a perdu les arts modernistes : ils ne cherchèrent pas à rivaliser avec les techniques du spectacle et de la publicité de masse, avec le cinéma, avec les moyens mécaniques, avec la technologie coûteuse et ostentatoire qui, dès avant 14, fascinait l'avant-garde théâtrale européenne. Copeau et ses disciples sentirent avec un instinct infaillible ce que redécouvriront, à leur manière, dans les années 60, Jerzy Grotowski et le théâtre-laboratoire d'Opole, puis de Wroclaw : le théâtre comme la peinture et les autres arts traditionnels ne resteront une ressource spirituelle, ils ne pourront exercer une *catharsis* morale et esthétique dans le monde moderne qu'en demeurant plus que jamais des arts, indemnes de la fantasmagorie technologique, liés à la main, à l'œil, à la parole vive, à la rencontre directe entre l'artiste, l'œuvre et leur public naturel. En ce sens, *Le Vieux Colombier* et les théâtres qui essaimèrent de cette ruche étaient fidèles à l'esprit de résistance de Baudelaire, à la lumière dont ne s'était pas départi l'art français depuis Manet et que Cézanne avait retrouvée dans les paysages héroïques de Poussin.

Pour autant, il serait difficile de déceler la moindre trace de nationalisme chez ces artistes français, et classiques, mais qui préservaient intacts, du romantisme, un désintéressement, une fantaisie, une passion de la beauté que n'aigrissait aucun des fiels de Caliban. Jouvet, dans ses *Témoignages*, parle au nom de tous ses camarades :

« Le théâtre n'est pas seulement l'expression d'un peuple, d'une nation, mais c'est l'attestation la plus vraie et la plus vivante d'une civilisation : c'est un lien spirituel incomparable. »

L'extraordinaire rayonnement mondial, aux Etats-Unis, en Amérique latine, dans l'Europe non communiste ou non fasciste de l'entre-deux-guerres, du théâtre français, est bien dû à ce sentiment de l'art qui ne sépare pas le génie d'un lieu du génie de tous les hommes. C'est un sentiment *vertical*, qui prend de court les historicismes, les utilitarismes, et les sociologismes modernes. Il faisait écrire à Charles Dullin, avec la naïveté du grand talent :

« Le plus beau théâtre du monde, c'est dans la foi, dans l'amour de notre art, dans une élévation constante de l'esprit qu'il faut le chercher, et non dans un déploiement de richesses inutiles [...] Le plus beau théâtre du monde, c'est le mien où l'esprit a triomphé des contingences. »

Si un tel sentiment, qui aujourd'hui comme depuis toujours est à la racine du grand art, répugne aux calculs des politiques et des techniciens, à plus forte raison est-il étranger à l'intellectuel moderniste, dont la vanité de savoir, au promontoire de l'Histoire dont il se croit l'élu, fait un homme de pouvoir et non un esprit fertile. Mais qui ne voit alors que le « Bourgeois », le philistin, que tout l'art français digne de ce nom au XIXᵉ et au XXᵉ a éloignés de sa bouche comme un révulsif, ce sont eux, ces politiques, ces techniciens, ces bien-pensants de la modernité qui n'ont plus aujourd'hui que l'art à la bouche ? Ecce Homais. Le « Bourgeois » opaque à la lumière naturelle, aveugle à la beauté, sourd à l'harmonie, insensible à la convenance, catégorie spirituelle et non pas sociologique, le voici. Il était loin d'avoir gagné la partie sous la IIIᵉ République « bourgeoise ». Les mânes de Montaigne et de Poussin, de Baudelaire et de Mallarmé avaient encore leur chance. Elles l'avaient dans une société civile encore assez substantielle pour désirer et soutenir les Ballets russes, *La Revue blanche*, la N.R.F., Copeau, Dullin et tous leurs merveilleux rêveurs. C'est bien maintenant que le philistin, tel que l'entendaient les artistes romantiques, triomphe sans partage à l'abri de son activisme « culturel » : il a appris à être à la fois le « créateur » et le patron des « créateurs », sans se départir de son indifférence traditionnelle aux générosités de l'esprit.

Ces poètes du théâtre, avec les hauts et les bas de la liberté et du risque artistiques, trouvèrent donc à Paris, en province, à l'étranger un public qui les porta aux nues, des critiques qui les comprirent. Ils bénéficièrent de la générosité et de l'admiration de mécènes aussi sensibles qu'un Jacques Hébertot. Quand Copeau, insatiable de pureté, eut en plein triomphe abandonné *Le Vieux Colombier* pour le théâtre pauvre des « Copiaus », en Bourgogne, ses quatre principaux disciples, Dullin (à *L'Atelier*), Jouvet (à *L'Athénée*), Baty (au *Théâtre Montparnasse*), Georges Pitoëff, ici et là, se fédérèrent dans le *Cartel des Quatre*, comme un Etat de l'esprit dans l'Etat, opposant une solidarité exemplaire aux insolences du syndicat des critiques, ou des bureaux chargés de l'Exposition universelle de 1937. Ils étaient forts de leur qualité de théâtres privés, de la fidélité de leur public spontané, du prestige international de leur talent. Cela n'allait pas sans périls. Mais, disaient-ils, l'art est une aventure de l'esprit, et l'artiste qui « cherche perpétuellement » est par vocation « en situation instable ». Cette instabilité extérieure est néanmoins compensée chez eux par le fond d'humanité générale et stable dont ils se veulent les interprètes. Au rebours de la pente moderne pour la nouveauté à tout prix, pour l'originalité même convenue, les disciples de Copeau s'attachèrent, selon la formule de Jouvet dans ses *Réflexions*, aux « seuls thèmes valables au théâtre [...] qui sont communs à toutes les générations depuis que le théâtre existe ». Aussi furent-ils à l'aise aussi bien avec les classiques, Molière et Shakespeare, qu'avec les dramaturges contemporains qui savaient s'adresser à la nature humaine, et la révéler sous ses défroques éphémères. Impatients de poncifs, ces poètes étaient chez eux dans les lieux communs de la tradition. Dullin, dans ses *Souvenirs*, n'hésite pas à écrire :

« Le passé nous fournit des exemples. Il ne nous dit pas : " Imite, pour bien faire ce que j'ai fait. " Mais il nous dit : " Fais comme moi, cherche comme j'ai cherché. Travaille. " J'avais aussi de grands modèles. Les ai-je copiés servilement ? Non, car en ce faisant, je me serais placé en dehors de la vie. J'ai pris ce qu'il y a d'éternel dans les thèmes anciens, et dans les caractères. Je les ai adaptés et l'homme de mon époque s'y est reconnu. Comment on jouait un tel rôle à sa création ? Si tu essayais de retrouver cette chose morte, tu ne ferais qu'habiller un cadavre. Les expressions ont changé de valeur. Vivifie toutes les formes dramatiques selon celles de ton temps. »

Une telle alliance de l'invention avec la mémoire ignore ce triste substitut que les modernistes ont inventé pour couvrir leur stérilité : la *théorie*.

« Avoir une conception du théâtre, écrit Jouvet dans *Témoignages*, c'est le limiter, l'appauvrir, c'est fausser l'expérience, c'est refuser toute découverte et nier la vie même du théâtre. C'est toujours par intuition, et jamais par système, qu'un homme de théâtre choisit la pièce à monter, se décide sur la manière de la décorer, de l'habiller, de la faire jouer et de la présenter au public. »

Le joyeux sentiment d'évidence qui s'empare de nous aujourd'hui en lisant Jouvet s'accompagne de soulagement, après tant d'*années souterraines* où la théorie régna sur le théâtre d'Etat français. Notre surprise est grande de découvrir quelle large compréhension trouvèrent dans la France d'avant 40 des artistes aussi intelligents et qui comptaient si peu sur l'intimidation, la réclame et la frime. Au même moment déjà, nombre d'intellectuels français et européens, à commencer par Malraux, s'imaginaient, dans leur mépris des Républiques « bourgeoises » et de leurs peuples dupes, qu'ils tenaient eux-mêmes la martingale de l'Histoire. Le contre-courant en France était même assez puissant pour que Louis Jouvet pût écrire tranquillement :

« Si le théâtre d'aujourd'hui va vers quelque chose, c'est vers une vie où le spirituel paraît avoir reconquis ses droits sur le matériel, le verbe sur le jeu, le texte sur le spectacle. C'est vers une convention dramatique faite de poésie, de grâce et de noblesse. »

Il n'est pas surprenant que les écrivains, à leur tour, se soient découvert une vocation dramatique auprès de gens de théâtre, metteurs en scène et comédiens, qui avaient un sentiment aussi délicat de leur art. Les disciples de Copeau tiennent le texte pour le roi de la scène, et ils sont prêts à mettre à son service tout ce que les Ballets russes leur ont appris sur les harmoniques de la parole : le geste, la couleur, le silence, l'espace. De la collaboration entre Giraudoux et Jouvet naquirent à l'*Athénée : La Guerre de Troie, Electre, Ondine*. De l'accord entre les Pitoëff et Jean Anouilh, jaillit en 1937 *Le Voyageur sans bagages*. Et Sartre ne serait jamais devenu Sartre s'il n'avait pas trouvé dans les théâtres privés, fidèles à l'esprit du Cartel, le goût de devenir, dans Paris occupé, l'auteur acclamé des *Mouches*. Une des dernières mises en scène triomphales de Louis Jouvet, en 1951, dans la salle de Simone Berriau, le *Théâtre Antoine*, fut celle du *Diable et le Bon Dieu*.

Le comédien, dans ce théâtre de poètes, se trouvait lui aussi anobli et exalté. C'était au prix d'une discipline et d'une précision rigoureuses. Après Copeau, Dullin fut un redoutable et admirable formateur de grands comédiens : c'est chez lui que se révéla en 1931-1932 Jean-Louis Barrault, et Jean Vilar ne se remit jamais tout à fait d'avoir été jugé médiocre par le maître. L'enseignement de Louis Jouvet au Conservatoire, de 1934 à 1939, était d'une telle qualité humaine et littéraire que Brigitte Jaques, récemment, a pu extraire du texte enregistré et imprimé de ses cours un drame saisissant, et cela fit un des plus beaux spectacles de ces dernières années, donné à l'*Athénée-Louis Jouvet*, sous le titre *Elvire-Jouvet 40*. Le sujet de ce drame est l'assomption d'une jeune comédienne au feu intérieur et à la nuance nécessaires pour habiter le monologue d'Elvire dans le *Dom Juan* de Molière ; mais avant de le faire vivre comme s'il surgissait d'elle-même pour la première fois, il a fallu à la jeune artiste de longues, tâtonnantes répétitions où Jouvet révèle un véritable génie d'accoucheur d'âmes. L'illusion théâtrale pour Jouvet supposait la sincérité poussée jusqu'au don total de soi.

Primauté au texte, noblesse et magie du comédien et de son verbe : la poétique de Cartel met l'accent sur tous les traits par lesquels le théâtre, rencontre entre vivants, temps de révélation arraché du temps, se dissocie de la modernité technique et historiciste, de son impatience et de ses buts. Pour accroître encore cette distance (la même que l'école, traditionnellement, maintient entre la culture de l'âme et la vie affairée des adultes), Jouvet et ses amis laissent l'éclairagiste à son rang modeste ; ils demandent au décorateur d'avoir lui-même de l'esprit et du goût plutôt que d'en attendre de l'arsenal des machines et du luxe accessoire. Pour qui a eu le bonheur de voir la reprise de *L'Ecole des Femmes* dans les décors de Christian Bérard, mise en scène et jouée par Jouvet l'année même où il mourut, ce « charme », au sens de Valéry et de l'art le plus spontanément français, est devenu désormais un fil d'Ariane pour comprendre Watteau et Lully, Couperin et Rameau, Diderot et Joubert. Dans cet instant enchanté, et apparemment éphémère, quelle substance de temps l'artiste avait su concentrer pour le transfigurer en douceur et lumière !

Dans une page inspirée de son *Bulletin de la Chimère*, Gaston Baty a donné lui-même la plus juste évocation de cette musique de scène, alliée à la peinture, et qui incarne le verbe dans la chair :

« D'un état d'âme, la couleur donne d'abord la transcription la plus frappante et la moins profonde ; la ligne immobile ou mobile précise quelque chose de plus. Au point où, de la sensation, jaillit l'idée, commence le royaume du mot qui est celui de l'analyse. Le vers conduit au-delà, jusqu'à la musique lorsque l'idée s'évapore en un sentiment ineffable. Peinture, sculpture, danse, prose, vers, chant, symphonie, voilà sept cordes tendues côte à côte sur la lyre du drame. »

Il fallait un public pour résonner à ces accords d'Ariel, et le Cartel l'inventa, l'éduqua, il est vrai soutenu par les vibrations que répandaient dans Paris la parole de Paul Valéry et d'André Gide, la musique de Maurice Ravel et de Francis Poulenc, et la qualité de revues telles que *Commerce*, impavides libellules littéraires dans le vent idéologique que respiraient déjà avec de sombres délices les intellectuels des années 30.

En 1936, le gouvernement de Front populaire a besoin de titres de noblesse. Il ne pouvait s'en donner de plus solides qu'en consacrant officiellement la gloire du Cartel et de Copeau. Jean Zay propose à Jouvet le poste d'Administrateur général de la Comédie-Française, qu'il refuse. Mais Edouard Bourdet, sur sa suggestion, est nommé à sa place, tandis que Copeau, Dullin, Baty et Jouvet sont chargés de mettre en scène des pièces de leur choix sur la scène nationale. Cette initiative était heureuse et élégante. Elle était élégante, car elle se bornait à prendre acte des vœux de toute la profession, dans le respect de son autonomie artistique. Elle était heureuse, car elle greffait sur la tradition des vedettes du *Français*, si vigoureuse depuis Talma et Mlle Mars, cette autre tradition plus jeune, mais qui remontait plus loin encore, à Molière lui-même, qu'avait réinventée Copeau.

Dès 1924, date à laquelle Copeau avait transporté l'école du *Vieux Colombier* au château de Morteuil en Bourgogne, le mot de « décentralisation » avait commencé à circuler, dans le monde du théâtre, mais aussi dans le monde politique. C'était un mot malheureux, et les mots malheureux ne portent pas chance. Mais il signifiait alors pour tous ceux qui s'en servirent le rayonnement de la Compagnie nouvelle des « Copiaus » dans toute la France. Sans attendre que l'Etat prît l'initiative, Michel Saint-Denis, neveu de Copeau, crée *La Compagnie des Quinze*, et Léon Chancerel, le plus proche disciple de Copeau, *La Compagnie des Comédiens routiers*, qui compte parmi ses comédiens Jean Dasté, gendre de Copeau, ancien « copiau », dont le talent vit toujours dans l'admirable film *L'Atalante*, de Jean Vigo, dont il est le héros. De 1929 à 1939, ils parcourent la France, comme la troupe du *Capitaine Fracasse* de Gautier. A Marseille, Louis Decreux et André Roussin créent *Le Rideau gris*, tandis qu'André Barsacq, Jean Dasté et Maurice Jacquemont, anciens « routiers », créent le *Théâtre des Quatre Saisons*, qui renoue les liens de Copeau avec New York. Il faut jeter le manteau de Noé sur l'épisode « Jeune France », où Copeau et ses « copiaus » ou « routiers » jouent un rôle un peu secondaire.

Après la guerre, c'est sur l'initiative de la profession, et avec l'appui des survivants du Cartel, qui y voient leurs successeurs et continuateurs, que se créent *Le Grenier de Toulouse*, de Maurice Sarrazin, *La Comédie de Saint-Etienne*, de Jean Dasté, *La Comédie de l'Est*, d'Hubert Gignoux (ancien « routier »), et *La Comédie de Provence*, dirigée en personne par Gaston Baty, assisté par l'excellent décorateur Georges Douking. La transformation de ces foyers brillants de vie théâtrale en Centres Dramatiques Nationaux, la nomination d'un ancien élève malheureux de Dullin, mais fidèle au Cartel, Jean Vilar, au T.N.P. puis à la tête du Festival d'Avignon, pouvaient passer pour la reprise de la politique de Jean Zay et de Léo Lagrange. C'est ainsi du moins que l'entendait le Directeur des Arts et Lettres, Jacques Jaujard qui, à l'heure même où il révoquait Jeanne Laurent, nommait le 14 août 1951 Louis Jouvet « Conseiller près de la Direction des Arts et Lettres pour toutes les questions relatives à la décentralisation dramatique ». Il souhaitait ainsi mettre entre les mains de la profession, et préserver de l'activisme des bureaux, une œuvre dont les racines étaient toutes intimes et privées. C'était la bonne direction. Malheureusement pour le théâtre français, Jouvet mourut le lendemain de sa nomination.

A partir de 1959, par un double mouvement en pince, les théâtres des province issus du Cartel, noyés par ailleurs dans le nombre de nouvelles troupes que subventionne maintenant une « Direction de Théâtre et de l'Action culturelle », sont investis par la politique des Maisons de la Culture. Le théâtre, pour Copeau et ses disciples, c'était le chœur des Muses, la correspondance des arts autour de la poésie. Les Maisons de la Culture, conçues avec la meilleure volonté du monde par d'efficaces technocrates, se consacrent à la « pluridisciplinarité » et à la « polyvalence ». Copeau, ami de Péguy, admirateur de Diaghilev, avait voulu, allant jusqu'à la sécession rousseauiste, préserver le théâtre de toute concession, mortelle pour son essence même, avec les lanternes magiques de la technologie et du commerce modernes : le cinéma, les batteries de projecteurs, les haut-parleurs, les machine-ries-prothèses du corps vivant et parlant. Dans les Maisons de la Culture, dressées souvent là où le grain de Copeau avait été semé avec ferveur, on se propose, « en application des directives du Ministre d'Etat et des objectifs du IVe Plan », d' « offrir l'image de notre temps dans tous les domaines de l'esprit et de présenter les éléments constitutifs de son devenir culturel... »

Le texte de la circulaire officielle (1962) se poursuit ainsi :

« La Maison de la Culture doit offrir les moyens d'une expres-sion parfaite dans le domaine du théâtre, de la musique, du cinéma, des Arts plastiques, de la connaissance littéraire, scientifi-que ou humaine, posséder les instruments d'une rémanence permanente des actions entreprises dans les divers ordres, exciter la promotion culturelle locale, susciter la vie de club, et les échanges. »

On ne peut rêver illustration plus saisissante de la fable du bon La Fontaine : *Le pavé de l'ours*. N'est-ce pas la même aventure qui, aujourd'hui, à beaucoup plus vaste échelle, est en train d'arriver à la Bibliothèque nationale, menacée d'être enfouie sous un Virgin Megastore de la Lecture publique ?

La suite de ce texte n'a rien perdu de son actualité : « Le programme établi à l'échelle de chaque collectivité concernée vise ainsi à recréer chacun de ces éléments constitutifs, suivant les meilleures caractéristiques techniques, et à les adapter au contexte social dans lequel la Maison de la Culture doit s'insérer avec harmonie jusqu'à devenir l'élément majeur du paysage nouveau dont elle assure l'intense irrigation culturelle. A la fois pyramide et pépinière, elle portera témoignage pour l'avenir de ce que notre pays aura été le premier à tenter, une promotion culturelle collective fondée sur le respect des individus, et de l'immense résonance qui a accueilli cet acte de foi dans le message culturel. »

Et comme un malheur n'arrive jamais seul, tandis que le béton et les torrents culturels s'abattaient sur l'illusion comique, la poétique du Cartel était ravagée par l'idéologie des néophytes du théâtre subventionné. Elle s'insinua d'abord dans et par la revue du T.N.P. de Jean Vilar, organe officiel de la décentralisation : *Théâtre populaire*; Vilar, contesté de l'intérieur, en fut la première victime; elle gagna rapidement, avec le soutien actif de la presse communiste, les milieux intellectuels et les militants culturels.

Paradoxalement, le théâtre de l'Etat gaulliste sous André Malraux devint marxiste, brechtien. Il est vrai qu'entre la gnose de Malraux et le marxisme, il y avait ce point commun, énoncé par Marx lui-même, et que les technocrates modernistes pouvaient reprendre mot à mot à leur compte : « L'humanité se séparera en riant de son passé. » Sauf que Malraux ne riait pas, et n'obligeait pas à rire. Brecht, aussi gai que Marx, y contraignait. Son grand adversaire était le plaisir du public. Ce plaisir, que justement le Cartel faisait naître par toutes sortes d'harmonies, était pour lui, et devint pour ses zélotes français, le signe odieux d'une adhésion insuffisante aux ordres de l'Histoire, l'équivalent de la vodka pour le moujik, bref une trahison de la Cause du peuple, telle que Marx l'avait révélée. Par une perversion radicale des ordres, le loisir de l'esprit pour Brecht devenait le moment d'éveil de la conscience *politique*, et le point de départ d'une action tout imaginaire. Cet « effet V », qui interrompt le plaisir théâtral et par son grincement réveille la « conscience de classe », était admirablement adapté à des régimes totalitaires, dont les sujets, esclaves dans le travail, étaient ainsi condamnés à être un peu plus esclaves dans leur loisir, au théâtre. Dans une démocratie libérale, en revanche, il pouvait favoriser l'excitation cérébrale d'idéologues tristes. La mode fut donc sous Malraux aux mises en scène « brechtiennes », à la critique « brechtienne », et l'habitude fut prise de torturer les textes classiques afin de leur faire avouer qu'ils avaient enfin compris le sens canonique de l'Histoire.

Jean Dasté raconte dans ses souvenirs, intitulés *Voyage d'un Comédien* (1977), comment la génération du Cartel, qui croyait avec Jouvet et Vilar que « la dignité du comédien, c'est de jouer le mieux qu'il peut, quand le rideau est levé », et qui avait de bonne foi couru les risques de la « décentralisation » du temps de « Jeune France », puis à l'époque de Jeanne Laurent, se trouva soudain face à face avec les commissaires politiques de la Culture, qui sous Malraux étaient devenus des maîtres à penser des metteurs en scène et des comédiens subventionnés par l'Etat. En mai 1959, il prépare la présentation au Théâtre des Champs-Elysées du *Cercle de craie caucasien* de Brecht. « Quatre jours avant la générale,

télégramme de Robert Voisin : interdiction de jouer la pièce. »
Robert Voisin avait reçu délégation exclusive de la fanatique
Hélène Weigel, veuve de Bertold Brecht et directrice du théâtre
officiel de Berlin-Est, sur les droits de l'œuvre de Brecht en
France. C'était une source de revenus pour les éditions de
L'Arche, et de pouvoir pour les intellectuels qui étaient autorisés
officiellement par Berlin-Est à traduire et commenter le canon
brechtien. Jean Dasté demande des explications à Robert Voisin.
Celui-ci le convoque :

« Autour d'une grande table, dans une pièce de la revue, étaient
réunis les collaborateurs de Robert Voisin : Roland Barthes, André
Gisselbrecht, Guy Dumur, Bernard Dort. » Les questions fusent :
« Pourquoi avons-nous monté cette pièce ? Comment l'avons-nous
préparée ? Où nous étions-nous documentés ? Quelles raisons nous
avaient guidés dans le choix des interprètes ? J'avais à répondre à
un interrogatoire souriant mais sévère. L'événement ayant eu lieu
malgré eux, ils écoutaient mes réponses, étonnés d'apprendre que
nous avions davantage considéré le contenu poétique et humain de
la pièce que le contenu politique : celui-ci, d'après nous, devait
ressortir naturellement sans qu'il soit besoin de le souligner. »

Se non è vero, è ben trovato. Fait ou fantasme, ce récit nous fait
comprendre quels pouvaient être les sentiments des héritiers du
Cartel, qui avaient cru que la Décentralisation de Jeanne Laurent
les mettait à l'abri du besoin : devenus rouages d'une bureaucratie
culturelle, ils étaient traités de haut par les disciples de Brecht
veillant sur son orthodoxie, même à l'extérieur de l' « institution ».
Bernard Dort et Roland Barthes dans la revue du T.N.P. *Théâtre
populaire* ou dans *Les Lettres nouvelles* de Nadeau, André Gisselbrecht dans *La Nouvelle Critique* du P.C., Robert Voisin avec ses
éditions de L'Arche qui publièrent, entre autres, *Le Théâtre
politique* d'Erwin Piscator, traduit par Arthur Adamov, en 1962,
Emile Copferman, avec son *Théâtre populaire, pourquoi ?* aux
éditions Maspéro en 1965, Françoise Kourilsky dans la revue
Esprit, et surtout Louis Althusser, dans un chapitre qui fit autorité
de son traité *Pour Marx* en 1965 : « Le Piccolo, Bertolazzi et
Brecht : notes sur un théâtre matérialiste » ou encore Jean-Paul
Sartre réclamant un théâtre prolétarien dans la revue de Vilar
(oubliant qu'il devait au Boulevard le succès de ses pièces et sa
gloire), tous ces vigiles dictèrent leur doctrine aux nouveaux

théâtres multipliés par l'Etat, relayés par la dictature qu'exercèrent les metteurs en scène idéologisés sur les comédiens et sur leur formation. Dans ce paysage opprimé et oppressant, qui fit fuir les auteurs et disparaître le naturel du théâtre français, Jack Lang et son Festival de Nancy (au moins pour la *nomenklatura* du théâtre subventionné) firent figure de répit et de *perestroïka*.

Ce « Festival international du Théâtre universitaire » commença en effet fort doucement en 1962. Patronné par le recteur de l'Académie de Nancy, Paul Imbs (savant initiateur du *Trésor de la langue française*), par la notable gaulliste Jacqueline Nebout, il se présentait comme un concours entre troupes d'étudiants de divers pays. Les prix étaient décernés par un jury où figurèrent Jules Romains, de l'Académie française, Béatrix Dussane, Sociétaire de la Comédie-Française et professeur au Conservatoire (célèbre alors pour ses cours de déclamation radiodiffusés), Armand Salacrou, de l'Académie Goncourt, et Jean Vilar. Assez rapidement, grâce à l'entregent des organisateurs, l' « avant-garde » de la critique dramatique parisienne trouva le chemin du Festival, qui la délassait du didactisme brechtien régnant sur les scènes subventionnées, et même du pèlerinage d'Avignon, qui était passé en habitude.

Ce succès mondain fut soutenu par un succès de foule. La prospérité française renaissante éveillant au goût général des loisirs et de la consommation, le bain de jouvence annuel de Nancy devint aussi une fête collective et conviviale pour une « culture jeune » encore balbutiante. Jack Lang ne l'avait pas prévu, mais il se trouvait porté par un hédonisme de masse dont la jeunesse était la première, et c'est bien naturel, saisie. Le Festival, sans l'avoir cherché, devint un des symptômes français de ce phénomène dont Daniel Bell a étudié le mécanisme aux Etats-Unis, et qu'il fait remonter là-bas à l'avant-guerre 1914. Les loisirs de masse, sujets eux aussi à des modes collectives, avant d'être commercialisés à grande échelle, sont d'abord expérimentés, génération après génération, par une « avant-garde » élitiste et politiquement contestataire. Ce mécanisme touchait enfin la France, et le Festival de Nancy s'y adapta peu à peu. Dans les années 60, les luttes politiques contre la guerre du Vietnam et contre le *draft* des étudiants étaient électrisées, sur les *campus* les plus *snobs* des Etats-Unis, par la « libération sexuelle » et la consommation à haute dose du *hasch*. Ce grand combat trouvait sa principale expression dans les groupes de *rock music,* tels les *Doors,* devenus aujourd'hui les classiques culturels que l'on copie servilement en France. Mais accessoirement, il s'exprimait dans des « groupes » dits de théâtre, dont le public était plus limité. Aucun de ces symptômes sociologiques, avidement commentés par les théâtrologues, ne bénéficiait de subventions fédérales, ni même, sauf à New York où la municipalité est traditionnellement « libérale », au sens du New Deal, de soutiens officiels locaux. Le sommet de la « culture rock » et anti-Vietnam fut atteint au fameux festival de Woodstock, voyage collectif vers la béatitude. Mais les groupes de théâtre, qui cherchaient la même béatitude par des méthodes plus européennes, empruntées au théâtre expressionniste des années 30, finirent par trouver à Nancy un point de ralliement et de consécration français. Vers la fin de la décennie gaulliste, un pont aérien y conduisit les groupuscules du Nouveau Monde, pour la plus grande délectation du jeune public français que le général de Gaulle avait libéré de conscription en Algérie.

Baptisé « Festival mondial », ouvert aux troupes professionnelles, en 1968 le rendez-vous de Nancy s'est finalement intégré au mécanisme idéologique et marchand décrit par Daniel Bell. Le Festival, dont Jack Lang annonce, au début de l'année, qu'il veut être « représentatif des courants les plus révolutionnaires et les plus vivants qui traversent le théâtre mondial », devient la vitrine française des nouveaux modèles *(patterns)* de loisirs lancés sur le marché, avec alibis politiques, par la contre-culture américaine. La grande révélation de l'année est une procession funèbre intitulée *Fire* et que promène un « groupe » de l'off-off-Broadway new-yorkais, le *Bread and Puppet.* Son succès de rue à Nancy précède de peu à Paris l'occupation « révolutionnaire » de l'Odéon-Théâtre de France, où se signalent les pittoresques histrions du *Living Theatre,* émigrés en France depuis plusieurs années, et dont les spectacles, de plus en plus dénudés et odorant la bienheureuse fumée, édifiaient la jeunesse des provinces dans les Maisons de la Culture.

*
**

A partir de 1969, le Festival de Nancy devient une sorte de commémoration annuelle et de conservatoire de la « révolution de 68 »[1]. Celle-ci avait enfin transporté au Quartier Latin cette « libération des tabous » (tel était le slogan) dont les foules de Nancy, après les rassemblements de Berkeley et de Woodstock, avaient les premières reçu la révélation. L'entrée française dans la société de consommation à l'américaine s'y donne de grands airs d'avant-garde artistique et de fronde politique. Le journal du Festival reproduit pieusement les affiches de 68. Vitrine de la convivialité consommatrice et chevelue, le Festival est aussi le podium où défilent les dernières modes du théâtre subventionné français. En 1969, Patrice Chéreau y trouve la consécration de son talent de metteur en scène : il y présente les *Soldats* de Lenz, dans une « lecture » qui se ressent à la fois de la tradition brechtienne, et de la variante italienne qu'en propose à Milan, au *Piccolo Teatro,* Giorgio Strehler. Au ressentiment social qui caractérise le brechtisme traditionnel, l'esthétisme glacé de Patrice Chéreau ajoute la cruauté d'une « lutte des sexes », ce qui le rattache de loin au climat général de Nancy. Mais le Festival accorde une place plus importante au post-colonialisme, qu'on nommait alors « tiers-mondisme » : des groupes hauts en couleur venus d'Amérique du Sud et d'Afrique équatoriale peuvent y faire leur jonction avec *Les Anges de la Nuit,* une troupe américaine endiablée qui anime de sa fantaisie *La Dragée,* boîte de nuit installée symboliquement dans une usine désaffectée. Le Conseil général et la mairie de Nancy renâclent. Pour calmer l'indignation des « bourgeois », le prince de Beauvau-Craon invoque l'exemple de *L'Amant de Lady Chatterley* : le scandale moral est le moteur des arts modernes.

En 1971, le « clou » du Festival est un spectacle de l'Américain Bob Wilson, le *Regard du Sourd.* Ce mimodrame muet dure sept heures. Il est aussi brillamment éclairé et surréaliste qu'une vitrine

---

1. On lira avec fruit l'ouvrage de Roland Grünberg et Monique Demerson, *Nancy-sur-scènes, au carrefour des théâtres du monde,* Nancy, 1984, et celui de Mark Hunter, *Les Jours les plus Lang,* Paris, Odile Jacob, 1990. Journaliste américain, Mark Hunter déteste Ronald Reagan, et son excellente enquête tend à établir un parallèle entre Ronald Reagan, son personnage, ses méthodes, et le phénomène Lang. Dans les deux cas, Nancy joue son rôle.

de Noël des grands magasins de luxe de la Ve Avenue. Présenté à Paris, il suscite l'enthousiasme d'Aragon, qui publie dans *Les Lettres françaises* un immense message à André Breton : « J'en suis fou, écrit-il. Ecoute ce que je dis à ceux-là qui ont des oreilles pour ne pas entendre, je n'ai rien vu de plus beau en ce monde depuis que je suis né, jamais, jamais aucun spectacle n'est arrivé à la cheville de celui-ci... » En réalité, la boucle était bouclée : Jack Lang avait promené l'intelligentsia parisienne et le public de Nancy de Greenwich Village à la Ve Avenue. Il avait fait découvrir l'Amérique des *sixties* à toute une élite de gauche qui n'avait longtemps connu le Nouveau Monde qu'à travers le *Mahagony* de Bertolt Brecht et *La Putain respectueuse* de Sartre.

En 1972, Jacques Duhamel, ministre des Affaires culturelles, et son directeur de cabinet Jacques Rigaud nomment Jack Lang à la succession de Jean Vilar et de Georges Wilson au Théâtre de Chaillot. La scène qui avait vu triompher Gérard Philipe, la salle décorée de fresques Art Déco qu'avait inaugurée en 1937 Jean Zay, sont détruites : elles sont remplacées par un « espace » polyvalent et modulable, sur le modèle des Maisons de la Culture. Mais en 1974, Michel Guy évince Jack Lang de Chaillot. La réponse ne se fait pas attendre. Dans un article vengeur, qui reprend la formule menaçante de Jeanne Laurent en 1955, Jack Lang écrit : « La France est encore un vaste désert culturel. » En 1975, le Festival de Nancy est inauguré par François Mitterrand, qui y prend son premier bain de foule depuis 1968. François Nourissier parle lui aussi du Festival comme d' « une fleur éclatante dans le désert culturel ». Un Colloque sur le thème « Théâtre et luttes culturelles » réunit Jacques Rigaud et Jeanne Laurent, Jean Duvignaud et Bernard Stasi, Jean-Jacques Servan-Schreiber et Jack Ralite, le spécialiste « culturel » du P.C. Nancy, selon le mot de son inventeur, est devenue la « capitale de la Contre-culture ». Dans une étonnante autobiographie à deux voix, publiée en 1978 sous le titre *Eclats*, le futur ministre ajoute : « La guerre déclarée à la centralisation et à la misère culturelle doit se poursuivre. Elle compte déjà quelques victoires. Le phénomène nouveau depuis mars 1977 qui modifie le paysage : la nouvelle génération de jeunes maires à la tête des villes conquises par les socialistes ou par l'Union de la Gauche. Une émulation s'établit entre municipalités qui oblige à agir même les municipalités conservatrices. A se faire concurrence, les maires français finiront peut-être par ressembler à ces princes d'Allemagne qui s'arrachaient les meilleurs artistes de leur temps ; personne ne s'en plaindra, et surtout pas les créateurs. »

L'impresario de l'avant-garde « libérale » de New York, l'animateur des « nuits américaines » de Nancy, revendique l'héritage de la « décentralisation » et de la « démocratisation » culturelles. Il devient à la fois la Jeanne Laurent et l'André Malraux d'une France rajeunie et mieux nourrie. Et il transporte ces trophées, dans le camp politique adverse, qui a l'astuce de l'accueillir à bras ouverts. Pour rendre le vieux legs plus attrayant, il n'a nulle peine de l'habiller de neuf, aux couleurs vives et alléchantes de la grande consommation qui occupe désormais toute la classe moyenne française. A l'angoisse de Malraux, à la compétence quelque peu empesée de ses successeurs, il fait succéder ce sourire éternel et si moderne dont il a le secret.

Il le met, avec une obligeance infatigable, au service d'un futur Pouvoir culturel. Le 1er mars 1978, il *déclare* au *Monde* :

« Changeons la vie, mais changeons-la tout de suite. Que les responsables transforment leur vie : Ben Gourion ne rêvait pas d'un kibboutz mythique, il le façonnait de ses propres mains. Mao Tsé-Toung traversait le Yang-Tsé à la nage, à soixante-quinze ans. Nyerere parcourait à pied des dizaines de kilomètres à travers la Tanzanie. Le " ici et maintenant " ne s'adresse pas seulement aux citoyens, mais à tous les responsables. »

L'heure vint enfin en 1981 de déclencher en France « les forces de la joie », selon une formule qui ne rappela, semble-t-il, à personne le *Kraft durch Freude* de Goebbels en 1933. Dans le triomphal rapport officiel de l'an I du ministère Lang, on pouvait lire au chapitre *Nouveaux publics, nouvelles pratiques* :

« Reconnaissance des pratiques culturelles des jeunes, rock, B.D., jazz, photo, culture scientifique et technique, radio locale [...] Introduction de la dimension culturelle de la politique d'insertion sociale et professionnelle des jeunes. Des projets ont été soutenus. Exemple : projet " Faut voir " sur dix villes de France, avec un collectif de dix photographes [...] Participation ministérielle aux opérations interministérielles conduites notamment par le ministère du Temps libre, de la Jeunesse, des Sports, programme " Jeunes volontaires ", programme " Vacances-loisirs pour tous ", programme " Loisirs quotidiens des jeunes ", groupe " Enfance et culture " avec le secrétariat d'Etat à la Famille [...] »

Le chapitre *Patrimoine* s'achève par un paragraphe intitulé : *Restitution au public,* où le « Développement du tourisme » tient la place d'honneur :

« Extension des circuits touristiques, par l'élargissement des thèmes (exemple : architecture industrielle de l'eau en Franche-Comté) ou par association avec le tourisme sportif (exemple : roue libre avec le bicy-club de l'Ile-de-France). »

C'est une des rares notes giralduciennes de cette littérature. Au chapitre *Culture et Economie,* l'accent est placé sur « la reconquête du marché national ». Un outil est créé : l'I.F.C.I.C. (les sigles pullulent à la Culture). Il faut aussi travailler à la « réconciliation de la culture, de la science et de la technique » : six groupes de réflexion sont mis en place... Enfin, grandes pensées du règne : « reconnaissance mutuelle de la culture et de l'économie », avec entre autres la « valorisation culturelle des initiatives de développement local ». « L'enjeu des nouvelles technologies » n'est pas oublié avec la création d'une *Agence pour la Culture par les Nouvelles Technologies de Communication,* et un plan de soutien pour les « nouvelles images ».

Il faudra revenir sur la récurrence obsessive, dans ce document, du mot « création », qui intervient à chaque page et avec emphase, pour signaler à la fois la mise en route d'un nouveau bureau et le surgissement de « créateurs » sous l'effet de l'action des bureaux. L'envers du masque de Carnaval, c'est Carême, et un Carême machiavélien. Les complets « Mao » du ministre, et la Fête de la Musique, la faveur unanime de la presse et des images de la T.V. pouvaient bien faire croire à la « vie changée » ou au « dimanche de la vie » pour tous. La religion culturelle d'Etat, tout en prenant acte de la société de consommation et de loisirs, entendait bien l'arrimer à son appareil, et en faire un instrument de domination politique fort peu libérale. A la lecture de ce rapport et de bien d'autres du même style, on ne peut s'empêcher de rappeler la page fameuse de Tocqueville :

« Au-dessus [de cette foule innombrable] s'élève un pouvoir immense et tutélaire, qui se charge lui seul d'assurer leur jouissance et de veiller sur leur sort. Il est absolu, détaillé, régulier, prévoyant et doux. Il ressemblerait à la puissance paternelle, si, comme elle, il avait pour objet de préparer les hommes à l'âge viril ; mais il ne cherche au contraire qu'à les fixer irrévocablement dans l'enfance ; il aime que les citoyens se réjouissent, pourvu qu'ils ne songent qu'à se réjouir. Il travaille volontiers à leur bonheur, mais il veut en être l'unique agent et le seul arbitre... »

Le ministre de la Culture avait inconsciemment traduit Tocqueville en son langage lorsqu'il s'écriait, devant l'Assemblée nationale, le 17 novembre 1981 :

« Culturelle, l'abolition de la peine de mort que vous avez décidée ! Culturelle, la réduction du temps de travail ! Culturel, le respect des pays du Tiers-Monde !... Sur chaque membre du gouvernement repose une responsabilité artistique évidente (...). Il n'y a pas d'un côté la grande culture, la noble culture, celle du secteur public, et de l'autre, la culture aux mains sales, celle des entrepreneurs, des industries culturelles... »

Que signifiaient ces paroles enthousiastes et étranges, qui ne peuvent plus aujourd'hui être relues sans malaise ? La passion irrépressible des arts, des lettres, le désir généreux de les faire partager par tous ? Peut-être. Une des lois de la rhétorique, même la pire, est de se convaincre soi-même de ce que l'on veut faire croire. Mais, sous ce sentimentalisme sincère, perce l'ivresse de s'identifier au pouvoir illimité de l'Etat, et de savoir le parer du masque de Carnaval. Nancy faisait don de sa personne à l'Etat culturel.

Du théâtre français, vivifié par le Cartel, on était donc passé, dans la capitale lorraine, à des « spectacles » post-coloniaux, post-brechtiens, post-artaudiens, et à la comédie américaine : ce transfert n'était pas allé sans dommage pour le bon usage de la langue française, ni pour ce que Montesquieu nommait « l'esprit général » de la nation. Encore ce carnaval d'avant-garde, en dépit de son succès de presse, était-il épisodique et localisé. A partir de 1981, selon le mécanisme décrit par Daniel Bell, mais cette fois amplifié par son adoption étatique, les *patterns* expérimentés à Nancy deviennent les modèles de la grande consommation nationale dont un ministère en pleine expansion se fait le promoteur. Les nouveaux « styles de vie » inventés pour une nouvelle bohème, avec pour double alibi l'art du théâtre et la contestation politique, deviennent des stéréotypes nationaux que le service public se propose de répandre à grands frais et fracas. Pour que nul n'en ignore, cette transfusion du Festival de Nancy dans l'Etat culturel renaissant trouve sa sanction juridique. Au décret fondateur rédigé par André Malraux, le nouveau ministre fait succéder un autre décret, rédigé par son directeur de cabinet Jacques Sallois. La « démocratisation des chefs-d'œuvre de l'humanité », juridiquement nulle puisque politiquement battue, est remplacée par une prescription, en langue de bois administrative, de la créativité « tous azimuts » essayée au Festival mondial :

« Le ministère chargé de la culture a pour mission : de permettre à tous les Français de cultiver leur capacité d'inventer et de créer, d'exprimer librement leurs talents et de recevoir la formation artistique de leur choix; de préserver le patrimoine culturel national, régional, ou des divers groupes sociaux pour le profit commun de la collectivité tout entière ; de favoriser la création des œuvres d'art et de l'esprit et de leur donner la plus vaste audience ; de contribuer au rayonnement de la culture et de l'art français dans le libre dialogue des cultures du monde » (Décret n° 82-394 du 10 mai 1982, signé Pierre Mauroy et Jack Lang).

Cet état de légère ivresse « culturelle », auquel les Nancéiens avaient d'abord été initiés, acquiert maintenant force de loi pour tout le territoire français. Il ferait oublier que la France, avant d'adopter des stéréotypes sociaux et moraux inventés à Greenwich Village, avant de s'habiller en jean et de devenir sourde et muette à force de danser dans le torrent sonore rock, avait été capable de s'habiller à son goût et de chanter en comprenant et en sentant les paroles de ses propres chansons. Il ferait oublier encore que la France des arts était riche en traditions de métier, et que, de surcroît, elle était mise au défi par des tâches infiniment plus urgentes qu'une Sécurité sociale des loisirs d'importation. Enumérons quelques-unes de ces tâches : la bonne santé de sa langue et de son éducation, sa capacité d'intégrer dans la nation ses citoyens immigrés, la salubrité morale et l'agrément social de ses villes, la préservation de son milieu naturel et de ses paysages. La seule excuse pour cet extraordinaire « voyage » organisé par l'Etat au détriment de la substance nationale était, suprême ironie, l'admiration ébahie qu'il suscitait chez la plupart des adversaires politiques de Jack Lang, et l'émulation respectueuse qui les fait maladroitement renchérir sur le modèle de cet inimitable soutien du patrimoine français.

Tels étaient sans doute les boniments qu'écoutaient les badauds de Venise, en 1791, dans la fresque du *Mondo Nuovo* de Giandomenico Tiepolo.

3

LA CULTURE, MOT-VALISE, MOT-ÉCRAN

Dans l'acception actuelle, éléphantiasique, que lui donne le décret du 10 mai 1982, le mot « culture » fait partie de ce vocabulaire étrange, inquiétant, envahissant, qui a introduit une sorte de fonction dévorante dans notre langue, et dont la boulimie sémantique est inépuisable. A un degré de voracité un peu moindre, le mot « intellectuel » appartient à cette même famille de mutants langagiers. Dès que l'on a adopté ce vocable, on est sans défense contre les équivoques et les amalgames les plus confondants pour la pensée. Une dérive vertigineuse commence et la fascination du mauvais infini s'exerce sans retenue. Mot savant, que son usage journalistique a fait entrer dans la langue courante, « intellectuel » peut désigner du même souffle Platon et Coluche, saint Thomas d'Aquin et Yves Montand, Einstein et Françoise Giroud, Michel-Ange et Eve Ruggieri. Sa géométrie variable lui permet d'englober en quatre syllabes philosophes et poètes, clercs médiévaux et humanistes de la Renaissance, écrivains et artistes, professeurs et marchands de tableaux, éditeurs et publicitaires, chanteurs et comédiens, éditorialistes et stylistes. Cette foule bigarrée est si nombreuse que Régis Debray, plus exigeant pour l'actualité que beaucoup d'érudits pour le passé (on qualifie d'intellectuels dans les travaux les plus estimés les scribes d'Ancienne Egypte, ou les théologiens de la Sorbonne médiévale), a distingué entre Haute et Basse Intelligentsia : l'inflation pétitionnaire qui, à la mode communiste, a signalé les « intellectuels » depuis les années 30 a atteint de tels montants de signatures, qu'il a bien fallu, pour contenir ce progrès démocratique, une barrière de caste assez arbitraire. Régis Debray, comme Malraux quarante ans plus tôt, a bénéficié en son temps des pétitions de la H.I. (comme on dit la H.S.P.). Mais même cette élite, qu'il a par la suite tenté de circonscrire, a connu sa Nuit du 4 Août le jour où plusieurs de ses membres ont pétitionné en faveur de la candidature de Coluche à l'Elysée (19 novembre 1980).

Comme on le voit, la parenté d'« intellectuel » et de « culture » est très proche. La « Culture » aussi, comme le marxisme de Roger Garaudy, est « sans rivages ». C'est le tonneau des Danaïdes de l'esprit. Comme « intellectuel », « culture » n'a déployé toute l'étendue de son élasticité qu'en français, avec une extension croissante depuis 1945. Elle a atteint maintenant, avec Jack Lang, une sorte de plénitude consommatrice : on parle, depuis 1981, de « tout culturel », qui englobe aussi bien l'industrie de la chaussure (objet d'un éco-musée à Romans) que les cours de la Bourse et les foires à la ferraille. Dans cette acception encyclopédique, « culture », pourtant, n'est pas un mot français. C'est un germanisme mâtiné d'un anglicisme. En allemand, terme noble, terme de poids, *Kultur* a désigné depuis le XVIIIᵉ siècle les manifestations de tous ordres de la langue nationale et du génie germaniques. Il est probable que Renan, fort imprudemment, et dans sa phase d'admiration pour la science allemande, a autorisé son usage en français. Mais il ne l'emploie jamais seul. Il écrit par exemple : « Le libéralisme noble ne se propose pas l'égalité des classes, mais la culture et l'élévation de la nature humaine en général. » On sait avec quelle profondeur, sentant le péril, il a opposé au concept de l'Etat patron d'une *Kultur* indigène une idée de nation française, gagée sur « la nature humaine en général » et sur sa jurisprudence historique propre[1]. Les précautions de Renan sont devenues

---

1. Il faut ici citer Renan (*Qu'est-ce qu'une nation ?*, 1882) : « Une nation est une âme, un principe spirituel. » C'est la réponse (à laquelle eût pu adhérer Herder), française, mais aussi profondément romantique, à la perversion *nationaliste* et déjà raciste qui, sous l'influence de Bismarck, identifiait dès lors la nation germanique aux intérêts et au machiavélisme du IIᵉ Reich. Pour Renan, ce « principe spirituel » est bien évidemment la source de sa culture, en d'autres termes de « l'élévation » en lui de « la nature humaine » ; et ce « principe spirituel » est supérieur à ses bras séculiers successifs, l'Etat. Elle est libre : « Une nation, écrit-il, est donc une grande solidarité, constituée par le sentiment des sacrifices qu'on a faits, et de ceux qu'on est disposé à faire encore. Elle suppose un passé ; elle se résume pourtant dans le présent par un fait intangible : le consentement, le désir clairement exprimé de continuer la vie commune. »

inutiles. Aujourd'hui « culture », en français, a retrouvé le sens jalousement national et identitaire de la *Kultur* prussienne, sans préserver l'exigence de profondeur romantique et savante qui l'avait fait admirer d'abord par un Renan.

Dans le même temps, « culture » a adopté en français le sens pluriel que l'ethnologie et l'anthropologie anglo-saxonnes prêtèrent à ce mot, et que la sociologie a étendu à l'étude des sociétés européennes et contemporaines. C'est l'ensemble des « artifices » (ils vont du langage aux outils, des mœurs aux gestes, des coutumes aux rites) par lesquels une société humaine se construit et se maintient contre la « nature » hostile. Ces ensembles peuvent être radicalement différents d'une société à l'autre et, aujourd'hui, d'un sous-groupe social à tous les autres. L'objectivité scientifique, et le refus de se référer à une « nature humaine » en laquelle croyait Renan (ce qui lui faisait placer Athènes, interprète parfaite de cette « nature », en position de modèle universel), ont donc conduit, même dans la langue savante, le mot « culture » à devenir un énorme conglomérat composé de « cultures » dont chacune est à égalité avec toutes les autres. La démocratie des « cultures » dans l'histoire et la géographie humaine a précédé, dans son égalitarisme, celle qui prévaut aujourd'hui dans la désignation des phénomènes sociaux contemporains : on parlera aussi bien de « culture rock » que de « culture jeune », de « culture de parti » que de « culture d'entreprise », de « culture artistique » que de « culture scientifique *et* technique », sans que le dénominateur commun de toutes ces formules soit saisissable. Non seulement l'apparentement renanien entre « culture » et « nature humaine » est oublié, mais même l'antithèse ethnologique entre « nature » hostile et « culture » d'invention humaine est entièrement perdue de vue. Et pourtant ces expressions vagues (spécialement étranges quand on vient à parler de *culture scientifique*, mélange de Jules Verne et d'Einstein qui devrait inquiéter tout vrai savant) ont des présupposés communs, et un imaginaire toujours semblable.

La *Kultur* allemande, que le romantisme avait rattachée au génie de la langue et du peuple germaniques, était savante et poétique. C'était tout autre chose que la *Kultur* du *Kulturkampf* de Bismarck, spectre évoqué et manipulé par l'Etat prussien, avant de l'être par l'Etat nazi. Mais la *Kultur* s'opposait à la *Civilisation*, comme un mouvement intériorisé et centripète à un mouvement extraverti et

centrifuge. La civilisation, c'était la France des Lumières. Contagieuse et cosmopolite, aristocratique et libérale, sociable et gaie, à
tous hospitalière parce que dépourvue de racines mystérieuses et de
dieux indigènes, elle tissait de bonnes manières, de bonne humeur,
de conversation encyclopédique ou piquante, un art d'être bien
ensemble. Mais culture jalouse et civilisation généreuse avaient du
moins en commun d'être *unifiantes,* l'une par appel à un incons-
cient génial, mais commun à toute une race, l'autre par la référence
à une nature humaine douée de raison, d'où découlaient les règles
communes de la sociabilité sous tous les climats et entre les
caractères les plus divers. Culture, au sens officiellement reconnu
aujourd'hui en France, est une idée sociologique et ethnologique
qui conserve quelque chose de la *Kultur* à l'allemande, et rien de la
civilisation à la française. De la *Kultur,* comme de la « culture »
anglo-saxonne, il lui reste la capacité d'embrasser mal parce qu'elle
étreint trop.

Elle s'efforce de saisir un ordre de choses vague, général,
collectif, une brume impersonnelle de « mentalités » ou de « pratiques » qui noie les contours, efface les visages, et pèse à ras de
terre. Les sciences sociales ont doté cette notion d'une légitimité
intellectuelle, et d'instruments d'analyse chiffrés. On a débattu
savamment, à propos de culture, sur la thèse fonctionnaliste et la
thèse structuraliste, sur la méthode behaviouriste ou la méthode
phénoménologique. Le langage politico-administratif n'est pas si
méticuleux. Il se contente d'assumer sans scrupule la géométrie
variable et commode du mot. Le ministère de la Culture peut ainsi
être à la fois un instrument de défense de la culture française et une
structure de soutien à la multiplicité des cultures de clan ou de
coterie. Au départ, il était question de « démocratiser les chefs-
d'œuvre », et les Affaires culturelles de Malraux, malgré leur
pluriel, gardaient l'idée d'un patrimoine commun, français et
universel, à partager. Maintenant le mot est au singulier, mais le
ministère s'adresse à chaque classe d'âge, à chaque profession,
groupe social, « communauté » ou milieu, qui ont tous leur
culture. L'Etat culturel, tout en se voulant national, se veut aussi
tout à tous, pluriel, gigogne et même caméléon, selon le flux et le
reflux des modes et des générations.

Mot-écran, mot opaque, le mot « culture » convient admirablement à un art de gouverner qui amalgame dirigisme et clientélisme,

transcendance nationale et immanence sociologique. Il est bien fait pour désigner de grands ensembles flous, des phénomènes collectifs qu'une bureaucratie elle-même tentaculaire s'efforce de « cibler » pour les « couvrir » et différencier à coups de statistiques et de sondages. Dès lors, il se tient dans une relation occulte, mais d'intense émulation, avec les techniques d'analyse de marché pratiquées par le grand commerce et la publicité : même souci de formuler des « demandes » encore obscures, des désirs inchoatifs, même quête des « profils » et des « comportements », même analyse des publics en « secteurs » selon divers paramètres. Les techniciens de l'analyse de marché, cyniques et ironiques, cherchent à satisfaire la demande, quelle qu'elle soit, et souvent celle de leurs commanditaires (*leur* clientèle) plutôt que celle des consommateurs, que la « main invisible » révélée par Adam Smith finira bien néanmoins par satisfaire. La « sociologie culturelle » le fait aussi, mais pour des commanditaires politiques plus anxieux de manipuler l'opinion que de lui obéir, à plus forte raison de la servir.

La singularité française veut que ce mot-protée, sorti du laboratoire d'ethnologie ou de sociologie, soit aussi un programme de gouvernement, un mot d'ordre national. Il est chargé de volonté. De substantif il devient adjectif dans l'expression « action culturelle ». La politique, c'est choisir. Choisir la Culture, cela revient à administrer en sociologue, à régler un marché de « mentalités » en se réglant sur lui. Mais cela revient aussi à écarter les disciplines dont dispose la liberté de l'esprit, et d'abord celle qui consiste à prendre du champ avec l'actualité, le milieu, l'opinion, la pesanteur du nombre, des habitudes, des modes, pour déterminer où est le bien commun, dans le long terme. Le choix de la Culture, payant à court terme, et dans des périodes relativement paisibles, est aveuglant pour ceux-là mêmes qui l'ont fait. Platon jugeait ainsi le choix des tyrans.

On a déjà noté l'importance et la fréquence, dans le vocabulaire de la nouvelle langue culturelle d'Etat, du mot *création*. Il semble que le mot *organisation* soit entré dans notre langue avec l'administration napoléonienne. *Création* et *créateur* ont commencé beaucoup plus tôt à glisser de la langue théologique à celle de la critique d'art. Traductions chrétiennes imparfaites du mot grec *poiésis*, ils désignent par métaphore l'activité du poète et de l'artiste qui, à l'image de Dieu, sont capables de « créer » des formes et d'achever les suggestions visibles de la Nature. On a parlé en ce sens d'imagination *créatrice*. Mais il est clair que seule la « mort de Dieu » a pu donner à ce vocabulaire d'origine théologique le sens d'une création *ex nihilo*, qui fait de l'artiste non l'image de Dieu, ni un collaborateur de la Nature, mais un Dieu à part entière, et de ses œuvres autant de « mondes » oraculaires surgis de sa seule puissance créatrice, et n'ayant aucun rapport, surtout pas d'imitation, avec le monde naturel, cadavre d'un Dieu mort. La religion moderne de l'Art a tendance à sacraliser l'artiste et l'œuvre d'art comme un opérateur et une opération gnostiques, qui défient l'ordre absurde de l'univers, déchet ou erreur de son Créateur. Il y a beaucoup de cette gnose dans l'idée que Malraux se fait des chefs-d'œuvre de l'art. Et il est bien évident que pour projeter cette idée sur le passé, et sur les œuvres d'artistes croyants, il faut aligner celle-ci sur les œuvres *modernes,* qui, elles, peuvent passer pour d'authentiques défis gnostiques. Je dis bien « passer », car à y regarder d'un peu plus près, très peu d'artistes modernes *et français*, ni Braque, ni Picasso, ni Matisse, ne répondent du tout à cette exigence de sombre révolte métaphysique dont Malraux faisait la condition pour être « moderne », et qu'il projetait ensuite sur les chefs-d'œuvre de l'art religieux du passé.

Mais *création* et *créer* appartiennent aussi, on ne l'a pas assez remarqué, et cela depuis le XIXᵉ siècle, à la langue administrative française. On « crée » une Direction ministérielle, on crée un Ministère, on crée des « postes ». Par extension, on « crée » par décision administrative un monument, une ville nouvelle. Ce langage reste innocent tant que l'administration, dans son jargon, l'utilise par commodité. Il l'est moins lorsque des hommes politiques et de hauts fonctionnaires, en principe soumis au contrôle du Parlement et du suffrage universel, se mettent à y recourir. Seul le prince machiavélien « crée », parce qu'il est le seul dieu sur terre sous un ciel bas et lourd. Le mot devrait être banni du langage officiel dans une démocratie libérale. Mais on voit à quel amalgame il conduit quand les princes se mettent à vouloir diriger les arts et lettres, sous couleur de les démocratiser et de dynamiser la « création ». Ce mot permet l'illusion flatteuse que l'activité administrative et politique appliquée aux arts est en elle-même une génialité artistique. « Créer » une « Direction des Arts plastiques », un « Fonds d'aide », un « Centre », un « Espace », un « Festival », un « événement », autant de manifestations d'un pouvoir et d'une imagination créatrice qui font pâlir ceux des artistes, et qui, à la limite, peuvent parfaitement en tenir lieu. De la « création » gnostique à la volonté de puissance machiavélienne, il n'y a qu'un pas que les princes modernes franchissent allégrement.

A ces politiciens et technocrates qui se prennent pour des artistes, des créateurs, il va de soi que le renoncement du véritable artiste est aussi étranger que la bonhomie de la nature humaine en général, que la démocratie libérale a pour dessein de servir. Le renoncement du poète, le naturel et la bonhomie de la moyenne humaine, en rapport l'un et l'autre avec le bien et le mal, la justice et l'injustice, le malheur et le bonheur, le vrai et le faux, le beau et le laid, le haut et le bas, sont pour le Prince culturel de la pâte à modeler. Abstraite et stérile, la Culture de la politique culturelle est le masque insinuant du pouvoir, et le miroir où il veut jouir de soi. Il est impossible d'être à la fois Narcisse, Néron et le Jésus de la multiplication des pains.

Culture en France est donc devenu le nom de la religion d'Etat, la plus étrangère aux vœux de Rousseau : rouée, jouisseuse, invitant à une frivolité de commande. Le mot s'est chargé d'un sens volontariste et missionnaire qui le change en projet, en slogan, en catéchisme même. Ce catéchisme n'est pas sans antécédents. Gambetta et Juliette Adam avaient forgé l'expression *République athénienne*, pour définir ce qui devait être l'esprit général de la IIIᵉ République, démocratie élitaire, nourrie des classiques, et prête à la revanche contre la Sparte allemande. Le catéchisme de la nouvelle Athènes française était la *Prière sur l'Acropole* de Renan. Cela avait une autre teneur que « Chiffres pour la Culture ». L'Université de Jules Ferry devait donner aux meilleurs esprits les moyens moraux et intellectuels de guider la France vers la victoire, dans la nouvelle guerre du Péloponnèse qui s'annonçait. L'*Action culturelle*, le *Développement culturel* nous tiennent lieu aujourd'hui de *Prière sur l'Acropole*. Ils ne passent plus par l'éducation, mais par l' « animation » des loisirs.

La métaphore originelle, encore vivante naguère dans l'emploi du mot, a été vigoureusement censurée : *cultura animi*, disait Cicéron, « culture et élévation de la nature humaine », disait Renan ; cette géorgique de l'esprit l'accroît vers le haut, augmente sa capacité de vision et de choix, l'affranchit de tout ce qui pèse et pose. En excluant de la Culture l'élévation de l'esprit, en adoptant pour drapeau une manipulation purement sociologique, l'Etat est devenu le ventriloque de mouvements intestins. La littérature avait ses chefs-d'œuvre, ses grands écrivains, la philosophie ses penseurs, la religion ses docteurs et ses saints, la science ses découvreurs : l'Etat culturel ne saurait avoir que des ministres, des événements, une comptabilité de créateurs et de consommateurs, une addition de pratiques et de leurs « animateurs ».

4

DU PARTI CULTUREL
AU MINISTÈRE DE LA CULTURE

Les origines, en dernière analyse, de l'Etat culturel sont bismarckiennes. Mais l'exemple du machiavélisme de Bismarck sur la politique européenne ne déploya toutes ses conséquences funestes qu'après 1914. En 1917, le coup d'Etat de Lénine pourvut la Russie d'un Bismarck marxiste, et l'Etat léniniste eut lui aussi son *Kulturkampf*, auprès duquel celui de Bismarck rétrospectivement fait l'effet d'un modeste et éphémère incident. Néanmoins, oublieux des leçons de l'histoire, même récente, insensibles aux avertissements de Nietzsche qu'ils prétendaient avoir lu, Malraux et la génération des intellectuels des années 30 furent éblouis par la fonction apparemment éminente que la dictature léniniste attribuait à leur propriété, la « culture ». Le gouvernement de Lénine comportait un Commissariat à la Culture. Il avait à sa tête Lounatcharski, et ses nombreuses Directions employaient les épouses et les sœurs des chefs bolcheviques : Kroupskaïa (Mme Lénine), Bouch-Bruevich (sœur de Lénine), Trotskaïa (Mme Trotski), Kameneva, Dzerjinskaïa, etc. On y trouvait Lito (Direction du Livre, chargée entre autres de l'épuration des bibliothèques), Muzo (Direction de la Musique), Iso (Direction des Arts plastiques), Teo (Direction du Théâtre), Foto-Kino (Direction du Cinéma et de la Photo), Chelikbez (Commission spéciale pour la liquidation de l'analphabétisme). La propension à substantiver les sigles est restée, de Moscou à Paris, l'habitude des bureaucraties « culturelles ». En 1982 Catherine Clément, saluant l'ère nouvelle, écrivait : « La question du bonheur est posée. » Un demi-siècle plus tôt, le commissaire Lounatcharski déclarait : « La conquête du pouvoir serait un non-sens si nous ne rendions les hommes heureux. »

Comment les rendre heureux, c'est-à-dire dociles ? « Le Commissariat, écrivait Lounatcharski, n'a pas sa raison d'être s'il ne sert pas à la Culture. L'instruction, la science, l'art, apparaissent donc non seulement comme moyens dans notre mouvement, mais aussi comme ses buts. »

Les manières excellentes de Lounatcharski (écrivain, dramaturge) lui valurent la faveur des bons milieux à l'étranger. L'académie d'artistes d'avant-garde et d'écrivains qu'il rallia d'abord à *Narkompros*[1] fit illusion, et cette illusion survécut à la dispersion de ces écrivains et artistes et à la disgrâce du commissaire en 1929. Pour Malraux et pour la gauche occidentale, demeura la légende d'un Parnasse ultra-moderne travaillant de concert avec un Etat ultra-moderne à ultra-moderniser un peuple innocent, mais ahuri par la religion et l'Ancien Régime. L'avant-garde esthétique des poètes et artistes des premières années de *Narkompros* servit d'alibi à la terreur d'avant-garde dont il fut dès l'origine l'instrument : l'épuration des bibliothèques précéda de peu celle des poètes et artistes. Malevich et Maïakovski servirent d'avant-courriers à Jdanov.

Les imitateurs ne manquèrent pas et ils connurent une grande faveur en Occident, souvent dans les mêmes milieux que les régimes de la IIIe République, ou de Weimar, dégoûtaient : ce fut d'abord l'organisation des loisirs populaires par le fascisme, l'*Après travail*; puis, avec une méthode et des festivités autrement efficaces, *La Force par la joie* nazie.

Le contraste est vif entre ces loisirs dirigés dans les régimes totalitaires européens et le grand marché des loisirs qui fit des Etats-Unis, après la Grande Dépression et le New Deal, la métropole mondiale de l'*entertainment* démocratique. La lutte entre les deux types de régime, la démocratie à l'américaine et l'Etat tout-puissant à l'européenne, avait aussi pour enjeu deux conceptions des loisirs de masse. A tous les sens du mot « culture » que nous avons énumérés, il faut maintenant ajouter celui-ci, le moins

---

1. En abrégé, Commissariat d'Etat à la Culture.

visible et le plus déterminant : l'économie politique des loisirs collectifs. Celle-ci, une fois le nazisme exterminé, en 1945, devint une des composantes essentielles (avec la politique de défense contre l'U.R.S.S.) de l'alliance contentieuse entre la France et les Etats-Unis. L'industrie américaine des loisirs, admirablement équipée pour répondre aux rêves et au sens commun de l'immense public fédéral, amortie financièrement par son marché intérieur, se trouve en position très compétitive sur le marché mondial. Elle est l'argument le plus irrésistible dont disposent les Etats-Unis, dans leur projet messianique de conversion du monde à la démocratie commerciale, « la fin de l'Histoire » par élimination des cicatrices des « Anciens Régimes ».

La beauté, pour Stendhal, était une promesse de bonheur. Pour les Américains, les loisirs démocratiques, leur variété, leur renouvellement incessant, leur adaptabilité à de nouveaux désirs et de nouvelles modes, sont le bonheur sur la terre, ou ce qui en approche le plus. Dès 1946, une première passe d'armes révéla aux Français à la fois la puissance de séduction et le péril de cette « force de frappe » par l'*entertainment*. Des accords sont signés entre Léon Blum, président du gouvernement français, et James F. Byrnes, secrétaire d'Etat américain, le 28 mai 1946. En échange d'un prêt important, les Etats-Unis obtenaient l'abrogation de toute restriction douanière. Entre autres, le gouvernement français s'engageait à n'apporter aucune limitation à l'importation des films américains. Un *quota* à l'écran réservait au film français quatre semaines sur seize, dans les salles nationales. 2 000 titres de films, produits pendant la guerre à Hollywood, attendaient d'être montrés, depuis longtemps amortis. 400 films de la production annuelle en cours s'y ajoutaient. Le *dumping* américain, soutenu par la faveur et la curiosité d'un public français « sevré » depuis six ans, fit l'effet d'un *Blitzkrieg* : en 1947, dès le premier semestre, 388 films américains étaient projetés sur les écrans français. Le public était ravi, les exploitants de salles se frottèrent les mains. La production française accusa le coup : 119 films en 1946, 78 en 1947. Un Comité de défense du cinéma français fit appel à l'opinion publique avec manifestations, pétitions, mobilisation des spectateurs dans les salles. Léon Blum porta la fureur des professionnels à son comble en déclarant à leurs représentants : « Je vous avoue que s'il avait fallu, dans l'intérêt supérieur de la

France, sacrifier la corporation cinématographique française, je l'aurais fait... » La révision des accords Blum-Byrnes en 1948 répara les premiers dégâts. Mais surtout, dans les années suivantes, un Fonds de développement de l'industrie cinématographique, alimenté par une ingénieuse formule de taxe sur les entrées, organisa le soutien financier de l'Etat à un art qui, par ses seules forces, ne se sentait plus capable de résister à la formidable concurrence américaine.

Cette affaire, heureusement dénouée, eut d'immenses conséquences. La première fut de concentrer l'attention des pouvoirs publics, échaudés, sur ce qu'on n'appelait pas encore médias et moins encore culture, comme le terrain par excellence de la rivalité commerciale et du « conflit de civilisation » entre France et Amérique. La défense du cinéma, et plus généralement la défense des industries françaises des loisirs, telle qu'elle avait été amorcée à chaud au cours de cette crise, dispensèrent d'une réflexion de fond sur les arts populaires dans une démocratie commerciale. On se persuada aisément que le protectionnisme de l'Etat et d'ingénieux montages financiers suffiraient à « soutenir » le cinéma français contre son rival américain. On oublia que ce cinéma américain, qui plaisait à tous les publics et qui, alors, jouissait d'une faveur mondiale justifiée, devait beaucoup, pour ne pas dire davantage, aux producteurs, aux metteurs en scène, aux métiers du théâtre, venus d'Europe. Son secret était moins la puissance économique des Etats-Unis, que l'intelligence proprement poétique qu'il avait su retrouver des ressorts permanents du drame, et son sentiment avisé des lieux communs classiques de la sensibilité humaine. Hollywood sut longtemps conjuguer l'efficacité moderne avec le métier traditionnel du roman et du théâtre européens. Le cinéma français, qui depuis Feuillade y réussissait si bien, avait indirectement contribué, aussi bien que le cinéma allemand et italien, à cette synthèse dont le secret n'a été perdu par les Américains que depuis peu de temps. L'effet pervers du protectionnisme d'Etat sur le cinéma français le lui a fait perdre beaucoup plus tôt. Un système de commissions a en effet soumis scenarii et projets au goût de coteries, persuadées que le cinéma, comme la littérature d' « avant-garde », doit faire la guerre aux « idées reçues », en d'autres termes, à la dramaturgie classique, aux mythes qui émeuvent tous les publics : c'était nous faire la guerre à nous-mêmes, à ce qui a fait la saveur et la vigueur universellement reconnues à notre littérature de Molière à Balzac, de Voltaire à Hugo, de Dumas père à Gaston Leroux. Il est revenu à François Truffaut, méditant en artiste sur son métier, de retrouver le très simple et très sûr secret du bon cinéma comme de la bonne littérature. Résumons-le par le vers de Chénier : « Sur des pensers nouveaux faisons des vers antiques [1]. »

Félicitons-nous que le vignoble français, une des rares « valeurs » intactes de ce pays et dont le succès universel ne s'est jamais démenti, n'ait pas été subventionné par l'Etat, ni contraint par le génie des coteries « culturelles » à produire des vins enfin d'avant-garde. La cuisine, hélas, s'est beaucoup moins bien défendue.

Le tollé, aujourd'hui bien oublié, que suscitèrent les accords Blum-Byrnes créa le climat favorable, à long terme, à un G.Q.G. du protectionnisme des arts français en péril : le ministère des Affaires culturelles. Il n'est pas sûr que cette frilosité protectrice ait stimulé l'invention, ni nourri la vitalité et l'intelligence de ces arts. Il est même probable qu'il a encouragé une mentalité d'assistés et d'enfants gâtés, et organisé la célébration éphémère d'expériences irresponsables, puisque protégées contre la sanction du marché : dans cet ordre, c'est aussi celle de l'émotion et du plaisir. Mais le génie bureaucratique, une fois lancé dans les arts, se réfère fatalement aux préférences de coteries, rien ne lui fait plus peur que le grand talent qui fait l'unanimité des « habiles » et du « peuple », pour le dépit des « demi-habiles ».

Quand le ministère de la Culture aura vu le jour, il sera de plus en plus entraîné dans une guérilla de façade avec l'Amérique sur le « champ de bataille » des arts, et notamment du cinéma. Les résultats de cet Etat-Major, derrière son impressionnante Ligne Maginot « culturelle », sont pour le moins décevants. Le principe

---

1. Je renvoie au beau dialogue *Hitchcock-Truffaut* (Paris, Ramsay, 1983) véritable Art poétique, au sens le plus classique, d'un cinéma à la fois délectable pour les « habiles », et délicieux pour le « peuple ».

de vitalité et d'invention — la liberté — étant affaibli, l'imitation d'une Amérique d' « avant-garde », de ses modes, de ses poncifs tenus pour « modernes », a prévalu, surtout auprès des plus bruyants détracteurs du capitalisme et de l'impérialisme, au détriment de l'émulation souhaitable avec ce que les arts populaires américains peuvent avoir de parenté avec les plus traditionnels des nôtres. Derrière l'alibi affiché d'une « résistance culturelle à l'Amérique », on a combattu l'Amérique démocratique, mais on est resté pantelant devant une Amérique « moderne » qui en réalité cachait ou gâchait son naturel démocratique et sa tradition propres. L' « encouragement à la culture » ne s'est pas contenté de patronner une Amérique dernier-cri tout en prétendant déclamer contre une Amérique « conquérante » : ce système nous a dispensés de trouver, pour nos méthodes d'éducation, pour le dialogue qui s'impose avec notre propre passé, les ressources du bonheur : celui d'être tout simplement nous-mêmes.

Dès 1946, on s'habitua en France à regarder l' « américanisme » comme un tout dont le discours officiel, relayé par l'appareil moscoutaire avec plus ou moins de virulence, s'attachait à dénoncer le péril. Or le P.C.F., parti de gouvernement jusqu'au ministère Ramadier, en 1947, s'était acquis dans tout le pays une implantation massive, que sa politique culturelle rendait encore plus contagieuse. Il se réclamait de l'ascendant de l'U.R.S.S., dont les succès dans la « démocratisation des chefs-d'œuvre » ne faisaient pas alors l'objet du moindre doute en France ; il invoquait une foi généreuse dans l'affranchissement des hommes de toute aliénation, et cette foi se donnait pour l'héritière naturelle des Lumières, de la Renaissance, voire de Lucrèce et de la science antique, sources du jeune Marx. Maurice Thorez et Aragon ralliaient à cette tradition d'humanisme Descartes et Chrétien de Troyes. La révolution était drapée dans une sorte de catholicisme français de la culture. Elle en devenait d'autant plus aimable et familière aux instituteurs, aux professeurs, aux cadres de la Fonction publique, reconnaissants par ailleurs à Maurice Thorez du *Statut de la Fonction publique* qu'ils lui devaient. La stratégie de *Défense de la Culture,* qui avait si bien réussi au Komintern dans les années 30 pour rallier les « grands intellectuels », dont André Malraux, fut reprise alors à l'échelle nationale pour rallier au Parti des militants et des sympathisants dans l'Education nationale et dans les professions libérales. Le Parti communiste se présenta, non sans succès jusqu'en 1968, comme le Parti de la Culture, capable d'organiser sa sauvegarde en France contre la bourgeoisie, le capitalisme, l'impérialisme et l'Amérique. Dans son Comité central, ou autour de celui-ci, Aragon et Eluard, Picasso et Léger, Pignon et Lurçat, Paul Langevin et Frédéric Joliot-Curie composaient une sorte de Parnasse français du communisme. Avant la guerre, Mauriac pouvait dire aux jeunes ambitieux : voyez Nizan, voyez Brasillach ; pour réussir, vous avez le choix entre le Parti communiste et l'Action française. Après la guerre, le Parti communiste était la seule voie sûre. Le ralliement de la jeunesse des Ecoles ajoutait aux gloires consacrées l'aura de l'avenir, et les talents affluèrent dans ce parti politique qui se voulait aussi une Eglise de la Culture. Les associations satellites, le *Mouvement de la Paix, Travail et Culture, Peuple et Culture,* élargissaient encore l'assise sociale et la clientèle de l'activisme culturel du Parti. Des revues, comme *Europe* de Pierre Abraham, des hebdomadaires comme *Les Lettres françaises* d'Aragon, étaient lus par un public qui n'achetait pas *L'Humanité.* Des ciné-clubs projetaient dans la ferveur des films de Dovjenko, d'Eisenstein, et les plus récentes productions de la propagande stalinienne. Les Maisons de la Pensée française organisaient colloques et conférences, récitals et concerts, meetings et représentations théâtrales. On a oublié l'ampleur de cette organisation, véritable ministère de la Culture d'opposition à l'Etat bourgeois, qui n'a pour l'instant ni historien ni statisticien. Qu'est-il advenu des « animateurs culturels » avant la lettre et du public formés entre 1945 et 1960 dans ce réseau national ? Est-ce trop s'avancer que de suggérer, sur le modèle des vases communicants, que ce militantisme culturel du P.C.F. s'est peu à peu transvasé dans les « structures » et la clientèle de la Décentralisation théâtrale des années 50 et surtout, après 1959, des Affaires culturelles ?

La soif de « culture » parmi les militants communistes et progressistes était d'autant plus vive que fêtes, spectacles, expositions, concerts, et même les grand-messes annuelles au Vél d'Hiv, organisés par le Parti ou dans sa mouvance, étaient le repos du guerrier pour l'étudiant colleur d'affiches, le professeur mobilisé pour vendre *L'Humanité*, et le médecin secrétaire d'une section de quartier dans l'une de ces organisations. La presse culturelle, la littérature et les arts progressistes étaient une vraie détente pour qui était quotidiennement imbibé de la langue de bois proprement politique du Parti et de ses affiliés. Si contrôlée d'en haut et censurée qu'elle fût, la « culture » communiste et communisante était, malgré tout, comme le patronage dans la vie routinière des paroisses catholiques, un rayon de soleil dans des vies anxieuses, dévouées, rompues de tâches et enfouies dans le demi-jour carcéral de l'idéologie et des slogans. Les plus doués, les plus animés parmi les jeunes militants cherchaient tout naturellement une échappatoire à la grisaille de l'orthodoxie dans l'Action culturelle du progressisme. Ils passèrent volontiers de la sphère contrôlée par le Parti à celle que l'Etat « bourgeois » développait pour son propre compte, d'abord dans la Décentralisation théâtrale, puis dans les Maisons de la Culture; ils s'y sentirent plus progressistes que jamais, en terrain ennemi et conquis, mais moins tenus en laisse par la discipline du Parti. De génération en génération, d'ailleurs, celui-ci était obligé de se séparer de ses jeunes les plus doués, que heurtaient les vagues de répression soviétique sur l'Europe de l'Est : Berlin, Budapest, Varsovie, Prague firent des vocations pour l'appareil culturel d'Etat. Les exclus ou déçus du Parti furent heureux de continuer à combattre pour la bonne cause dans une bureaucratie certes « capitaliste », mais moins incommode que l'autre. En dépit des troubles de conscience que faisait naître le service public dans un Etat bourgeois, le confort relatif que celui-ci, devenant culturel, leur proposait, était un recours inespéré à la pure et dure discipline militante. Une des apologies qui n'a pas été jusqu'ici tentée du ministère des Affaires culturelles « créé » pour Malraux pourrait être d'ordre purement politique : en accueillant dans sa clientèle, au nom de la Culture, des ennemis affichés et parfois tonitruants du gaullisme, jeunes militants communistes ou communisants, le nouveau ministère a favorisé leur secrète dérive loin du Parti, vers le gauchisme.

S'il a jamais été fait, ce calcul s'est retourné contre Malraux en 1968. Il n'est pas sûr d'ailleurs, comme l'atteste l'exemple des Universités américaines, que le marxisme se dissolve sitôt que les marxistes jouissent de la sécurité et même du luxe. Au contraire. Il n'est jamais si utile, car dans la panoplie des alibis que se cherche une existence embourgeoisée, il est à coup sûr le plus intimidant pour autrui et le plus confortable pour soi-même. Le brechtisme fut d'ailleurs cette version élégante du marxisme qui permit aux talents venus du Parti de transporter leurs habitudes mentales de la cellule d'entreprise à ce que Raymonde Temkine nomma opportunément en 1967 « l'Entreprise théâtre », arrimée à l'Etat et à ses subventions. Inversement, toute bureaucratie culturelle étant d'essence tyrannique, des phénomènes comme Kremlin-Beaubourg, entre 1982 et 1989, ou Kremlin-Bastille aujourd'hui, montrent que la « Terreur », au sens où l'entendent à la fois Jean Paulhan et François Furet, se reconstitue au sein même d'une démocratie libérale, là où une Culture d'Etat se concentre et se carapace.

En octobre 1981, après un chaleureux séjour à Cuba, Jack Lang prononce un discours de combat, devant la conférence mondiale de l'Unesco sur les politiques culturelles qui se tient à Mexico. « Cuba, s'écrie-t-il, est un pays courageux qui construit une nouvelle société [...]. La culture, c'est d'abord cela : la reconnaissance pour chaque peuple de choisir librement son régime politique. » Le corollaire allait de soi : pour que les minuscules Bismarcks léninistes du Tiers-Monde aient les mains libres, il faut dénoncer la « menace » que fait peser « un système de domination financière multinational » sur « la création culturelle et artistique ». L'Amérique était clouée au pilori. Le Parti culturel français manifesta sa satisfaction. Il était alors au gouvernement.

Un peu plus tôt dans l'année, le ministre, en pleine ardeur militante, avait jeté l'anathème sur le Festival du cinéma américain de Deauville. Ce Festival expose ce que l'Amérique des loisirs produit de plus démocratique, bon an mal an : ses films. Jack Lang avait été — et n'a peut-être jamais cessé d'être — l'organisateur du Festival de Nancy. Celui-ci avait exposé ce que le *radical chic* newyorkais produit de plus délétère pour la démocratie américaine, sur fond de *drug culture* et de « libération sexuelle ». Le *Kulturkampf* — qui fut d'ailleurs éphémère — contre Hollywood, se faisait en réalité au nom de Greenwich Village et Los Angeles. Le ministère

Lang, fidèle à ses origines, subventionne des groupes « rock » français qui singent des groupes « rock » américains depuis longtemps défunts. Il place très haut la culture rap et la culture tag, et l'une de ses grandes idées est d'organiser la « confrontation » entre ces « cultures » et celle des Musées nationaux. « Une juxtaposition inattendue, nous dit le *Bilan 1991* du ministère, des passerelles nouvelles dans l'histoire de l'art, et une sensibilisation originale à l'univers des musées pour des jeunes défavorisés, qui se traduiront par plusieurs expositions au printemps 1991. »

L'ennemi farouche de l' « impérialisme culturel » sait aussi se faire son plus zélé courtier. Par lui, la France est appelée à devenir le miroir empressé et enthousiaste non pas de l'Amérique démocratique, mais de l'Amérique à la dérive et de ses symptômes les plus inarticulés.

Le marxisme, et ses nombreux substituts ou dérivés, ont pour principal adversaire le passé. Le passé (ce qui résiste à la passoire du Temps) est libérateur et éducateur. Il est l'ami qui fait sortir de la prison de l'actualité, où les idéologies sont « libres » de tenir leurs victimes sous clef. Dans un pays comme la France, c'est le dialogue avec le passé qui rend français et libre. Il y a plusieurs manières d'évacuer le passé. L'une consiste à le congeler : c'est à quoi s'est affairé le P.C. lorsqu'il se prétendait l'héritier de la France. L'autre consiste à le réduire à l'état d'appendice de l'actualité, une espèce de zoo ou de *children's corner*, un supplément culturel où on le traite sans façons. Les *taggers* dans les Musées nationaux en sont l'exemple-type. C'est une insulte pour les malheureux que l'on encourage dans une « créativité » qui les abime ; c'est une insulte pour le patrimoine artistique français, que l'on traite en contrepoint frivole d'une « expérience » hasardeuse. L'Amérique a le droit de se plaindre que l'on monte en épingle une de ses verrues. Marianne a encore une occasion de hausser les épaules.

En obtenant le doublement en 1981 des crédits de son ministère, en lançant le slogan *Economie et Culture, même combat*, en lançant l'Etat sur le marché des industries culturelles (où il se trouvait déjà par le biais du Centre du Cinéma), Jack Lang poursuivait par d'autres moyens, plus puissants, la révolution commencée à Nancy contre « l'ordre et les valeurs établies ». L'américanisation de la France « bourgeoise », par voie dirigiste et socialiste, passait par une manipulation « culturelle » à grande échelle, portant sur les mœurs, sur les méthodes de gestion et publicité, sur une commercialisation générale, à une condition : que les principes politiques de la démocratie libérale à l'américaine, ou tout simplement ceux de la IIIᵉ République, restent étrangers et anti-nationaux. Les apparences et les sous-produits de l'Amérique et non pas son contenu philosophique et civique. Or les apparences de l'Amérique (la libération sexuelle, le ressentiment social et racial, les « styles de vie » alternatifs, l'égalitarisme, l'hédonisme des loisirs) sont exaltés aussi par les *liberals* américains, qui, par ailleurs, ont combattu l' « anticommunisme primaire » et eu des faiblesses pour tous les totalitarismes de gauche. Cette Amérique-là s'était entendue dès le départ avec Jack Lang. Elle se passionnait comme lui pour les nouvelles technologies, le marketing, le show-business, elle était fort disposée à goûter la métamorphose socialiste de la France bourgeoise. Dans la mesure où l'idéologie de la Culture a favorisé une modernisation du *look* des mœurs et des manières français, le ministère Lang a moins été le G.Q.G. d'une résistance intelligente à l'*American way of life* que son fourrier. La seule résistance intelligente, ou du moins civique, eût été d'opposer à l'Amérique ce dont elle est privée, et dont elle a l'intense nostalgie : l'amour et la connaissance de notre passé, une sociabilité contagieuse, un sens de la mesure et de la convenance qui compense par la mémoire les passions modernes. L'école est la voie royale de cet apprentissage du français et de l'être ensemble français, mais tout le tissu social, par ses réactions vitales, s'y porte de lui-même.

Au lieu de cela, une « volonté de culture » officielle suggère, par de nombreux signaux, qu'il faut transformer la France en Disney-land ou en Greenwich Village, sous couleur de la rendre compétitive avec l'Amérique « moderne », où cependant Disneyland et Greenwich Village ne tiennent qu'une place modeste. Par un singulier changement de cap, l'Etat culturel, dont l'appareil encore sommaire avait été construit à l'origine sur un modèle de l'Est, lourd, didactique, intimidant, a pris les couleurs riantes d'un paquebot de croisière aux Caraïbes, mettant au service du chaland et de ses loisirs les techniques avancées de la communication sociale et de la publicité. Le nom du paquebot pourrait être *L'Illustre Gaudissart*. Faute d'Amérique politique, on y promet l'Amérique « culturelle », qui n'est pas toujours la meilleure.

*
**

Quelle dérive depuis André Malraux ! Pour le premier ministre des Affaires culturelles, en quête d'une « troisième voie » entre stalinisme et américanisme, la Culture devait être la religion laïque de la France, Etat-Eglise missionnaire. Il revenait à son prophète d'organiser en France un culte populaire et contagieux des chefs-d'œuvre de l'humanité, et d'abord, du patrimoine de chefs-d'œuvre universels dont la France était héritière. Les Maisons de la Culture devaient être les « cathédrales du xxe siècle ». Les spectacles Son et Lumière, les pèlerinages estivaux à Avignon devaient être les sacralités de ce culte nouveau destiné à s'étendre au monde entier. C'était l'époque où l'Eglise de France commençait elle-même son « renouveau liturgique », empruntant au répertoire du Théâtre National Populaire une « ligne nouvelle » d'ornements sacerdotaux, une mise en scène et un éclairage inédits pour ses solennités liturgiques. Malraux voulait sacraliser l'art, l'Eglise voulut revigorer la foi par l'Art sacré. Deux politiques culturelles.

Mais la religion laïque de l'art comme l'Art sacré dans la religion se montrèrent impuissants à contenir plus que quelques années, et pour un public vite clairsemé, les progrès de loisirs plus appétissants, plus drôles, sujets à des modes capricieuses, et la fascination de la télé. Ces deux sacralisations des icônes étaient d'ailleurs insolites dans un pays qui ne s'était jamais identifié à sa peinture, mais à sa littérature, et qui n'avait jamais goûté le mélange de la religion et du théâtre. Tout cela finit dans la superstition du livre d'art. Ses reproductions étaient une bien pauvre barrière contre les *mass media*. Et les cérémonies elles-mêmes, Son et Lumière ou Etendards du Palais des Papes, dans le théâtre d'Etat, Etoles fluos au lieu d'Etoles brodées, à la messe, n'entraient-elles pas, quoique sur un mode pédantesque, figé et rapidement déphasé, dans le jeu du spectacle passif et de l'esthétique audiovisuelle ? Malraux livra la bataille d'Azincourt des loisirs, et en échange de cette défaite, ni l'éducation, ni l'étude, ni la bonne humeur, ni la dévotion, où avaient excellé les Français, ne furent épargnés.

Au surplus, en 68, Malraux fut débordé par des apologistes plus brutaux de l'image et du bruit ; ils inaugurèrent en fanfare l'arrivée en France de loisirs sensoriels plus faciles et le règne sans partage de la télévision. L'actuel ministre est leur héritier Ennemie déclarée de l'américanisme, la Culture d'Etat s'est de plus en plus prévalue de rivaliser avec l'adversaire et d'imiter ses méthodes. Pour promouvoir, sur le « marché intérieur », des loisirs les arts et les institutions anciens dont elle avait la charge, elle les a plongés dans l'atmosphère du tourisme international et des foires commerciales. La plus grande fierté de l'actuelle administration est la Fête de la Musique, qui tient à la fois d'un Mai 68 orchestré d'en haut et de la Fête de *L'Humanité*. L'intention affichée est de « développer les pratiques musicales » des Français. Il est difficile d'imaginer une pédagogie plus étrange de l'harmonie et de la mélodie que ce brouhaha simultané déclenché au même moment dans des villes entières. C'est en réalité la juxtaposition en public des baffles de chaîne hi-fi et des micros de walkman. Cet « événement culturel », objet de sondages, reportages et statistiques, est une tautologie officielle de la dispersion par le bruit et le son que la ville moderne n'est que trop portée par elle-même à imposer à ses citadins. Le testament de Michel Foucault s'intitule : *Le Souci de soi*. C'est une belle traduction du *cultura animi* de Cicéron. Tout musicien qui a le « souci de soi » et de son art se calfeutre pendant ce tapage nocturne, de même que tout lecteur digne de ce nom est mis en déroute par la *Fureur de lire*[1], tout ami des tableaux par la *Ruée sur l'art*. Ce style de « communication sociale », qui convient à la lutte

---

1. Je ne crois pas inutile de reproduire en entier ici le texte de Tocqueville dont j'ai déjà cité un fragment : « La foule croissante des lecteurs et le besoin continuel qu'ils ont du nouveau assurent le débit d'un livre qu'ils n'estiment guère. Dans les temps de démocratie, le public en agit souvent avec les auteurs comme le font d'ordinaire les rois avec leurs courtisans ; il les enrichit et les méprise. Que faut-il de plus aux âmes vénales qui naissent dans les cours et qui sont dignes d'y vivre ? » (Alexis de Tocqueville, *De la démocratie en Amérique*, II, 15).

contre le tabagisme et pour le port de la ceinture de sécurité, compromet et vide de sens cela même qu'il prétend « diffuser ». Le public de la télévision est à peine effleuré. La facilité passive et brouillonne est donnée en exemple. Les Comices agricoles de Flaubert étaient le premier « événement » culturel que la France pré-culturelle eût connu.

A le bien prendre, cependant, les Comices agricoles étaient d'une bêtise bien innocente, et ils laissaient toute latitude à la belle Emma et au beau Rodolphe de fleureter aussi commodément qu'ils eussent pu le faire à Paris, dans les entractes de l'Ambigu-Comique ou de loge à loge à l'Opéra. Les Comices urbains de la Culture sont tout aussi lourdauds que leurs ancêtres agricoles, mais ils sont mieux organisés, et à des fins qui ne sont pas toutes creuses ni vaniteuses. Outre que les Fêtes culturelles d'Etat sont des arguments de vente pour le parti culturel au pouvoir, il leur arrive fort souvent de prendre un sens directement politique, et d'entrer dans la stratégie d'intoxication de l'opinion qui est l'un des objets principaux du ministère de la Culture.

Dans ce genre, le sommet a été atteint lorsque le ministère a jeté toutes ses forces et ressources dans la mise en œuvre d'une grande fête de masse, plus qu'à demi officielle, sur la place de la Concorde, dans la nuit du samedi au dimanche 15-16 juin 1985. C'était la fête de « Touche pas à mon pote » et de S.O.S.-Racisme, association aujourd'hui discréditée, mais alors au sommet de la faveur et des subventions, car elle était fort utile à ce qu'il faut bien appeler la propagande et les alibis du parti au pouvoir. Annoncée à son de trompe longuement à l'avance, animée par des groupes rock, pop et reggae subventionnés par le ministère, tels les groupes « Téléphone » et « Carte de séjour », présentée par des bateleurs qui, alors, étaient les favoris de Jack Lang et de Jacques Attali, Coluche, Bedos, Boujenah, cette « nuit blanche » rassembla 300 000 badauds et touristes, parmi lesquels prirent un bain de foule les plus hauts personnages de l'Etat. Un grand luxe audiovisuel, entre deux éclats de guitare électrique, permit à la foule de voir de plus près, sur les écrans, le ministre de la Culture et ses collègues du gouvernement ou de l'Assemblée nationale rayonnant parmi leurs « potes ». Dans un « point de vue » publié sur le champ par *Le Monde*, Marek Halter pouvait écrire : « " Touche pas à mon pote ", c'est comme la traduction moderne du commandement biblique : " Aime ton prochain comme toi-même " [...] " La fin du XXe siècle sera marquée par le retour du spirituel, ou le XXIe siècle ne sera pas ", disait Malraux, Le XXIe sera donc. Les centaines de milliers de jeunes et de moins jeunes qui portent le badge " Touche pas à mon pote " annoncent ce retour au spirituel, à une morale minimale faute de quoi les hommes se dévoreront vivants. Selon les sondages, 82 % des Français connaissent S.O.S.-Racisme. Ainsi ce mouvement, notre mouvement, a su toucher quatre-vingt-deux personnes sur cent. Peu importe que toutes y adhèrent ou non. Il est réjouissant de savoir que chacun se sent concerné » (*Le Monde*, 18 novembre 1985).

Par légèreté et machiavélisme, la Culture officielle a fait tomber ce jour-là même le précepte évangélique d'amour au rang de fièvre du samedi soir. Le 14 juillet 1989, le défilé Goude sur les Champs-Elysées, protégé par un prodigieux déploiement de forces policières, sera la suprême *exposition* du Festival de Nancy, devenu maintenant Festival d'Etat permanent. Cela n'empêchera pas le même ministre, en avril 1991, passant d'un extrême à l'autre, d'offrir à des invités politiques triés sur le volet, dans le petit et sublime théâtre Louis XV du château de Versailles, une soirée aussi luxueuse, mais plus secrète, que les premières de l'Opéra Garnier au temps de Jacques Rouché, avec au programme *Apollon et Daphné* de Haendel. L'impresario de la Fête des Potes, le stratège de la démocratisation tous azimuts, sait donc aussi, s'il le faut, jouer les Louis II de Bavière. Où est Richard Wagner ? En l'attendant, le ministre de la Culture demande au « dérèglement de tous les sens » de Rimbaud le principe unificateur de sa propre activité « pluridisciplinaire ». Il a déclaré à *Globe*, un de ses journaux officiels :

« L'Etat ne peut qu'accompagner, aider, susciter [la poésie selon Rimbaud], comme j'ai souhaité le faire en développant la politique de l'aide à l'écriture, les bourses, les aides à l'édition. »

Et il ajoute :

« Qui dans ce gouvernement n'a pas voulu un jour " changer la vie " ? Et si d'aventure, quelques-uns ne lisent pas Rimbaud, ils vont le lire, je m'en charge. J'ai envoyé à chacun un superbe poème, l'*Eternité*, pour amorcer cette grande chaîne poétique qui va réunir des centaines de milliers de lecteurs d'ici à la fin de l'année [1]. »

Même le P.-D.G. des Galeries Lafayette n'oserait pas faire du poète des *Illuminations* un tel usage de foire commerciale. L'histoire, selon Karl Marx, se répète, mais la seconde fois en se parodiant.

---

1. Interview dans *Globe*, n° 56, avril 1991, sous le titre : « Alain Borer : Rimbaud vous démange ? Jack Lang : Oui, et c'est ce que j'attends de lui. »

5

UNE COTE MAL TAILLÉE

Tel qu'il a été ajusté hâtivement en 1959, le ministère des
Affaires culturelles (de la Culture depuis 1976) est fait de
juxtapositions difficiles et de privations paradoxales. Il réunit sous
une même autorité des administrations anciennes, très antérieures
au décret fondateur, et d'autres nouvelles, qui lui doivent leur
existence et leurs chances d'expansion. Deux sortes de finalité,
deux philosophies, difficilement compatibles, coexistent ainsi sous
le même toit et sous le même patron. Les premières en date
tiennent de leurs origines une vocation essentiellement patrimoniale : elles s'enracinent dans le XIXᵉ siècle et la IIIᵉ République,
elles portent l'empreinte de sérieux et de réserve du service public
dans la tradition française. Les Directions des Musées de France,
des Archives, de l'Architecture, avaient été épargnées par la
polémique de Jeanne Laurent dans *La République et les Beaux-Arts*,
en 1955. Conservateurs de Musées Nationaux, inspecteurs des
Monuments historiques, archivistes, archéologues, sont en effet
autant de spécialistes bien formés et recrutés avec soin, à
l'ancienne, jouissant souvent d'une autorité et d'une notoriété
internationales dans une discrétion de bon aloi. Ils sont inattaqua-
bles. Conserver et augmenter judicieusement le patrimoine national, le restaurer, le classer, l'inventorier, l'étudier en collaboration
avec les spécialistes étrangers, ce sont là des tâches nobles qui
devraient suffire à absorber le savoir et le talent du personnel
scientifique de ces Directions. Par surcroît, depuis les années 30,
des expositions fréquentes mettent le public cultivé international
au fait du progrès des connaissances dans les diverses disciplines
savantes, dont le patrimoine artistique, architectural et archivisti-
que est l'objet ou la source.

Dès la IVe République, sous l'impulsion de Jeanne Laurent, la Direction du Théâtre s'était détachée du peloton de l'Administration des Beaux-Arts. Elle avait amorcé l' « élan » culturel, elle en avait fait la théorie. Avec la création du ministère des Affaires culturelles, les Directions anciennes se sont trouvées englobées dans un ensemble nouveau, dont l'orientation, conforme à celle de Jeanne Laurent, fut encore précisée par André Malraux : la démocratisation culturelle. Pressentant le péril, Julien Cain, alors directeur général des Bibliothèques, et jouissant d'une grande autorité personnelle, refusa d'entrer dans le nouveau système, ce qui était sage sur le moment, et périlleux à long terme.

Sage, parce que Julien Cain souhaitait soustraire la Bibliothèque nationale, dont il était aussi l'Administrateur général, aux foucades du célèbre ministre qu'il redoutait pour la grande Maison. Périlleux à la longue, car c'était, après son départ, vouer la Bibliothèque nationale au sort des autres institutions sous tutelle de l'Education nationale, Museum d'Histoire naturelle, Musée des Arts et Métiers, Palais de la Découverte, sacrifiées à des urgences plus immédiates. Dans la Cité productiviste, selon l'expression de Bertrand de Jouvenel, la fidélité, le respect, la lenteur ne paient pas : toute immobilité, même et surtout contemplative, équivaut à une mise à l'écart, quand elle n'est pas punie d'ostracisme. Un des arguments les plus forts que puisse faire valoir le ministère de la Culture, mais que ses thuriféraires n'invoquent pas, car ils veulent sauver la fiction d'une « culture désintéressée », voire contemplative pour le plus grand nombre, c'est justement l'efficacité technique qu'il a introduite, avec la volonté de puissance et l'ostentation, dans une administration coutumière autant que patrimoniale. Ses Musées sont devenus des machines qui tournent bien, ses Fêtes sont bien préparées et réussissent, un air moderne et compétent s'est répandu un peu partout, là où la poussière et la paresse, avec les meilleures traditions, avaient tendance à l'emporter. Par là, l'administration nouvelle s'accordait plus ou moins à l'esprit du temps, utilitaire, fonctionnel, efficace. En France, elle s'est voulue le moteur même du progrès.

Mais lorsqu'il s'agit de culture, c'est-à-dire, au sens plénier du mot, d'une œuvre d'amour et de connaissance qui, justement, devrait faire contrepoids aux effets pervers du progrès et de l'efficacité à tout prix, n'y a-t-il pas antinomie entre cette administration envahissante et activiste et la fin idéale dont malgré tout elle se réclame ? Les sourires de commande des technocrates modernes et dynamiques couvrent un deuil. Si les contremaîtres de la culture vont toujours plus dans *le même sens* que les contremaîtres en général, si la culture elle-même devient un des rouages de la Cité productiviste, où peut être sa victoire, où peut être sa fertilité et son recours ? Comme nous allons le voir, la Bibliothèque nationale, un des sanctuaires du loisir studieux le plus fertile de France et du monde, est devenue l'enjeu le plus sensible de ce débat que veut ignorer l'idéologie culturelle.

Pourtant, en dépit de leur migration d'un ministère à l'autre, de l'Education nationale aux toutes jeunes Affaires culturelles, les Directions traditionnelles n'en furent pas d'abord ébranlées. Les Musées de France surent s'attacher André Malraux par une série d'expositions prestigieuses, dont la plus inoubliable est à coup sûr celle que le Louvre consacra à Nicolas Poussin en 1960 : occasion d'un véritable conclave mondial des historiens de l'art.

Ce fut aussi sous le ministère Malraux que l'entreprise de *L'inventaire général des monuments et richesses artistiques de la France* fut conçue et mise en route par André Chastel ; elle est devenue depuis une sous-direction du Patrimoine, avec des antennes dans toutes les régions de notre pays. Elle pourrait maintenant devenir l'amorce d'une extension de l'idée traditionnelle de Patrimoine aux villes et aux paysages. André Malraux se livra plus volontiers à des coups sensationnels, comme l'envoi de *La Joconde* à Washington, de *La Vénus de Milo* à Tokyo, qui donnèrent des sueurs froides aux conservateurs du Louvre. Il fit blanchir, dans des conditions un peu trop hâtives, les monuments publics de Paris, ce qui n'enchanta guère les experts de son administration. Cela n'alla pas plus loin. La grande pensée du règne, les Maisons de la Culture, fut mise en œuvre à côté, par une Direction du Théâtre et de l'Action culturelle qui greffa ses Maisons sur les Centres Dramatiques créés depuis dix ans par Jeanne Laurent, dans cet esprit « pionnier » qui avait rencontré de si fortes résistances dans le cadre traditionnel des Beaux-Arts. La cohabitation difficile entre conservateurs, archivistes, archéologues d'une part, militants de la Culture de l'autre, ne donna lieu qu'à des affrontements feutrés, de minuscules révolutions de Palais (dont l'histoire attend d'être faite) mais à aucune osmose. Peu à peu, les Maisons de la Culture, leur inspirateur disparu, entrèrent de crise en crise dans le déclin ou dans le décri. Mais les périls de cette alliance n'apparurent vraiment qu'après 1981, quand le socialisme au pouvoir, en mal d'idéologie, s'en chercha une dans la revitalisation du programme culturel cher à Jeanne Laurent et popularisé par Malraux. Les « cathédrales du xxᵉ siècle », que l'auteur du *Musée Imaginaire* avait voulues neuves, modernes, juxtaposées symboliquement, comme à Bourges et Amiens, à une cathédrale médiévale, avaient donc échoué. Cet échec consistait pour plusieurs d'entre elles à jouer tout simplement le rôle traditionnel de salle des Fêtes municipales, trahison de leur idéal originel.

L'idée s'imposa, surtout après 1988, d'appliquer leur programme renforcé là où, jusqu'alors, on y songeait fort peu, dans les Musées, les Monuments historiques, les Sites classés, les Bibliothèques. A la juxtaposition dont s'était contenté André Malraux, il fallait maintenant faire succéder la superposition. Le principe des vases communicants, longtemps retenu de s'exercer entre Directions patrimoniales et Directions « culturelles » du ministère, reprit ses droits. Dès 1981, le projet du Grand Louvre, qui plantait une Maison de la Culture signée Pei au beau milieu du palais des rois de France et du plus célèbre Musée du monde, fixait le modèle et amorçait la nouvelle série des Lieux culturels. Désormais, il n'est plus de cathédrale, de château célèbre, d'institution patrimoniale, qui ne se voie « repensé », mis au carreau culturel, et sommé en outre, par surcroît, de faire les preuves de sa rentabilité commerciale. Dans les années 60, la psychologie de l'Art qui prévalait dans les Maisons voulait exposer les sensibilités vierges d'un nouveau public au choc des chefs-d'œuvre : on attendait de cette surprise émouvante le déclic d'une conversion à la Culture. Maintenant, dans les murs anciens, on a affaire à une boulimie de pédagogie audiovisuelle, à un grand luxe de walkmans et de films-vidéos truffés d'information, qui s'interposent entre les œuvres et leurs consommateurs, le mode d'emploi tenant lieu de la chose même. L'appétit de l'évocation historique dans l'esprit du Musée Grévin et de « Si Versailles m'était conté » tend à suppléer le silence des châteaux et des sites. On est décidément entré dans l'époque où la diapositive commentée tient lieu d'œuvre d'art, et devient à la limite l'objet même du Musée, sa raison d'être, puisque plus colorée, plus lisible, plus lumineuse et plus propice à la glose que l'original mystérieux et opaque. Conservateurs, archivistes, archéologues sont donc invités à se recycler pour ajuster leur science aux techniques de communication et de marché, à la publicité, à la pédagogie de masse. La sérénité patrimoniale a fait son temps, aussi bien dans les coulisses que sur la scène des théâtres de la Culture, désormais multipliés et standardisés. La sérénité savante passe pour archaïsme et passivité coupable, celle de l'amateur, pour trouble-fête égoïste et élitiste : tout doit être sacrifié aux cohortes d'affairés sourds et aveugles, écoutant le catéchisme dans leur casque et regardant sur l'écran-vidéo le reflet de ce qu'ils ne voient pas et ne verront pas. Sous couleur d'efficacité démocratique dans la gestion du patrimoine, le brou-haha des grandes surfaces commerciales et des galeries marchandes devient l'idéal muséologique. L'une des rares régions de calme et de réflexion que l'Etat avait su préserver au centre même de la civilisation de l'efficacité, est recouverte par la marée des affaires. Ces affaires sont moins mercantiles qu'électorales. En donnant aux foules l'illusion que visiter un musée ou un monument ou une exposition est du même ordre que faire ses achats au Bon Marché, et même plus reposant, c'est autant d'électeurs et de contribuables que l'on compte bien persuader de l'infinie prévenance de l'Etat-Providence socialiste. Le Patrimoine est enfin tombé au rang d'argument de propagande. Les chefs-d'œuvre eux aussi sont appelés à se faire aguichants.

Mais pourquoi ne les voit-on pas plus souvent à la télévision où ils toucheraient un public encore plus vaste, sans qu'il soit besoin de troubler leur repos dans leurs musées, dans leurs châteaux, dans leurs sites ? Par un singulier paradoxe, le ministre de la Culture est une vedette médiatique, mais son ministère n'a pas autorité sur la télévision, il ne dispose d'aucune chaîne qui lui soit propre. C'est très étrange. Lorsque l'on se pique de « mettre les chefs-d'œuvre à la disposition du plus grand nombre », il va de soi que le véhicule de la télévision s'impose. Au départ, les « étranges lucarnes » avaient été soustraites à André Malraux, qui avait inquiété en 1958 dans son rôle de ministre de l'Information. Jean-Philippe Lecat obtint bien en 1978 la jonction de la Culture et de la Communication : la tutelle du ministre de la Culture sur l'audiovisuel resta nominale. Il allait de soi, en 1981, du moins le semblait-il, que le socialisme, tout à la Culture, ne manquerait pas de la téléviser. Il n'en a rien été, et l'on est même tenté de dire : au contraire. Pourquoi cet obstiné veuvage ? Pourquoi un ministre aussi télévisuel s'est-il donné si peu de peine pour y mettre fin ? Aujourd'hui la télévision est présente dans 94 % des foyers français. Elle détient la part du lion dans ce qu'il est convenu d'appeler les pratiques culturelles des citoyens. De deux choses l'une : ou bien l'idéal de la Culture est sincère, ardent, plus ardent aujourd'hui qu'il ne le fut du temps droitier de Malraux, et alors chaque foyer français, grâce aux dieux lares des réseaux hertziens, devient à la fois Musée, Opéra, Théâtre, Salle de concerts, Bibliothèque illustrée, bref une Maison de la Culture démultipliée et conforme aux rêves les plus généreux de « Jeune France ». Ou bien cette lanterne magique et fascinatoire se borne à être, selon le mot de Saint-Exupéry, un « beuglant », et dans ce dernier cas, qui se vérifie tous les jours, on ne voit pas comment le ministère de la Culture pourra jamais remplir sa mission première : mettre les chefs-d'œuvre à la disposition du plus grand nombre. Il est bien évident que l'accoutumance au « beuglant » (qui « abîme l'homme », disait Saint-Exupéry) rend parfaitement incapable de s'intéresser à quelque chef-d'œuvre que ce soit. Or une même chaîne culturelle modeste, comme la « 7 », dont on attendait beaucoup, et qui produit beaucoup d'émissions, avec un budget substantiel, est pratiquement censurée, ou mise sous séquestre. Une infime anthologie de ses émissions est montrée sur FR3, un soir par semaine, et la chaîne elle-même, avec ses programmes d'information quotidienne et d'actualité, ne peut être captée qu'à très gros frais ou par un public « câblé » comparable en nombre à celui des premières émissions de l'Ecole Supérieure des P.T.T., retransmises par l'émetteur de la Tour Eiffel en 1935 ! On est loin de cette Maison de la Culture répandue dans chaque foyer qu'on était en droit d'attendre du socialisme réel.

Celui-ci, beaucoup plus âprement encore que ses prédécesseurs gaullistes ou centristes, respecte l'un des arcanes du pouvoir moderne, et l'abondance de cœur culturel dont il fait étalage n'est qu'un alibi pour détourner l'attention de ce scrupuleux respect. La Culture est un enjeu politique précieux, mais d'appoint. La Télévision est un enjeu essentiel et capital.

Il n'est donc pas question, dût-on s'installer dans la contradiction la plus voyante (mais, comme pour la lettre de Poe, le plus voyant peut être aussi le moins visible), de sacrifier la stratégie à la tactique, l'essentiel à l'accessoire. Dans l'immense Amérique, on peut s'offrir le luxe de distinguer entre *broadcasting*, à l'usage de tous les publics et donc du suffrage universel, et *narrowcasting*, à l'usage de publics « ciblés » ou localisés. La Télévision française, pour rester le véhicule politique et national qu'elle doit être, doit s'aligner sur le plus petit commun dénominateur du public, et ne pas broncher du côté de ce qu'un ministre de la Culture intérimaire appela le « mieux disant culturel ». Celui-ci relève en effet du *narrowcasting*, et en ce sens il est aussi étranger aux intérêts supérieurs de l'Etat qu'à ceux du ministère de la Culture. Pour le premier, l'évidence est criante, et il suffit de penser à ce qui fût advenu si Malraux avait fait de l'unique chaîne dont disposait la Ve République à ses débuts un Musée Imaginaire ou un Théâtre National Populaire. L'expérience fut tentée sous son ministère. Albert Ollivier, ancien dirigeant de « Jeune France », était alors directeur des programmes de l'unique chaîne française. Il avait pour devise : « Une grande télévision pour un grand public ». Avec le soutien de Malraux, grand admirateur de la tragédie, il fit tourner par Jean Prat les *Perses* d'Eschyle, qui passèrent en octobre 1961 à la télévision. Pour une soirée, la France montée sur cothurnes devint l'Athènes des Dionysies du ve siècle. Est-il surprenant que ce miracle ne se soit pas répété ? Le Pouvoir savait bien que ce succès éphémère, s'il se reproduisait trop souvent, découragerait de la télé la majorité de ses spectateurs, en d'autres termes des électeurs.

Il est plus surprenant en revanche que le ministère, alors et depuis, n'ait pas combattu cette atrophie de la Culture, alors qu'en règle générale et déjà au temps de Malraux, il a été et il reste si anxieux de mettre les « techniques de pointe », notamment audiovisuelles, au service de ses entreprises. Supposons donc un instant que la chaîne culturelle dispose d'un canal propre et accessible sur tous les écrans. Il y a fort à parier que son audience, impossible à dissimuler, ne dépasserait pas le nombre limité de Français qui assidûment lisent, écoutent de la bonne musique, sont curieux de théâtre, d'opéra, de danse. Cela porterait un coup fatal au dogme sur lequel le ministère est fondé, et qui suppose que les arts dont il a la charge peuvent être démocratisés jusqu'à plus soif. On verrait alors de façon gênante que ces arts ont pour public *naturel*, motivé au point de dédaigner la télévision de « beuglant », des amateurs en minorité, nettement distincts de la masse des téléspectateurs. On verrait aussi que, après trente ans d'activisme tous azimuts, la démocratisation culturelle, en profondeur, n'a rien changé à la situation antérieure. C'est toujours, pour chacun des arts « dynamisés » par le ministère, la même minorité renouvelée de génération en génération, et relativement stable, qui a profité de tous ses efforts. Les publics éphémères que tel ou tel « coup » ont réussi à rassembler n'ont pas grossi ce noyau dur des amateurs *habituels* des choses de l'esprit.

Loin d'être une Terre Promise pour le ministère de la Culture, la Télévision « culturelle » est bien plutôt son Désert des Tartares, qui, heureusement pour lui, n'a pas jusqu'ici laissé paraître l'adversaire. Tant que cette épreuve de vérité ne s'est pas produite, il lui est loisible de faire valoir à la Direction du Budget que ses demandes et ses services intéressent en puissance tous les Français, et se rapprochent sans cesse du but. Et comme il faut citer des chiffres, toutes sortes d'artifices permettent de voiler le contour réel des publics intéressés vraiment par les arts, en les noyant dans les grands nombres du grand public d'occasion rameuté par des procédés publicitaires et touristiques. L'exemple type nous est offert par le Centre Beaubourg, qui attire nominalement plusieurs millions de visiteurs par an, ce qui justifie amplement son lourd budget de fonctionnement et de maintenance. Ces chiffres de fréquentation *par année* sont donc comparables à ceux de l'audience d'une seule soirée que recueille une émission de télévision à succès. En réalité, le Musée d'Art moderne installé dans le Centre, et qui est à proprement parler sa raison d'être et son trésor, n'attire aujourd'hui pas plus de monde qu'au temps où il était, disait-on, à l'étroit au Palais de Tokyo. Le Musée est payant. Cela suffit pour que les visiteurs distraits du Centre, après avoir jeté un coup d'œil sur ses diverses attractions, renoncent à pénétrer dans les salles où les attend une des collections de tableaux parmi les plus somptueuses du monde. Si du point de vue de l'enrichissement du trésor, qui est celui des conservateurs et des amateurs, le Centre a été utile, et marque un progrès certain sur l'ancien Musée d'Art moderne, du point de vue de l'idéologie et de la sociologie culturelle, c'est un retentissant échec. Toute la machine avait été conçue au départ comme un piège séducteur qui devait faire entrer enfin rebelles et ignorants de l'Art moderne dans son sanctuaire. Les attractions sont là, dans le vestibule, mais l'idole du Temple n'est adorée, comme autrefois, que par ses fidèles et ses vrais dévots.

La Fête de la Musique est un autre de ces artifices. C'est le bal musette à l'échelle nationale. Qui bouderait un bal musette, même affublé d'alibis culturels, dans nos villes prospères mais où la convivialité de quartier tend à disparaître ? Les foules que cette soirée d'été draine volontiers n'en sont pas moins versées au dossier de la Direction de la Musique, et au crédit du ministère, bien que le principe d'une telle Fête soit l'antithèse néfaste de la patiente pédagogie des « Jeunesses musicales », à plus forte raison des Conservatoires nationaux et municipaux.

Et puis, prodigieusement coûteuse, mais d'une efficacité persuasive sûre, la « méthode Tour Eiffel » fait monter les chiffres de fréquentation au niveau voulu. La Tour Eiffel, depuis 1889, a été et demeure le monument le plus visité de Paris (9 000 000 de visiteurs par année). Elle est l'objet d'un plébiscite permanent. C'est la flèche gothique de la religion du progrès, avec laquelle rivalise modestement la façade quadrillée du Centre Beaubourg, que zèbre une courbe de croissance rouge et ascendante. Elle s'accorde admirablement, avec ses ascenseurs, ses restaurants, son panorama, ses points de vue pour photographe et cameraman, à la demande du grand tourisme international. C'est aussi une vedette de la télévision mondiale. La Bergère d'aussi nombreux troupeaux, chantée par Guillaume Apollinaire, est devenue l'emblème de Paris, comme la statue de Bartholdi, la Liberté brandissant sa flamme, l'est devenue de New York. Une Bergère, c'est bien. Une troupe de bergères, c'est trop. Une des figures préférées de la poétique moderniste des John Cage ou des Andy Warhol est la répétition monotone jusqu'à l'ennui de la même trouvaille menue, symptôme affiché de stérilité et de dédain. La répétition, figure « moderne », est devenue à elle seule un style, et les Affaires culturelles l'ont finalement adoptée pour les créations administratives. La relique de l'Exposition universelle de 1889 est donc devenue le *leit-motiv* des Grands Travaux culturels de l'Hercule gaulois. A Beaubourg, d'abord, puis après un long silence, sur un tempo de gong à la Pyramide du Louvre, à l'Opéra-Bastille, à la Géode de la Villette, à l'Arche de La Défense, bientôt aux Livres-Tours de la Bibliothèque de Tolbiac, les foules ont répondu ou répondront au même *stimulus,* presque aussi nombreuses qu'à la Tour Eiffel. Leur nombre a longtemps fait taire toute critique et interdit toute analyse du phénomène. Cette quantité, que seuls des esprits mal faits trouvent négligeable, passe en effet pour la preuve de réussite suprême, quasi métaphysique, de la politique culturelle suivie depuis trente ans, à plus forte raison de celle, en progrès incessants, qui est conduite depuis près de dix ans.

Le grand secret de Beaubourg n'est pas sa collection de Matisse, de Picasso, de Braque, de Bonnard, mais cet escalier roulant que souligne une rampe lumineuse rouge. Par lui, le touriste domine un merveilleux panorama sur les toits du vieux Paris et le photographe a mille occasions, comme dans les étages de la Tour Eiffel, de réussir des clichés-souvenirs. Même bonheur pour le touriste du Louvre : il attend des heures, sous les intempéries, au seuil de la plus petite porte du plus grand musée du monde. Il tournoie dans la superbe salle hypogée, il consomme à la cafétéria, il achète des cartes postales et des *posters* à la librairie, puis, le plus souvent, car son temps est compté, il reprend l'escalier mécanique et s'en va. L'ancienne vedette du Louvre, *La Joconde,* a trouvé sous cette pyramide une rivale victorieuse : un espace. Il lui reste bien assez de dévots. De son côté, l'Opéra-Bastille, dont le dessein est populaire, attire sur ses abords plus de photographes amateurs que de spectateurs devant sa scène. Au bout du compte, si l'on fait le partage entre les vrais amateurs et les badauds, le compte est partout semblable à celui que font mentalement les conservateurs du Musée d'Art moderne : le vrai public des collections du Louvre, de ses expositions savantes, celui de l'Opéra, sont eux aussi restés relativement stables. Encore heureux qu'ils n'aient pas été découragés et éloignés par la masse de curieux qu'on a réussi à drainer vers leurs temples préférés. Les Grands Travaux, à les bien prendre, sont un triomphe pour le ministère du Tourisme plus que pour celui de la Culture.

Celui-ci souffre d'une atrophie tout aussi singulière : privé de l'instrument de communication moderne par excellence, la télévision, il est aussi écarté, sauf pour la formation de son propre personnel, de la méthode d'éducation traditionnelle, l'enseignement. Il saupoudre son public d'informations, d'attractions, de variétés culturelles, il ne l'éduque pas, car l'animation qu'il pratique au même titre que les Clubs de loisirs est trop éphémère et superficielle pour tenir lieu de cette œuvre de méthode et d'amour, longue et patiente, qu'est l'éducation véritable. Celle-ci ne va pas sans auto-éducation, dont la lecture est évidemment le meilleur moyen. Elle n'était pas à l'ordre du jour d'André Malraux. Elle a fait tardivement son entrée dans la panoplie de ses héritiers en 1976, quand fut créée la Direction du Livre. En 1981, la Bibliothèque nationale fut rattachée au ministère de la Culture, tandis que son personnel restait sous tutelle de l'Education nationale. La Direction du Livre et de la Lecture partagea dès lors avec les Universités et les municipalités la responsabilité de la lecture savante et de la lecture publique en France, ce qui donna au ministère une vocation à l'éducation, au sens le plus noble et sévère.

On peut rêver à ce qu'eût pu être l'action de Malraux si elle avait été orientée sur les bibliothèques, au lieu de se contenter des images et du spectacle. Quoi qu'il en soit, la nouvelle Direction avait à rattraper ce qu'on appelle un retard, et elle s'y employa, d'une façon à la fois conquérante et efficace. Toutefois, l'accent mis sur le livre et la lecture entrait en conflit avec la tendance contraire longtemps cultivée au ministère : le progrès, croyait-on, allait dans le sens des images, du cinéma, de la photographie, de la vidéo, des spectacles, des Arts plastiques, toute une « médiologie générale » que prophétisaient à la fois le Musée Imaginaire de Malraux et le Village global de McLuhan, slogans que la société naissante de communication et de consommation avait pris pour des oracles qui la consacraient « dans le sens de l'Histoire » ! L'intérêt officiel pour la lecture, en principe activité de loisir privé, méditatif, solitaire, était une espèce de révolution dans la révolution culturelle, surtout pour les anciens du Festival de Nancy. La tentation était grande, pour contourner la difficulté, de rêver à une « autre » lecture, conviviale, festive, renouant avec l'oralité, et libérée des idées fâcheuses de concentration, d'attention, de recueillement, de silence qui sont associées à la lecture studieuse. On œuvra donc efficacement à l'équipement et à l'enrichissement des bibliothèques publiques, mais on lia cette action à toute une panoplie de festivités médiatiques, Salon du Livre, Fête et Foire de la Lecture, Journée du Livre. Il s'agissait de convaincre le public que lire est un acte aussi commode, quotidien et facile que l'écoute d'une émission télévisée et une promenade estivale en auto. Ce gavage publicitaire, combiné avec le bruit des prix littéraires et les bruyants balbutiements télévisés, peut bien inciter à acheter des livres, il ne peut donner de la lecture qu'une idée futile et papillonnante. Tout est fait au contraire pour dissimuler ce qu'Eugène Delacroix, dans une entrée de son *Journal*, le 7 mai 1850, décrit en termes de « travail » : « Montaigne à bâtons rompus. Ce sont les ouvrages les plus intéressants. Après le travail qu'il a fallu à l'auteur pour suivre le fil de son idée, la couver, la développer dans toutes ses parties, il y a bien aussi le travail du lecteur qui, ayant ouvert le livre pour se délasser, se trouve insensiblement engagé, presque d'honneur, à retenir ce qu'il ne demanderait pas mieux d'oublier afin qu'au bout de son entreprise il ait passé avec fruit par tous les chemins qu'il a plu à l'auteur de lui faire découvrir. »

Comme l'a remarqué Bertrand de Jouvenel, dans un essai qui est resté très vivace (*Arcadie*, 1968) : « On éprouve un malaise devant une bibliothèque composée sur la foi de prix littéraires décernés. » Encourager un tel manque de style, comme tout un système y concourt, revient à le fixer, à le légitimer, et donc à bloquer les braves gens dans une discordance profonde entre ce qu'ils sont et ce qu'ils prétendent être et faire, alors que la culture est un chemin vers la convenance et l'harmonie. Tout ce bruit relève de la publicité mercantile et de la propagande politique. Sous couleur de mieux servir le prochain, il cache une profonde insensibilité aux véritables aspirations des autres, auquel en effet le poète et l'artiste savent comment répondre, mais pas sur commande.

Dans sa corbeille, en 1976 la Direction du Livre naissante avait trouvé une seule Bibliothèque publique, celle qui avait été installée en 1974 dans le Centre Pompidou, la B.P.I. (Bibliothèque Publique d'Information). Elle était destinée à l'origine à soulager la Bibliothèque nationale. Elle devint vite le supplément des bibliothèques universitaires parisiennes, insuffisantes et exiguës. Son succès est infiniment supérieur à celui du Musée d'Art moderne, logé aux étages supérieurs. Il est à la mesure du mauvais état de ses rivales. La B.P.I. dispose par ailleurs de toutes sortes de services (laboratoires de langue) et d'attractions (télévision, vidéo) qui y attirent un public bigarré et mouvementé. Comme les places assises sont trop peu nombreuses pour cet afflux de visiteurs indéfinis, on s'y assoit, on s'y allonge à même le sol. Cette atmosphère de caravansérail est plutôt bon enfant, malgré les avertissements fréquents par haut-parleur de prendre garde à ses affaires : des pickpockets sont à l'œuvre dans les parages. Loin d'être un modèle, cette Bibliothèque est une bizarrerie, modelée par l'insuffisance générale des bibliothèques parisiennes. Elle présente d'ailleurs cette particularité de contenir peu d'ouvrages imprimés avant les années 60. Elle a la mémoire courte.

C'est cependant cette singulière expérience qui a cherché, dans un premier temps, son extension monumentale dans le projet de la Très Grande Bibliothèque. Celle-ci devait être d'abord un grand Emporium parisien du livre contemporain, mais aussi de l'information, de l'actualité, de l'audiovisuel, des réseaux informatiques. Une Tour Eiffel de la communication. Cette fois la résistance au nouveau projet culturel, clairsemée et vite surmontée dans le cas de Beaubourg, du Grand Louvre et de l'Opéra-Bastille, s'enhardit et s'imposa : l'occasion fut offerte par le ministre lui-même lorsqu'il annonça qu'une partie des collections de la Bibliothèque nationale, les imprimés entrés depuis 1950, iraient pourvoir les rayonnages dans les quatre tours de verre, en forme de livre ouvert, qui devaient signaler de loin le site de la Très Grande Bibliothèque. Il fallut céder aux protestations des futurs usagers. En récompense, il fut décidé que tous les imprimés de la B.N., réserve des livres anciens comprise, seraient déménagés dans la nouvelle et immense bâtisse, prévue sur le quai rive gauche, face au ministère des Finances de Bercy.

Dès lors, la quadrature du cercle redevint d'actualité. Il fallait supposer — dans un projet architectural qui dut s'y adapter sans changer son profil initial — à la fois une Bibliothèque Publique d'Information et une Bibliothèque nationale. La cote mal taillée dont avait été tirée dès le départ l'Eve future des Affaires culturelles, et dont les effets pervers avaient jusqu'alors été dissimulés avec succès, commença à se révéler au grand jour. L'attachement de la communauté savante internationale, et du public français en général, au trésor spirituel que représentent six siècles de livres français, mit en évidence la stridente contradiction entre la vocation de ces livres, destinés aux soins les plus délicats et à une lecture savante, et l'ambition d'amuser la galerie avec une grande foire de la communication. Pour la première fois cette disparate frappa même les plus dociles et les plus distraits. Un rayon de lumière embarrassante fut soudain projeté sur l'un des mystères de l'Etat culturel.

Il est vrai que la clarté de l'affaire était compliquée par toutes sortes d'impératifs techniques, qui semblaient légitimer en bloc tout le projet de la Très Grande Bibliothèque : saturation des magasins de la Bibliothèque nationale, informatisation complète de son catalogue, établissement d'un catalogue général informatisé de toutes les grandes bibliothèques françaises, en liaison avec l'étranger. Mais ces questions techniques ne pouvaient voiler tout à fait la contradiction essentielle du projet, la même qui tourmente et aiguillonne le ministère de la Culture depuis ses origines. La Bibliothèque nationale, où qu'elle soit logée, est destinée naturellement à une élite ou, si l'on préfère, à une minorité de lecteurs ; elle l'est d'une façon plus éclatante, mais les Musées, les sites archéologiques, les théâtres, les opéras, les salles de concerts à plus forte raison les archives, le sont aussi. Ces élites, ou plutôt ces minorités, ne sont plus définies comme autrefois par le rang social, la fortune, le privilège, mais, comme il est naturel dans les démocraties libérales, par la vocation attestée de leurs membres, par leur choix librement formulé et confirmé avec persévérance. Il n'y a donc aucune raison proprement démocratique de contraindre ces minorités à se fondre dans la foule indistincte des badauds, ce que croit légitime de faire, sous des prétextes spécieux et intéressés, l'idéologie de l'Etat culturel. Nul ne s'avise d'appeler les non-sportifs à venir troubler le plaisir voulu et choisi par les spectateurs des stades. Nul ne s'emploie à convoquer les non-danseurs pour encombrer les pistes de danse à l'heure où les boîtes de nuit battent leur plein. Il serait encore plus absurde de faire affluer les foules dans un laboratoire de l'Institut Pasteur ou dans une fabrique d'explosifs de l'armée. C'est une question élémentaire d'utilité publique, mais aussi de respect de la liberté des modernes citoyens dans le choix de leurs loisirs ou dans leur vocation à un travail.

La superposition de deux Bibliothèques, par nature incompatibles, dans un même site architectural, lui-même conçu au demeurant pour attirer le touriste-robot, était un acte de sourde violence attentatoire à la liberté des lecteurs réels de la Bibliothèque nationale. Cette violence est devenue manifeste au cours du débat public qu'a provoqué ce projet. En réalité, cette violence était déjà là, cachée, dans la plupart des initiatives de la politique culturelle depuis 1959. Liée à des enjeux moins sacrés, elle n'était pas apparue clairement. Les publics qui *spontanément* allaient à la Comédie-Française, dans les Opéras de province, dans les Musées que l'on n'avait pas encore « dopés », ont été dispersés et dissuadés, en tout cas brimés, par la démocratisation dite « culturelle ». Il n'est pas sûr que ceci soit compensé, dans la balance des comptes spirituels de la Nation, par l'affluence d'un public indistinct, interchangeable, qui avale tout machinalement. Dans l'éclair de conscience qu'a fait naître la polémique autour de la Très Grande Bibliothèque, l'avenir de l'esprit s'est trouvé intimement solidaire de l'avenir de la liberté.

Les dissonances de la Culture d'Etat ne s'arrêtent pas là. Reconverti en pédagogue, le ministère de la Culture est travaillé par des contradictions doctrinales qui reflètent sans doute sa composition hétérogène, mais aussi une oscillation frivole du dessein d'ensemble. Par ses Directions patrimoniales, le ministère relève, si je puis dire, de l'histoire de l'art, de l'histoire, de l'archéologie. Ces disciplines ont en France une longue tradition, qui est un des titres de notre pays à son « rang dans le monde ». Ces disciplines ignorent les frontières politiques, à plus forte raison administratives, et elles ont des représentants aussi bien dans les Musées, au Patrimoine, aux Archives, que dans les Universités. Les uns et les autres collaborent dans leur spécialité, et dans les expositions qui font connaître au grand public l'état des questions dans les diverses disciplines, en même temps que les richesses des collections nationales. Il est évident que la démocratisation, devenue commercialisation depuis les années 80, s'accommode difficilement avec les exigences des savants et de leur public. La science historique et archéologique, rattachée au char de Carnaval, fait figure d'esclave sommée d'exécuter les hautes et basses besognes : gestion, mais aussi animation, commercialisation, communication. La récente création d'une Ecole du Patrimoine, recrutant sur un même concours tous les corps spécialisés de l'administration culturelle, représente une promotion méritée (« pyramidage » dans le jargon) pour ces divers fonctionnaires, qui auront désormais une carrière et des indices comparables à ceux des professeurs d'Université et des anciens élèves de l'E.N.A. Le caractère hétérogène de cette Administration, composée au départ de pièces et de morceaux excellents, prendra donc fin à terme. Le ministère de la Culture, comme le ministère de l'Equipement, et son corps d'Ingénieurs des Ponts (l'Architecture lui est désormais rattachée), aura donc conquis son unité. Mais cette unité par le recrutement et les carrières ne remédiera en rien à la confusion originelle, philosophique et politique, qui a présidé à sa naissance et qui a rendu si contestable son développement. Les spécialistes, les savants, les interprètes du passé, devront consacrer le meilleur de leur temps et de leur énergie aux tâches du *manager* de l'action culturelle, devenues le véritable dénominateur commun et uniforme de tous les organismes dépendant du ministère. Au bout de trente ans, ce ministère problématique et qui n'a fait l'objet d'aucune réflexion sérieuse, mais d'innombrables apologies, est en bonne voie de normalisation. Le propre de « l'action culturelle » n'est pas le dialogue avec le passé, la libération de l'actualité, mais la transformation du passé en industrie des loisirs, parmi toutes celles que l'actualité propose.

A ce parti pris qui renie la fonction mémorielle et nationale dont est investie, depuis le XIXᵉ siècle, depuis Alexandre Lenoir et Mérimée, l'Administration des Monuments historiques et des Musées, vient s'ajouter la préférence, déjà marquée par Georges Pompidou, mais accentuée entre 1981 et 1991, pour la « création contemporaine ». La conversion récente de la Culture socialiste au Patrimoine a été progressive, elle est due aux sondages qui ont fait connaître l'attachement des Français à leurs racines historiques et artistiques, et donc aux services publics qui en ont la responsabilité scientifique et morale. Au départ, en 1982, la Délégation aux Arts plastiques, créée pour Claude Mollard (devenu, depuis, le Bernard Tapie de l' « ingénierie culturelle »), avait, et elle a longtemps gardé, le vent en poupe. Elle était animée d'une idéologie ultra-moderniste, qui tenait la « création contemporaine » ou « l'art vivant » pour des surgissements géniaux, indemnes de toute dette envers la tradition, et donc de l'histoire, de l'histoire de l'art, ou de l'archéologie. Il en reste aujourd'hui quelque chose dans la faveur personnelle marquée par le ministre pour la « culture rap », fille de la génialité jeune et primitiviste du Bronx. Comment un ministère et un ministre pénétrés de telles vues pourraient-ils soutenir sans arrière-pensée des disciplines patientes et savantes qui gênent la « commercialisation » culturelle et qui opposent silencieusement la mémoire, dont elles montrent les ressources et la fertilité, à l'idée béotienne d'une création *ex nihilo,* symptôme sociologique et non pas œuvre de l'esprit ?

La culture socialiste a pu passer de la priorité à « l'art vivant » à la priorité au Patrimoine, sans choisir ni l'une ni l'autre, parce que son obsession dans l'une et l'autre phase est de « coller à l'actualité », et d'attirer, par les leurres du jour, le plus de monde dans sa machine culturelle. Le volontarisme qui l'anime est miné par ce perpétuel double jeu : on veut « dynamiser l'art vivant », et on le congèle en faisant de lui le prétexte à une bureaucratie nouvelle ; quand il est refroidi, on se tourne vers les châteaux et les monuments célèbres, que l'on dédaignait, mais c'est pour les inciter à devenir des clubs de loisirs. On se convertit à la lecture, mais c'est pour projeter sur le livre ouvert les bruits et les excitations que l'on attendait hier du spectacle *multi-media.* « Incitation à la création » ou « démocratisation des chefs-d'œuvre », en réalité on n'est jamais sorti d'une Culture intéressée d'abord à éblouir le badaud. C'est une raison d'être. Ce n'est pas une raison d'être *démocratique.* La démocratie, quand elle est libérale, ne consiste pas à brimer les minorités sous le poids d'une majorité, ni à sacrifier à une abstraction sociologique le « consommateur », le « touriste », la réalité sensible des vocations privées, des élections du talent, de la science, et du goût. Cette culture-là travaille avec un zèle et une efficacité redoutables à stériliser d'abord les semences qu'elle prétend répandre à tous vents.

6

LOISIRS ET LOISIR

> « L'homme qui a un emploi, l'homme qui
> gagne sa vie et qui peut consacrer une heure par
> jour à la lecture, qu'il la fasse chez lui ou dans
> le tramway ou dans le métro, cette heure est
> dévorée par les affaires criminelles, les niaise-
> ries incohérentes, les ragots et les faits les
> moins divers, dont le pêle-mêle et l'abondance
> semblent faits pour ahurir et simplifier grossiè-
> rement les esprits. Notre homme est perdu
> pour le livre... Ceci est fatal et nous n'y
> pouvons rien.
> « Tout ceci a pour conséquence une diminu-
> tion réelle de culture, et en second lieu, une
> diminution réelle de la véritable liberté de
> l'esprit, car cette liberté exige au contraire un
> détachement, un refus de toutes ces sensations
> violentes ou incohérentes que nous recevons de
> la vie moderne, à chaque instant. »

Paul Valéry,
Regards sur le monde actuel

Le mot « culture », dans son acception administrative et médiatique, est propice à tous les glissements sémantiques et il les
couvre. De la « démocratisation des chefs-d'œuvre » on a pu passer
à l'idée, déjà abandonnée, du « tout culturel », qui ne laisse guère
d'écart entre le marché des loisirs et les « pratiques culturelles ».
Les statistiques du ministère enregistrent méticuleusement les
« sorties » des Français, au même titre que les heures passées
devant la télévision ou à lire un livre. L'expression « pratiques

culturelles » est aux loisirs ce que le « préposé à la distribution du courrier » est au facteur, le « centre de détention » à la prison. Le souci de ne pas recourir à un mot courant est la dernière trace de l'ambition initiale : partager humanitairement la « haute culture ». Une autre trace fugitive est l'absence, dans les statistiques émanant du ministère, des voyages, des séjours de vacances, détentes sans prétention dont on ne voit pas pourquoi ils sont exclus du nombre des « sorties » et autres « pratiques culturelles » dûment comptabilisées. Pourtant, le ministre de la Culture signe avec le ministre du Tourisme des accords qui prévoient des « actions concertées » : les vacanciers seront traqués sur les plages, dans leurs pérégrinations estivales, par des muséobus. Les monuments historiques, sous le nom de « centres culturels », deviendront des parcs de loisirs à thème happant au passage le touriste, le voyageur désœuvré.

Ces projets laissent entendre à quel point l'Etat culturel se tient désormais sur le fil du rasoir. Entre les années 30, qui virent naître en France l'idée d'un communisme populaire des chefs-d'œuvre, et les années 80 où le « tout culturel » s'est imposé, la société de consommation et de loisirs s'est installée confortablement. L'une et l'autre idées ont pu fusionner sans difficulté : elles étaient moins des analyses que des slogans politiciens.

Aujourd'hui, les idéologues de la Culture savent mieux que personne que les « services » ont gagné sur les « usines » et les travaux des champs, et que le peuple a disparu. On ne parle même plus de théâtre « populaire », tant le mot même semble frappé d'archaïsme. Le vieux rythme travail/loisir, sur lequel le peuple vivait encore au temps des sociologues de la « culture populaire », n'est plus qu'un souvenir lointain. Désormais, pour une immense classe moyenne, le travail, qui n'est plus manuel, occupe moins de temps que les loisirs. Et les loisirs eux-mêmes refluent sur le temps de travail. En France, comme aux Etats-Unis, et beaucoup plus qu'aux Etats-Unis, tout comptoir de banque est devenu une galerie où des « œuvres d'art » sont exposées, et où on diffuse de la musique enregistrée ; le métro offre à ses passagers des concerts et du théâtre, « sauvages » ou prémédités par l'administration ; une mélodie ininterrompue, où Mozart a souvent sa place, baigne les ateliers et les bureaux, court sur le réseau téléphonique. Les « séminaires d'entreprise » ont lieu à Marrakech et à Djerba, les « colloques » à Majorque ou aux Canaries, de douces transitions insensibles annulent le tranchant ancien entre travail et désœuvrement. La vie d'artiste, la vie de bohème est devenue largement majoritaire. Elle est protégée par les assurances sociales, l'indemnité-chômage, le R.M.I. contre les malheurs de Mimi Pinson.

La télévision et le grand tourisme sont les deux mamelles de cette existence néo-bourgeoise. La télévision est du grand tourisme sur place, le tourisme une télévision en mouvement. Le *zapping* du téléspectateur, le *shopping* du citadin, son *week-end* en voiture, obéissent au même principe de divertissement qu'il aime à retrouver, en arrière-fond, dans ses lieux de travail, et qui trouve sa complétude dans les voyages organisés : l'avion a mis à la portée du grand nombre, le *sightseeing* (comment traduire autrement que par « consommation oculaire » ?). Cette boulimie du voir (et de voir surtout ce qui est déjà connu par la vue, photo, film, émission de télé) s'accompagne en effet des mouvements de *zoom* de la caméra, du *shopping* exotique, et du zigzag de fêtes en restaurants, de spectacles folkloriques en visites de musées et d'ateliers artisanaux. Tout ce qui est dispersé sur place dans l'année est emmêlé ainsi dans les semaines de « séjour touristique » au loin. La bande image multicolore se déroule alors sans interruption et s'entrecroise à une bande-son non moins variée et ininterrompue. *Homo otiosus* et *homo peregrinator,* le néo-bourgeois, à la différence de son ancêtre M. Jourdain, n'a pas recours à des maîtres de musique, de philosophie, de danse, de maintien : il n'a pas à apprendre. Ses « pratiques culturelles » le prennent tel qu'il est, et le transportent sur un Grand Huit toujours en mouvement. Elles le massent de spectacles et de sonorités toutes préparées. Le type achevé de l'*otiosus peregrinator* est le voyageur pourvu d'un Kodak et d'un walkman : il entre docilement dans les itinéraires fléchés des Arcadies du Loisir savamment organisées pour le plumer. C'est pourtant sur ce zombie, qui n'a plus rien d'un citoyen, et pour lui, qu'ont été édifiées les machines dites culturelles qui tournent à plein rendement. C'est lui, parce qu'il vote et qu'il paye, qui est l'objet de stratégies ingénieuses de séduction, et à qui l'on sacrifie volontiers le charme des lieux et la poésie des choses. On aimerait pouvoir dire qu'il est le colonisateur doux du monde moderne, s'il n'était pas aussi passif et docile : les vrais colonisateurs, sur le passage desquels l'herbe ne repousse plus, ce sont les *Tour-operators,* les Gentils Organisateurs, les édiles dynamiques, qui frayent le passage et remodèlent les lieux pour mieux piéger ces proies processionnaires. Mais en France, par glissements insensibles ou par accès, l'Etat est devenu le principal promoteur d'une Arcadie des loisirs truqués, et celle-ci tend à se confondre avec l'Hexagone. J'ai comparé la France à la Venise de la fin du XVIIIe siècle. A ceci près que cette Venise-là, réformée à grande allure par l'administration la plus industrieuse du monde, est en train de devenir Las Vegas.

S'il y a un lieu où l'Elan culturel français peut trouver comblés ses idéaux contradictoires, c'est bien en effet à Las Vegas [1]. Et contrairement à ce que nous croyons, dans notre complaisante cécité, Las Vegas n'est pas une « plaie » de la lointaine Amérique. Cette métropole des loisirs de la démocratie commerciale, isolée et spécialisée, s'est développée, depuis le New Deal, dans le désert du Nevada, au sud de l'Utah, et de la capitale du puritanisme américain, Salt Lake City. Elle est, pour nous aussi, la Rome du moderne touriste, vers laquelle tous les chemins convergent, y compris les nôtres. Vue d'avion, c'est une longue avenue rectiligne, le String, qui commence et qui se perd dans les sables, et qui, comme un aimant la limaille de fer, agglutine autour de son segment central des bâtiments, des monuments, des rues. Cette oasis de béton accablée de chaleur et de sommeil le jour, grondante de circulation et flamboyante d'électricité la nuit, est privée de toute végétation. C'est à peine si, dans les villas avec piscine qui forment une constellation éparse autour de l'agglomération oblongue, on reconnaît de jour quelque verdure ornementale, peut-être artificielle. L'aéroport est digne d'une métropole : le flux de touristes qui débarquent chaque jour, ou qui repartent, généralement après un bref séjour, équivaut à la population de Lyon. Le va-et-vient des avions est incessant. Il relie Las Vegas aux capitales des cinquante Etats de l'Union. La population sédentaire, en comparaison peu nombreuse, est entièrement consacrée au service

---

1. Las Vegas, son urbanisme, son architecture, ont remplacé Rome au titre de recueil de modèles classiques pour les « post-modernistes ». Voir la nouvelle version des *Dix livres d'architecture*, de Vitruve, dans *L'Enseignement de Las Vegas, ou le symbolisme oublié de la forme architecturale*, par Robert Venturi, Denise Scott-Brown, Steven Izenour (1ere éd. américaine 1977), trad. française Bruxelles, Madarga, 1987.

des loisirs, depuis le groom d'hôtel jusqu'au serveur de restaurant, depuis la call-girl jusqu'à la danseuse de revue, depuis le guide de groupe touristique jusqu'au croupier de table de jeu. Et la population éphémère, qui par flots successifs coule toutes les nuits dans l'artère vitale de la ville, est en vacance, décidée et consacrée résolument à faire tourner à plein la machine de loisirs construite pour la satisfaire, et en état de marche sept jours sur sept. Le dimanche et les jours fériés sont inconnus à Las Vegas. Les touristes de Disneyland viennent en famille, avec les enfants. Les touristes de Las Vegas arrivent par couples, mais sans enfants : fiancés, ils vont se marier là, dans les nombreuses officines légales et chapelles de toutes confessions prévues pour eux ; jeunes mariés, ils viennent y passer leur lune de miel ; couples plus âgés, ils viennent fêter leurs noces d'argent ; couples éphémères, ils se sont échappés pour un week-end de *fun*. L'inversion entre travail et loisir, caractéristique des démocraties commerciales fin de siècle, atteint à Las Vegas son dernier excès. Cette ville n'est pas un parc, mais une vraie ville. Mais dans cette ville, une petite minorité travaille pour une immense majorité d'oisifs, et d'oisifs si acharnés dans l'oisiveté qu'ils dédaignent de s'en occuper : Las Vegas s'en charge pour eux. Elle crée, prévient, canalise, programme la diversité des plaisirs. Et ces oisifs sont des adultes. Pas plus d'enfants que de végétation à Las Vegas. Ces adultes oisifs sont en état de vacance chimiquement pure. Leur imagination flottante, leur mémoire vide et vague, leur volonté détendue, sont entièrement abandonnées à l'offre immédiate qui leur est faite de les animer machinalement.

De tout ce que l'humanité a inventé, de tout ce qu'elle a rêvé, de tout ce qu'elle a découvert, religion et poésie, art et musique, il ne reste ici qu'une collection de poncifs actionnée par une machine à amuser. Tout ce que la science et les techniques ont découvert pour soulager la peine des hommes, et satisfaire leur besoin de connaître, se résume et s'ingénie ici pour accélérer, multiplier, et varier les plaisirs. Il ne subsiste de l'histoire de l'humanité qu'une cité d'illusions et de souvenirs standardisés et exploités à plein rendement. Ce lieu, qu'on a dit « post-moderne » par excellence, est aussi le moment étale où tout est déjà arrivé, où plus rien n'arrivera jamais plus, sinon la noria des touristes venus constater cette vertigineuse absence et la transformer, par leur présence

errante, en pâture de voyageurs. Le long du String, des pastiches
de la Villa Hadriana, du Taj Mahal, de Borobudur, de Versailles,
de la cathédrale de Reims, du Palais d'Eté de Pékin, de l'Alhambra
de Grenade, de Saint-Pierre de Rome, du Canal Grande et de la
Tour Eiffel rassemblent l'histoire universelle de l'art en une
exposition encyclopédique. Ce musée n'a rien d'imaginaire ; un
philosophe pourrait le parcourir en relisant l'*Esthétique* de Hegel.
Chacun de ces monuments, lieu de mémoire, s'accommode sans
regret de la « fin de la période artistique ». Tous sont à la fois les
cartes postales d'une aventure humaine terminée et des maisons de
jeux, des music-halls, joints à de gigantesques hôtels-gratte-ciel.
Maisons de la Culture polyvalentes, ils réunissent des salles de
spectacle immenses, équipées avec un grand luxe technique, des
halls tapissés de machines à jouer, d'autres réservés aux tables de
jeux. De sa chambre d'hôtel, on descend directement dans une
Antiquité romaine ou un Extrême-Orient de pacotille, parmi de
faux esclaves en chlamydes ou de faux eunuques en turbans.
Répartis dans les étages de chaque hôtel, des restaurants variés
offrent le décor et les menus de toutes les latitudes : cuisine
mexicaine, pékinoise, cantonaise, italienne, lyonnaise, indoné-
sienne, allemande ; on y boit de la bière et du saké, du thé et des
vins, du cidre et toujours du Coca-Cola. Comme Des Esseintes, le
touriste de Las Vegas est dispensé de voyager : un cyclorama à
grande échelle met la géographie comme l'histoire à disposition
dans le même lieu. La Nature finit à Las Vegas comme l'Histoire :
le dernier des Hôtels-Casinos édifiés le long du String, l'*Excalibur*,
une immense forteresse médiévale de fantaisie, abrite un volcan en
activité et les chutes du Niagara en réduction. Il est probable que la
prochaine fois la mer elle-même, la mer sera enfin capturée dans le
plus gigantesque des palais d'illusions, rendant inutiles les océans
pollués.

Les cinémas, les boutiques de luxe et de pacotille proposent à
qui n'est pas encore rassasié d'autres petites évasions sur place. On
se gorge de films, de vidéo, on se charge de paquets, bijoux et
statuettes, croûtes ou posters, on se débauche et surtout on joue. Et
parfois l'on gagne ! Les jeunes couples qui ont eu de la veine n'ont
pas à attendre pour dépenser leur gain : un immense Supermarché
du meuble les attend, pour y acheter leur future chambre à
coucher. Cette Ville-Musée de l'architecture, de la peinture et de la

sculpture mondiales l'est aussi des arts décoratifs : le Supermarché du meuble expose, sur des kilomètres carrés, des chambres à coucher de tous les styles connus, depuis l'Ancienne Egypte jusqu'en 1990, lits à colonnes et lits-bateaux, lits Louis XV et lits Queen Anne, lits de châtelaines et lits de sultanes, toutes les alcôves que trois mille ans de menuiserie et tapisserie ont imaginées sur le même thème du rectangle.

On a bien tort de censurer Las Vegas. Ce moulin à poncifs et à fantasmes répétitifs, dans sa variété résolue et monotone, est fort de sa vérité. Mais sa vérité nous fait peur. C'est celle des loisirs américains et modernes. Il faut voir Las Vegas pour reconnaître son principe à l'œuvre sous les alibis qui le dissimulent ailleurs, et surtout sous nos climats. Ce principe gagne nos villes, et surtout nos capitales, devenues parcs mondiaux de loisirs. Restaurés, nos monuments ressemblent à des pastiches. Des hôtels et des maisons de jeux, des restaurants et des échoppes se multiplient à leur portée. Nos plus célèbres et élégantes artères se métamorphosent en *shopping and fun streets*. La même foule vacante, docile aux itinéraires fléchés, s'écoule aux portes de nos palais-musées ou de nos monuments. L'histoire se retire et laisse ses coquilles vides rouler dans l'écume du divertissement de masse. Las Vegas, impavide, dédaigne de déguiser son bastringue artistique et historique. Elle appelle un chat un chat. *Entertainment is entertainment.* Elle n'est ni lieu, ni centre, ni maison, ni espace « culturels ».

Il serait injuste, et hypocrite, de caricaturer le touriste moderne. Son portrait est pour nous ce qu'était celui de l'Amour-Propre par La Rochefoucauld, ou de l'Ennui mondain par Pascal. L'Ancien Régime avait déjà ses touristes. Et aujourd'hui, tous les citoyens des démocraties, en France comme ailleurs, participent à des degrés divers à ce type qui n'a rien d'idéal. Nous le portons tous en nous, au moins à l'état de vive tentation. Le touriste, ce n'est pas l'Autre, c'est moi, c'est vous. Inutile de chercher des alibis. Le chewing-gum audiovisuel moderne (et ses variantes prétentieusement culturelles) correspond exactement au divertissement pascalien, et sa consommation tente de combler vainement le même vide qui ronge le cœur de l'homme. Samuel Beckett est notre Pascal. Si l'on est platonicien, il faut voir dans l'*homo otiosus et peregrinator* moderne le spectateur de la caverne, atteint de la danse de Saint-Guy, prisonnier des illusions du monde sensible, oublieux de la réalité harmonique et divine, patrie de son âme. Il serait au surplus injuste de calomnier la démocratie, surtout sous sa forme finale de société de consommation. Elle met à nu, à vaste échelle, le fond du sac humain. Mais elle le fait avec une ironie douce, sur un mode comique qui la rend aimable, surtout en comparaison des régimes de terreur dont le xxᵉ siècle est si fécond. Le mélange singulier de Pascal et de Molière qu'il faudrait pour la connaître à son juste prix, les Français, qui ont l'un et l'autre, auraient dû s'en prévaloir : l'esprit et l'ironie font partie de leur patrimoine.

D'autant que le touriste moderne, chenille processionnaire et non plus voyageur ni flâneur, s'il est tout le monde, n'est aussi personne. Ce portrait-robot, comme tous les phénomènes de masse repérables par statistiques et enquêtes quantitatives, est une somme d'ombres. Ce n'est même pas un « Idealtype » au sens de Max Weber. Chacun de nous s'y projette et s'y anéantit dès que nous nous laissons engager dans les circuits de foule. Mais ce défilé de silhouettes sans visage n'est visible que pour les autres, qu'il offense, froisse et humilie sur son passage. Et même alors, il ne s'agit que d'un possible de nous-mêmes. Personne jamais ne s'est résumé, sinon passagèrement et dans des moments d'absence, à cette procession de fantômes vulgaires et butés. Sitôt que nous nous arrachons à ces déterminismes de masse, nous nous réveillons chez nous, parmi les nôtres (petite minorité amicale, familiale, petite société éclairée par un métier, des goûts, des habitudes communes). Mais il suffit que nous nous laissions happer dans un « lieu » ou dans un « espace » calculé pour l'agglutinement des ombres, et aussitôt la loi des grands nombres nous aligne sur leurs gestes mécaniques et sur leur vacuité. Le touriste apparaît en troupeau là où il est attendu, là où tout a été fait pour lui, et pour lui seul, métamorphose zoologique des hommes, des femmes et des enfants qui ont eu l'imprudence de s'oublier en prenant la file. Dès qu'on s'écarte de ces sites réformés pour devenir des leurres à touristes, de ces itinéraires dessinés pour eux, les paysages, le ciel, les visages, la lumière de la réalité enfin, retrouvent toutes leurs chances d'être découverts et de se donner. L'Etat culturel est devenu champion dans la création de pompes aspirantes et foulantes pour ombres innombrables et dociles. Mais il veut nous donner l'illusion flatteuse que ces pompes, parce que françaises, ont le privilège de ne pas fonctionner aussi obscurément que celles des autres. Le brassage des ombres voudrait se faire passer pour le grand voyage dans la lumière des Idées. « Libre culture », a écrit sans sourciller un de nos grands brasseurs culturels, qui se prend volontiers pour le Socrate et l'Isocrate du service public.

L'illusion consiste en effet à faire croire que, par la vertu de l'Etat culturel ou de ses imitateurs municipaux et départementaux, un supermarché « qualité France », destiné à tous les Français et à tout le monde, nous maintient très au-dessus de la société de consommation commune. En réalité, ce supermarché n'a pas pour client tout le monde, mais la petite foule *minoritaire* riche et nomade des citoyens de pays riches, peu regardante sur ses plaisirs et que gêne peu l'exorbitant privilège dont elle jouit au regard des masses sédentaires et pauvres dont est formée l'immense majorité de l'humanité actuelle. Ses patrons se réduisent, en dépit de leur nombre, à une minorité beaucoup plus restreinte encore, et qui se garde bien pour sa part de se mêler à la foule de ses propres clients. C'est la première supercherie. L'autre consiste à présenter ce système étagé et les « loisirs culturels » dispensés par lui aux foules indistinctes, accourues des seuls pays riches, comme d'une autre essence, parce qu'ils ont la France pour théâtre, que les loisirs de masse en d'autres lieux, par exemple en Amérique. En réalité, ces loisirs culturels, plus savamment massifiés en France qu'ailleurs, ressortissent en France à la même dispersion, extraversion, superficialité impatiente et distraite que les autres, sauf que l'estampille officielle qu'ils reçoivent risque de les rendre pédants et ennuyeux, ce qui est regrettable pour des loisirs.

Dans la langue vernaculaire française, « culturel » est devenu synonyme de « rasoir ». Ce fait de langue est un sondage qui suffit à démentir tous les « Chiffres pour la culture » alignés depuis trente ans. Heureusement, il ne s'étend pas aux autres langues que le français. L'Etat culturel, qui a fini par s'en émouvoir, saisit tous les prétextes pour voiler la marque d'origine de ses services, et la remplace par une publicité et une mise en scène de style commercial. On est au rouet. Car ce mimétisme les identifie à la limite à ce même marché cosmopolite et capitaliste des loisirs dont il se targue par ailleurs de préserver les Français. Ce « degré zéro » du service public des loisirs se distingue cependant de son modèle commercial par sa prétention, son sentiment de supériorité. Ce qui réintroduit l'ennui. Et nous sommes de nouveau au rouet. La variante « Etat culturel » des sociétés de consommation est plus grimacière et pédante, même avec ses paillettes d'Illustre Gaudissart, que les autres. Elle transpire d'amour-propre, ingrédient mortel pour la joie de vivre, le plaisir, la simple bonne humeur. A l'étage supérieur où ses hiérarques font leur métier, les vernissages, cocktails, premières, inaugurations, discours, conférences de presse à répétition, leur vide moral et leur stérilité sont encore plus patents qu'à l'étage inférieur, où se pressent les majorités silencieuses, touristes et badauds peut-être, mais du moins à temps partiel.

On a un peu oublié que les inventeurs des loisirs modernes, de *Des Esseintes* à l'*Homme à l'Hispano*, de *Gatsby le Magnifique* à l'*Homme pressé*, furent les aristocrates des années 1890-1930. Ils s'enthousiasmèrent pour l'automobile, plus excitante qu'un vulgaire cheval, et pour l'avion, plus enivrant qu'un banal équipage. Enchantés par ces nouveaux privilèges qu'ils devaient à la technologie, ils furent les adeptes d'avant-garde de l'Œuvre d'art totale, les mécènes de Reinhardt, de Breton, d'Al Brown, amateurs de ski, de plage, grands voyageurs et grands lecteurs de Freud, de D. H. Lawrence, très impressionnés par la modernité de Lénine et de Mussolini, consternés enfin dans leur grand âge de voir le Village global étendre aux foules leurs attributs de dandys. Mais pour accélérer cette métamorphose de l'épicurisme élégant et moderne en consommation de masse, il a fallu et il faut que des technocrates survoltés s'échinent à faire tourner d'énormes machines à travestir les honnêtes gens en touristes ébaubis et insatiables, bardés eux-mêmes de machines. Le fin du fin du socialisme culturel serait-il de transformer tout le monde en fantôme de Robert de Montesquiou ? On conçoit que les machinistes de cet étrange spectacle, leur œuvre, accusent les spectateurs qui s'en détournent, détachés ou indifférents, d' « élitisme », de « passéisme », voire de « réaction ».

Leur malheur veut que l'on ne connaisse à la caverne platonicienne, à l'ennui pascalien, qu'une seule échappée véritable, hors de la foi religieuse et philosophique. Cette échappée est et a toujours été minoritaire, et même singulière. Ce sont les disciplines de l'esprit. L'immense mérite de la démocratie libérale est de ne pas les interdire, et il est souhaitable pour elle, notamment en France, qu'elle ne les brime pas, qu'elle aille même jusqu'à les favoriser publiquement. Au tourisme de masse, au brouet touristique qu'est devenue la Culture, il n'y a d'alternative noble que le loisir studieux. Ce que j'appelle, avec Erasme, avec les Anciens, *loisir studieux*, n'est ni un privilège ni une exception. Aujourd'hui comme hier et comme toujours, la vocation des honnêtes gens sous tous les cieux les y porte, même si seuls quelques-uns la suivent jusqu'au bout. Cela consiste à savoir bien ce que l'on sait, à faire bien ce que l'on fait, à aimer bien ce que l'on aime. Peu importe si l'on sait peu, si ce que l'on fait est modeste, si ce que l'on aime n'a d'attrait que pour soi seul. Cela vaut pour le travail, cela vaut pour les loisirs. Il y faut de la persévérance, de la concentration, un long apprentissage, et aussi, quand le moment est propice, un véritable abandon, la grâce.

L'Ancien Régime avait ses héros et ses saints. Les Républiques modernes ont leurs savants, leurs artistes, leurs lettrés. Leur visibilité conforte dans leur vérité les métiers les plus modestes et les plus divers. Tous ces « gens de qualité » de la démocratie libérale sont d'abord, chacun dans son ordre, des individus. S'ils s'allient, ils le font par affinités et forment des sociétés minoritaires. Plus elles sont différentes et vivantes, plus elles entament et tiennent en respect le poids, l'opacité, la quantité de la foule étourdie et vagabonde. Tout ce qui augmente et coagule cette masse sans esprit précipite la démocratie libérale vers son contraire, en étouffant les individus dignes de ce nom, et les petites sociétés cooptées qui forment leur microclimat. Quand les libres individus et les minorités qui les réunissent sont vigoureux, respectés, le reste vient de surcroît, à commencer par les loisirs, auxquels il est indécent d'accorder l'importance qu'on leur attache aujourd'hui, pour des motifs peu avouables. Quant au génie, que l'on feint d'attendre au bout d'un gavage massif, il vient et il va, et il vient d'autant plus aisément que le loisir studieux, qui est joie et amour, garde ses chances contre l'efficacité machiavélique appliquée aux loisirs.

Les ombres passent et se dissipent. La lumière ne change pas. Le sens le plus profond du mot culture, pour les hommes comme pour les plantes, consiste à se tourner vers la lumière, à croître en elle. Si nous aimons la liberté, c'est qu'elle nous laisse trouver la lumière par nous-mêmes et croître en elle. Il revient à l'Etat de ne pas opposer un mur à l'appel de la lumière. On ne lui demande plus, comme au temps du Roi-Soleil, de la dispenser. On a trop vu qu'il n'a à offrir que des *sun-lights*.

7

LA MODERNITÉ D'ÉTAT

La France, depuis quelques décennies, se flatte d'être la terre sainte de la Modernité. « Notre modernité », aimait à écrire Roland Barthes, avec un mélange de fierté ombrageuse et de décente tristesse. Au seul mot de « moderne », on a appris en France à se mettre au garde-à-vous : il suffit de prévenir qu'une idée, même saugrenue, un trait de mœurs, même odieux, un homme, même bas, un mobilier, même hideux, est moderne, et aussitôt personne n'ose plus élever le moindre murmure, et aussitôt en confiance tout le monde applaudit. Même si une nuance de doute et de prudence s'est introduite depuis quelque temps dans les cercles les plus avertis, l'Administration s'en tient à ce critère de jugement, et les provinces, plus longues à convertir, s'y sont ralliées avec retard, mais aussi avec un emportement de nouveaux convertis. Il n'est pas de projet choquant pour le bon sens qui ne suscite désormais, dans les municipalités et les conseils généraux ou régionaux, un ralliement passionné pour peu que l'argument « moderne » soit dûment invoqué. En dépit des réserves qui se font jour dans les conversations privées, nous vivons toujours en France sous le règne d'une Modernité d'Etat. C'est une Modernité tardive, comme on parle maintenant d'Antiquité tardive et non plus de Haut Moyen-Age. Elle ne l'est pas seulement par la chronologie, car elle ne date, sous sa forme actuelle, que des années 60. Elle l'est aussi par sa psychologie, qui est impatiente et nerveuse, tout entière rattrapage, recyclage, affectation forcée et forçant les étapes pour cacher un retard imaginaire ou réel. Rien n'est plus impérieux et intolérant que la volonté de surchauffe qui tient lieu de discernement et de tact dans la décision et l'action.

Ni l'adjectif moderne, ni le substantif modernité ne sont

nouveaux en France. Et de même que l'Etat culturel se rêve des ancêtres au siècle de Louis le Grand et de Colbert, la Modernité d'Etat, qui est son style, se cherche volontiers une généalogie chez les Modernes du temps du Grand Roi, dédaigneux d'Homère et de Virgile, admirateurs de Descartes et de Malebranche, amateurs d'opéras et de contes de fées. La filiation est indéniable, mais elle est plus redoutable que favorable pour les Modernes d'aujourd'hui. Pour commencer, elle prouve que les Modernes ne le sont pas tant qu'ils le prétendent, s'ils ont des ancêtres sous Louis XIV. Le vrai Moderne est celui qui n'a pas d'ancêtre ni de précédent du tout. Au vrai, il est l'Unique.

Si l'on se reporte à la Querelle des Anciens et des Modernes, dont les Modernes actuels se croient les héritiers du côté des vainqueurs, on s'aperçoit que ces vainqueurs d'autrefois et d'aujourd'hui n'ont pas de quoi pavoiser. D'abord, contrairement à une légende accréditée depuis *Le Siècle de Louis XIV* de Voltaire, le Grand Roi, qui goûtait Boileau et Racine, n'a donné aucun signe de faveur à Charles Perrault, dont les flagorneries voulaient faire de lui le roi des Modernes, unique en son genre parmi tous les grands princes de l'histoire humaine. Le roi était beaucoup plus flatté par les Anciens, qui asseyaient sa gloire dans le concert des héros de toujours, Alexandre et Auguste, Achille et Enée. Il écoutait assez de prédicateurs pour avoir retenu d'eux que l'adjectif « moderne », dont Perrault voulait l'afflubler, avait un sens étymologique extrêmement péjoratif, et qu'il signifiait tout simplement « à la mode », ce qui n'était pas tout à fait flatteur au XVIIᵉ siècle pour une conscience chrétienne. La mode, c'était en effet une transposition en français, et au féminin, à la fois du terme scolastique latin *modus* (une façon d'être passagère ou accidentelle, par opposition à la substance durable et subsistante) et de l'adverbe latin *modo*, qui signifie « tout à l'heure », « bientôt », et qui renvoie lui aussi l'esprit à l'instantané, au fugitif de l'instant en train de passer. Il est bien naturel que les mondains aient été séduits par le renversement de perspective qui faisait de leurs modes, et de tout ce qui était moderne, un objet d'enthousiasme sans partage. Mais le roi, qui voulait être aussi le roi du Temps, et pas seulement de son propre temps, ne l'entendait pas de cette oreille. S'il ne découragea ni Perrault, ni Fontenelle, il sentit sa gloire plus en sûreté dans les éloges classiques des Anciens. Cette Querelle des Anciens et des

Modernes fut donc bien une Querelle à armes égales, que Louis XIV, plus avisé que Colbert, ne chercha pas à trancher en faveur des Modernes, et dont l'enjeu, jusqu'à nos jours, reste ouvert.

Un des plus profonds intervenants de la Querelle fut certainement l'Irlandais Jonathan Swift. Pour en résumer l'objet, il inventa une fable qui garde, en cette fin de xxe siècle, quoiqu'elle émane du parti des Anciens, une valeur qui n'échappera à personne. Swift imagine le dialogue entre une araignée et une abeille [1]. Dans la bibliothèque Saint-James de Londres, une araignée, dont l'abeille a déchiré en passant la toile, insulte l'intruse : « Moi, lui dit-elle, je tire tout de mon propre fonds, et j'ai construit ma demeure, grâce à mes savants calculs, avec des matériaux que j'ai entièrement puisés en moi-même. Alors que toi, vagabonde sans demeure ni ressources propres, tu n'as rien d'autre à toi que tes ailes et ta musique. »

L'abeille lui réplique : « Je suis heureuse que vous m'accordiez au moins les honnêtes ressources de mes ailes et de ma voix ; je dois cette reconnaissance au Ciel de m'avoir accordé la liberté de voler et le bonheur de chanter, ce qu'il n'aurait pas fait si ce n'était pas pour les fins les plus nobles. C'est vrai, je rends visite aux fleurs qui éclosent dans les champs et les jardins, et tout ce que j'y puise et collecte m'enrichit sans porter le moins du monde atteinte à leur beauté, à leur parfum, à leur saveur. Quant à votre compétence en architecture et mathématiques, j'en dis seulement ceci : dans votre édifice, il peut bien y avoir du travail et de la méthode, mais, je viens d'en faire l'expérience, les matériaux sont nuls, et j'espère qu'à l'avenir vous prendrez autant en considération la durée et la substance que la méthode et la technique. Vous vous vantez de tirer tout de vous-même, mais si j'en juge par le liquide qui sort de vous, vous êtes pourvue à l'intérieur d'une grande réserve de déchets et de poison, et je conçois que vous n'ayez besoin du secours de personne pour l'augmenter. En bref, la question se résume à ceci : laquelle de nous deux est la plus noble ? Celle qui,

---

1. Pour comprendre cet apologue, il n'est pas inutile de se souvenir que l'araignée est le résultat d'une métamorphose d'Arachné, dont la vanité prétendait l'emporter sur Pallas, déesse de la Sagesse, dans l'art de tisser (Ovide, *Métamorphoses*, VI, I-167) tandis que l'abeille est dans l'Antiquité un emblème des Muses (Platon, *Ion*, 534 a-b).

absorbée dans son étroit quadrilatère, toute à s'occuper d'elle-même, se nourrissant et s'engendrant elle-même, tourne tout en excrément et venin et ne produit rien en définitive que toile d'araignée et crottes de mouche, ou celle qui, dans une quête universelle, au prix d'une longue recherche, de beaucoup d'étude, d'un vrai jugement, et discernement des choses, rapporte chez elle du miel et de la cire ? »

Esope apparaît alors sur les rayons de la bibliothèque et tire la morale de cette fable : « La dispute a fait apparaître dans toute sa force ce qui peut être dit des deux côtés, et elle a épuisé la substance des arguments *pro et contra*. Quoi de plus moderne en effet que l'araignée, qui prétend tout tirer et filer d'elle seule, et dédaigne toute obligation et assistance de l'extérieur ? Elle se vante de sa technique supérieure en architecture et en mathématiques. L'abeille en revanche est un avocat pour nous, les Anciens : faites vos plans avec autant de méthode et de compétence que vous voudrez, si les matériaux ne sont rien que déchets, extraits de vos propres entrailles, l'édifice ne sera en fin de compte que toile d'araignée, dont la durée dépend de leur abandon dans un coin négligé ou oublié. Pour nous les Anciens, nous nous contentons avec l'abeille de n'avoir rien qui nous soit propre, sauf nos ailes et notre voix, autrement dit notre pouvoir de voler librement et de parler. Tout ce que nous obtenons, c'est à force d'érudition et de recherche, en parcourant toutes les régions de la nature. Au lieu d'excrément et de poison, nous avons choisi de remplir nos armoires de miel et de cire, fournissant ainsi à l'humanité les plus nobles choses qui soient, la douceur et la lumière ».

La fable de Swift se prête à bien d'autres exégèses que celle d'Esope. Elle met sur la voie de ce qui partage les humanités des sciences de la matière, la poésie et l'art de l'expressionnisme subjectif, la littérature de la sociologie, la politique libérale de la technocratie, la générosité de l'esprit de l'utilitarisme. Ce clivage n'est peut-être pas moderne, il est extrêmement actuel, plus actuel encore qu'à l'époque de Swift où l'Antiquité et la Nature étaient à peine griffées par la prétention de l'Ego moderne à jouer les araignées de l'Histoire et de l'Univers. Le substantif « modernité » était loin encore d'avoir été inventé.

**

Il le fut par Baudelaire. Il prend chez ce poète, contemporain du « décollage » de la France industrielle sous le Second Empire, les accents d'une tragique ironie. C'est un mot d'ordre de ralliement, mais chargé de défi, à un monde moderne déjà largement tissé par le saint-simonisme et l'utilitarisme démocratique, désenchanté. Il faut maintenant aux abeilles, raréfiées parmi les araignées, se livrer à une torture de soi impitoyable pour apprendre à extraire un peu de miel et de cire dans ce paysage encombré, souillé, balayé, où les fleurs sont rares, et maladives, et à les purifier du poison et des excréments qui s'accumulent dans leurs propres entrailles. La modernité de Baudelaire (qui l'identifie toujours à la mode), c'est un peu le *Golgotha* de l'artiste, mais c'est cependant un programme poétique et artistique de douceur et de lumière rédemptrices, *malgré tout*. La fidélité des lettres et de l'art français sous la IIIᵉ République à la tradition et à l'ancienne beauté découle de cette poétique héroïque de la modernité baudelairienne. Gide et Valéry, Cézanne et Degas, Picasso et Apollinaire, Braque, même et surtout Rimbaud, sont les abeilles stoïques qui continuent à composer du miel et de la cire odoriférantes et nourrissantes au-dessus des nappes de pétrole qui gagnent les mers, les esprits, les cœurs.

Mais aujourd'hui ? Aujourd'hui, la Modernité est la version refroidie et fanatique de la religion saint-simonienne du progrès. Du moins, c'est ainsi qu'elle se présente en France, où elle est devenue le moteur d'une véritable guerre sainte dont l'Etat a pris la tête. Dans un pays comme l'Italie, la modernisation peut prendre l'allure d'une catastrophe écologique, ou faire l'objet, en la personne de ses grands barons, d'un naïf orgueil : c'est une fatalité, ce n'est pas un idéal, ni à plus forte raison une idéologie. Dans les pays scandinaves, en Suisse, la modernisation se fait en souplesse, dans une sorte d'accommodement instinctif aux équilibres que dictent la nature et la forme ancienne des habitats. C'est un progrès de commodité et de confort, ce n'est pas un effort violent qui réclame des victoires, des oriflammes, des monuments symboliques, des défilés de triomphe suivis d'esclaves enchaînés. En France, la Modernité, affaire d'Etat, se doit de rudoyer, d'imposer, ou de ruser : elle a, dit-elle, affaire à forte partie, un prodigieux immobilisme séculaire, un principe contemplatif quasi oriental qui paralyse ses paysans, ses bourgeois, ses patrons, ses classes moyennes, et qui l'oblige à rester en permanence sur le pied de guerre pour vaincre cette force perverse de retard : c'est pourtant le génie du lieu. On s'alliera s'il le faut au Diable pour démoraliser et mettre en déroute ces vieilles habitudes retranchées et tenaces. Aussi la Modernité d'Etat ne se contente-t-elle pas de se montrer arrogante, impérieuse, impatiente, intolérante : comme tout ce qui force la nature, elle doit en rajouter dans l'effort, l'ostentation grandiose, la nervosité affairée. La modernisation de la France d'après-guerre avait été largement commencée par la IVᵉ. Elle a pris un tour épique grâce au pouvoir qu'ont reçu sous la Vᵉ les technocrates modernisateurs, qui sans consulter ni le Parlement ni le suffrage universel ont fait en peu d'années d'une France encore paysanne une France hâtivement et massivement urbanisée, et qui ont introduit des millions de travailleurs immigrés sans que personne s'en avise vraiment, sauf lorsque le racisme a commencé à poindre. Tout cela était peut-être nécessaire et inévitable. L'existence matérielle, le confort et la santé de beaucoup de Français ont été améliorés. Mais imposé d'en haut, par des décisions le plus souvent secrètes, dans un esprit de conquête et de joie mauvaises sur une France « à béret basque et charentaises », que l'on supposait haineusement bornée et frileuse, tout ce progrès matériel a été subi et non agréé, comme une violence accompagnée de ruse qui laisse derrière elle de profondes amertumes et des ressentiments. Il en est allé ainsi partout : les maires « dynamiques » ont imité les hauts fonctionnaires électrisés par la « mystique » du Plan. Pourvus de nouveaux pouvoirs par la loi Defferre de décentralisation, ils n'hésitent plus à abîmer leurs villes et leurs villages pour les moderniser. Les curés simoniaques ne les ont pas attendus pour vendre les boiseries et les statues de leurs églises, qui ne leur appartenaient pas, pour installer des autels en « formica » flambant neufs et une tonitruante sono. Telle est la nouvelle guerre des Modernes contre les Anciens, l'Etat modernisateur donnant l'exemple non seulement des changements nécessaires et raisonnables, mais du fanatisme agressif et méprisant qui rend ces changements odieux et irréparables.

Cette idéologisation du « moderne » a trouvé dans la mondanité parisienne sinon des alliés politiques, du moins des complices de fait. Paris est la capitale de la mode, et la mode par définition est du côté du moderne, quel qu'il soit, pour peu qu'il passe pour tel. La mode, jusqu'en 1968, allait plutôt aux idéologies marxistes et marxisantes, et donc à l'antigaullisme. Mais le marxisme donne à qui l'adopte l'extrême satisfaction de savoir à quoi conduit l'intrigue de l'Histoire : elle répartit ses personnages en « forces dramatiques » qui ont l'avenir pour elles parce qu'elles y travaillent, et en « forces de résistance » qui sont d'avance vaincues puisque tournées vers le passé. La « Modernité », toutes les modernités, y compris sans le dire la modernisation d'Etat conduite tambour battant par la technocratie au pouvoir, se trouvèrent donc valorisées par ce sentiment épique généralement partagé par les Parisiens à la mode, intellectuels et artistes pourtant d'opposition, hauts fonctionnaires des Finances et de l'Industrie animés d'idéaux uriagiens et progressistes.

Le combat de la technocratie contre la « vieille France » ne pouvait se livrer à visage découvert. Il lui fallait des paravents et des alibis. La « démocratisation », terme étrange, comme si démocratie et violence machiavélique pouvaient et devaient aller de pair, fut le plus commode. Il servait de pont entre la droite et la gauche technocratiques. Toute une oligarchie politico-administrative, divisée par ailleurs sur tant de points, se retrouvait au coude à coude sur cette certitude fanatique : il faut accélérer la vitesse de la machine France pour qu'elle entre en « modernité » sans retour. Marc Bloch, dans cette *Etrange Défaite* à laquelle il faut toujours revenir, avait dès juillet 1940 pressenti le péril. Il y décrivait le « train d'enfer que menait contre nous le fameux dynamisme d'une Allemagne aux ruches bourdonnantes », mais il n'invitait pas pour autant les générations qui relèveraient la France à sacrifier la « liberté d'esprit » et la conversation démocratique à une technocratie et à sa volonté de puissance : « Nous les supplions seulement, écrivait-il, d'éviter la sécheresse des régimes qui, par rancune ou orgueil, prétendent dominer les foules, sans les instruire ni communier avec elles. Notre peuple mérite qu'on se fie à lui, et qu'on le mette dans la confidence. Nous attendons d'eux aussi que tout en faisant du neuf, beaucoup de neuf, ils ne rompent point les liens de notre authentique patrimoine, qui n'est point ou qui du moins n'est pas tout entier, là où les prétendus apôtres de la tradition le veulent mettre. » La modernité à marches forcées était une idéologie minimale pour un Etat-Providence, c'était sa morale des forts, c'était son esthétique aussi. Sa jonction devait s'opérer avec la modernité baudelairienne, atrophiée du principe de résistance et de refus qui l'avait rendue cependant fertile et libre. L'Art moderne devint, sur le tard, un des emblèmes et la légitimité poétique de la Modernité d'Etat. C'était une extraordinaire confusion des ordres et une imposture pour l'esprit : l'héritage de Baudelaire et de Manet, mis au service des héritiers de Saint-Simon et de Marx. Cela n'alla pas sans grincements et un surcroît de violence. Rien de tout cela n'était raisonnable ni naturel. Il faudra un jour, comme on a fait le bilan du vandalisme révolutionnaire, faire celui d'une modernisation à la hussarde, d'autant plus arrogante qu'elle se donne des alibis esthétiques. Le grandiose intimidant — et choisi justement pour intimider — a été systématiquement préféré aux formules plus modestes, moins coûteuses, plus acceptables. Georges Pompidou a décidé contre l'opinion publique que les Halles de Baltard seraient rasées, il a affublé Paris, ville horizontale, de tours moutonnières qui firent honte à la bergère Tour Eiffel, il a patronné l'usine à gaz multicolore de Beaubourg, il a projeté de doter Paris d'une « rocade » analogue à celle qui a éventré Bruxelles, et médité de transformer la Seine en autoroute, donnant l'impulsion et l'exemple à tous les « décideurs » de France et de Navarre. On nous dit, on nous répète, que nous autres Français nous avons la chance d'avoir des Présidents de la République lettrés. Nous en sommes fiers, bien que parfois l'on se demande si quelque jour il ne restera plus en France qu'un Président à pouvoir — et à oser — se dire tel. Il est regrettable que l'avantage de la littérature pour un homme d'Etat et pour ses administrés n'ait pas été plus visible dans l'action « culturelle » du Président Pompidou, qui cependant avait commenté autrefois pour ses élèves le *Cygne* de Baudelaire :

> Andromaque, je pense à vous ! Ce petit fleuve...
> . . . .
> A fécondé soudain ma mémoire fertile,
> Comme je traversais le nouveau Carrousel.
> Le vieux Paris n'est plus (la forme d'une ville
> Change plus vite hélas que le cœur d'un mortel).

> > (*Tableaux Parisiens*, LXXXIX)

Ses décisions et ses projets, indifférents au génie du lieu, pouvaient se justifier par le désir de ne pas laisser Paris devenir une ville-Musée. Mais il y a loin entre la greffe des arbres et leur abattage, entre la pédagogie des évolutions nécessaires et la hâte impérieuse ou blessante. La création par l'Etat d'une ceinture monstrueuse de « villes satellites » autour de Paris, l'érection par Malraux de Maisons de la Culture en face de cathédrales gothiques, pratiquèrent la même et monotone « pédagogie » du coup-de-poing. De traumatisme en traumatisme, l'opinion intimidée avait peu à peu appris à baisser la tête, et à battre sa coulpe. Et si par hasard tout cela était « moderne », comme l'*Olympia* de Manet ? Et si d'aventure c'était le Grand Frère qui savait, là-haut, quel est le goût de demain, le goût vraiment moderne ? Le réflexe conditionné que Malraux avait commencé à faire jouer, Georges Pompidou, agrégé de Lettres et auteur d'une mémorable *Anthologie de la poésie française,* acheva de le pavloviser. C'est aujourd'hui un caractère acquis.

Tel fut le Pâris de cet *Enlèvement d'Hélène* de l'histoire contemporaine : la « Beauté moderne », selon Baudelaire, capturée, est devenue l'otage de la Modernité technocratique. On l'oblige à monter sur les remparts pour accabler les manants réactionnaires et passéistes, qui habitent encore un pays éternellement en retard.

1956 : Jean Cassou organise au Musée d'Art moderne, alors au Palais de Tokyo, une exposition de peintres américains, dont plusieurs grandes toiles de Jackson Pollock. Vive émotion dans Landerneau. La Ve République va prendre son essor avec la conviction que la IVe, sur ce point comme sur tant d'autres, a négligé la modernisation de la France. Les cercles officiels découvrent en même temps que la France a été à la tête du mouvement artistique moderne (jusque-là le goût officiel allait plutôt à Dunoyer de Segonzac) et que New York aujourd'hui prétend, avec des titres très forts, avoir supplanté Paris. Le vieux « transfert du génie » d'Orient en Occident, dont la France avait depuis Louis XIV arrêté la marche à l'extrême pointe de l'Europe, aurait donc repris vers l'ouest et franchi l'Atlantique ? Sur le front de la Modernité, une nouvelle brèche se révélait tout à coup, une nouvelle bataille se proposait, de nouvelles victimes, coupables d'immobilité, devaient être sacrifiées.

Au moment où l'oligarchie parisienne découvre l'existence de

Pollock et de l' « Ecole de New York », Pollock venait de mourir, et l' « expressionnisme abstrait » dont il était le chef de file était déjà aux Etats-Unis un phénomène historique et classé. La mode new-yorkaise, déjà fatiguée de ce grand style, en était à fêter le Pop Art. Le règne d'Andy Warhol et de ses sérigraphies usinées commençait.

1959 : André Malraux, devenu ministre des Affaires culturelles, cherche à panser cette blessure de l'amour-propre national. En 1948, dans un *Discours aux intellectuels* il avait déclaré : « Il n'y a d'hypothèse de culture spécifiquement américaine, opposée à la nôtre, que dans la mesure d'une démission en Europe. » L'hypothèse entre-temps semblait avoir pris corps, et elle pouvait prétendre ne pas être « spécifiquement américaine ». L'Ecole dite de New York devait beaucoup aux artistes français exilés en Amérique pendant la guerre, mais plus encore à l'expressionnisme allemand et autrichien. Le Pop Art était encore plus redoutable : déduit de boutades de Marcel Duchamp, il pouvait aspirer à la conquête du monde, en se laissant porter par la marée de consommation qui recouvrait alors l'Europe et l'univers non communiste. La bouteille de Coca-Cola érigée en œuvre d'art, la photo de Marilyn Monroe multipliée en rose et vert, accompagnèrent partout le « mode de vie américain » et le cinéma d'Hollywood.

A ce dynamisme du *show-business* new-yorkais, André Malraux répliqua avec l'éloquence du verbe et des actes symboliques. Il fit peindre le plafond de l'Opéra par Chagall, celui de l'Odéon par Masson. C'était affirmer à la fois la vitalité présente et les titres d'antériorité de Paris sur l'Art moderne. En 1963, il présenta lui-même au Président Kennedy *La Joconde*, à la National Gallery de Washington. Il rappelait ainsi que, de François Ier à Charles de Gaulle, Paris avait été et restait la capitale de la peinture.

L'année suivante, il décide d'envoyer la *Vénus de Milo* à Tokyo, afin de prévenir, par cette tête de pont de l'art français, le débarquement sur le marché japonais de l'Ecole de New York. Les conservateurs du Louvre résistent contre les risques qu'un aussi long voyage fait courir à leur trésor ; l'opinion s'émeut. Le 7 novembre 1964, André Malraux, répondant au Parlement à une question écrite, s'écrie :

« Il est peut-être fâcheux d'envoyer la *Vénus de Milo* à Tokyo.

Mais après tout, si nous avons eu une médaille d'or le dernier jour des Jeux Olympiques, nous avons sûrement eu une médaille de diamant pendant quatre mois. Parce qu'il y a tout de même eu quatre millions de Japonais pour aller voir le drapeau français placé derrière cette statue. Au Japon comme au Brésil, lorsque les gens viennent applaudir la France, ils viennent applaudir la générosité de l'esprit français. »

Il est difficile de relire ce texte improvisé sans quelque gêne, mais on a entendu bien pire depuis.

En 1969, le Metropolitan Museum de New York, qui avait alors une velléité de Département d'Art contemporain, inaugure une vaste exposition de 408 peintures, sculptures et dessins intitulée *New York Painting and Sculpture, 1940-1970*. On pouvait lire dans la préface du commissaire de l'exposition, Henry Geldzahler : « Du fait de sa propre réussite, et de l'indiscutable influence qu'il exerce dans le monde entier, l'art de l'Ecole de New York est bien aujourd'hui (*stands*) le plus récent héritier des mouvements modernes, de l'Impressionnisme au Cubisme et au Surréalisme... L'orgueil national et l'enthousiasme international reconnaissent que quelque chose de magnifique s'est produit. Pour la première fois [l'Exposition du Met] rendra perceptible à tous les admirateurs de l'Art moderne la séquence vitale de moments qui font de l'Ecole de New York l'héritière historique de l'Ecole de Paris. » Et comme l'Ecole de Paris, poursuivait le Perrault de cette nouvelle Querelle des Anciens et des Modernes, celle de New York a un caractère universel. « Elle s'appuie sur une métropole où toutes les conditions du grand Art sont réunies : musées, galeries, écoles et maîtres, collectionneurs, critiques, marchands, connaisseurs, artistes du monde entier. » La réponse parisienne ne se fait pas attendre. « Le Président de la République a décidé, le 2 décembre 1969, d'édifier au cœur de Paris, non loin des Halles, sur le plateau Beaubourg, un centre... » En 1972, Georges Pompidou inaugurait au Grand Palais une exposition intitulée *Douze ans d'art contemporain*, organisée par François Mathey. Art « contemporain » signifiait en réalité l'art « français ultra-moderne », l'art « d'avant-garde » français. Les artistes qui ne figuraient pas parmi les élus manifestèrent devant le Grand Palais. En 1974, le Centre Georges Pompidou était inauguré par Valéry Giscard d'Estaing, nouvellement élu Président de la République, et notoirement hostile au projet de son prédécesseur.

Dans un essai récent[1], Antoine Compagnon met en évidence ce qui sépare la « légende de l'Art moderne » et la réalité des artistes et des œuvres très diverses que, de Manet à Picasso, les conventions narratives de cette légende y ont fait entrer. Selon ce récit, l'Art moderne, de progrès en progrès, se serait de plus en plus détaché de l'Art ancien. Henry Geldzahler (et les promoteurs de l'Ecole de New York) ajoutèrent donc un chapitre à cette légende, en présentant l'expressionnisme abstrait comme le dernier en date, donc le plus considérable « progrès » en art.

Jean-Paul Sartre, dans *Les Mots*, écrit : « Dans nos sociétés de mouvement, les retards donnent quelquefois de l'avance. » Le retard que « Paris » avait pris sur une avant-garde « internationale », qui risquait de trouver désormais sa capitale à New York, était en réalité une illusion. La notion même était absurde. En art, comme en littérature, il n'y a ni retard ni avance. Les bons peintres sont de bons peintres, les chefs-d'œuvre sont des chefs-d'œuvre, qu'ils soient alignés ou non dans un « mouvement » ou une « Ecole », en avance ou en retard. La chronologie ne fait rien à l'affaire. En revanche, elle est indispensable à la publicité « culturelle ». Celle-ci a intérêt à faire croire que l'art ou la littérature, la philosophie ou la découverte scientifique, obéissent aux mêmes lois de croissance ou de décroissance que les phénomènes quantifiables du commerce, de l'industrie, du confort, de l'hygiène, des loisirs. Le mythe de l'Art moderne, qui suppose retard et avance, est bien un mythe « culturel », en d'autres termes un argument de vente. Il traite l'art comme une quantité sociologique, mesurable selon le bruit et les transactions dont il est l'occasion. Une fois le bruit retombé, les transactions oubliées, l'artiste véritable, le chef-d'œuvre irrécusable s'imposent : comme ils étaient étrangers au temps, ils lui résistent quand il passe. A confondre l'art avec l'économie et la sociologie de l'art, à le noyer dans l'actualité, on

---

1. Antoine Compagnon, *Les cinq paradoxes de la modernité*, Paris, Seuil, 1990.

s'expose à rendre impossible l'apparition d'un artiste, d'un chef-d'œuvre. On s'expose à les décourager. On est sûr, en tout cas, de ne pas les encourager. Qui se souvient aujourd'hui des propos publicitaires d'un Henry Geldzahler ? Déjà en 1969, il n'y avait plus d'Ecole de New York !

L'ironie, avec le mythe de l'Art moderne, veut que ses héros, de Manet à Picasso, aient peu de chose en commun. « Moderne », comme « culture » et « intellectuel », est un mot-valise qui absorbe tout indifféremment. Manet et Seurat, Degas et Braque, Monet et Picasso sont « modernes » comme Rubens et Guido Reni, Caravage et Tiepolo sont « baroques » : les qualifier ainsi c'est ne rien dire, sinon indiquer une aire chronologique. Allons plus loin : si l'on prend « moderne » comme l'adjectif de « modernité » au sens précis que ce mot reçoit de Baudelaire, ces peintres « modernes » le sont à rebours de la chronologie. Ils sont modernes non par opposition aux « anciens » (tous sont nourris de la tradition, plus encore que les peintres anciens), mais en ceci qu'ils ont cherché à extraire de la « vie moderne » (industrie et loisirs, vitesse et sensations éphémères) de la beauté, à transfigurer l'actualité en éternité. Leur modernité consista à triompher de la « vie moderne » en lui échappant par le haut, du côté des formes. S'ils se détachèrent de l'art officiel et académique, ce fut pour avoir reconnu en lui, en son éclectisme louche, en ses complaisances envers le marché des loisirs faciles, un valet et non un vainqueur de la « vie moderne ». Et s'ils dialoguèrent plus intensément que leurs prédécesseurs avec la tradition (Manet avec Velasquez et Hals, Cézanne et Braque avec Poussin), ce fut justement pour trouver en elle un point d'appui qui les libère de la pression accrue des apparences et de la vanité « modernes ». L'ordre sculptural de Cézanne, la luminosité spirituelle de Monet, l'intimité jalouse de Vuillard et de Bonnard, le loisir luxueux de Matisse, les vibrations musicales des papiers collés cubistes : autant de dénis tranquilles au progrès, à la publicité, à la vulgarité, au bruit, à la dispersion du regard de la « vie moderne ». La plus extraordinaire falsification a travesti cette suite d'Ariels en une « avant-garde » de Calibans brandissant l'étendard du monde moderne, de son économie, de son industrie, de ses loisirs.

Dans une page excellente de ses *Chroniques du bel canto*, Aragon, qui avec tous ses défauts connaissait la musique, ironise à juste titre sur le paradoxe d'un art de contemplatifs devenu l'ornement du luxe et l'objet de spéculations effrénées :

« Toute la parenté de Reverdy, de sa poésie et du cubisme, est dans l'amitié qui le liait à Juan Gris, à Picasso, à Braque. Aussi peut-être dans un certain sort commun : à une époque où la peinture s'est fait sa palette d'objets des éléments quotidiens d'une vie misérable (car c'est à la pauvreté des peintres, de leurs ateliers, que sont dues les couleurs bises et grises de la peinture en ce temps-là, le choix des ustensiles de la nature morte, où le paquet de tabac, le journal, la boîte d'allumettes remplacent les belles faïences, les cuivres et les fruits traditionnels), la poésie de Reverdy, son vocabulaire élagué, est le terrain vague, la rue hostile, l'escalier délabré d'une vie qui est celle des peintres et des poètes d'alors. C'est la dérision de la société où nous vivons, que ces peintures soient devenues par le jeu des marchands le comble du luxe, le décor de la vie repue, les objets d'investissement des capitaux qui se défient des monnaies. »

Ce qui est vrai pour la Bourse des valeurs, mais aussi pour le Parti communiste, à qui Aragon offrait Picasso et ses amis pour têtes d'affiche, l'est tout autant pour l'Etat, parfaitement étranger à un art apparu loin de lui, à son insu, et qui avait trouvé son public dans une clientèle privée et chez les marchands doués de flair et de goût, un demi-siècle avant que la politique ne s'avise d'en faire un des symboles de la Modernité française. Les artistes « modernes » qui avaient afflué vers Paris — et vers le Louvre — se voulaient des classiques de leur art, à leur tour, quoique dans des temps moins favorables que ceux des maîtres anciens. De fait, ils sont devenus aujourd'hui des classiques — Picasso et Derain, Braque et Gris — que l'on ne peut goûter que dans la longue tradition rajeunie par leur génie. S'ils se voyaient comme une « avant-garde », c'était justement à la pointe d'une tradition de métier trahie par un monde utilitaire et agité, dont ils se séparaient pour lui arracher le peu de beauté dont il était encore capable. Ils étaient donc modernes au sens de Baudelaire, héroïquement. Vint le moment où cette ironie héroïque se jouant du Protée moderne s'épuisa. Ce moment était déjà passé avec l'expressionnisme abstrait américain, qui ne brille ni par l'humour ni par l'esprit. Or c'est à cette heure crépusculaire que l'on commença à hisser, de part et d'autre de l'Atlantique, les étendards de l'Art moderne, enjeu politique, enjeu symbolique d'une petite guerre entre le gouvernement français et les Musées et marchands de tableaux d'Outre-Atlantique. Cette guerre picrocholine est bien oubliée aujourd'hui, mais le conservatisme administratif est tel que les slogans de guerre, du côté français, sont demeurés en vigueur pendant quinze ans, et la bataille pour l'Art moderne était encore naguère une grande cause nationale.

L'adversaire contre lequel le Président Pompidou avait décidé de réarmer avait déjà, au moment même où il s'avisait de le combattre, changé de place et de forme. De la peinture moderne, la révérence sacrée était déjà en train de s'étendre à toute la peinture, d'hier et d'autrefois, sans privilège d'école ni d'époque, fonds universel de reliques miraculeuses, et aussi valeur refuge, comme le « napoléon ». Malraux avait prophétisé une religion de l'Art, mais réduite aux chefs-d'œuvre reconnus. Il n'avait pas prévu cette sacralisation générale de la peinture. Médium brillant, André Malraux ne pouvait pas tout prévoir. Georges Pompidou, collectionneur néophyte, avait lui aussi ses limites. L'un n'avait imaginé qu'une religion populaire des chefs-d'œuvre classés, et l'autre était convaincu que seul l'Art contemporain pouvait faire l'objet de spéculation et de prestige.

L'un ne voulait connaître que le culte des foules pour les icônes célèbres, l'autre voulait convertir les foules à un « Art vivant » qu'il venait de découvrir. L'un et l'autre dédaignèrent de voir qu'à côté des pèlerinages à Compostelle, il y avait aussi des théologiens et des humanistes, dans l'Eglise de l'Art. Il était loin le temps où les rois de France, tout en touchant les écrouelles, se souciaient d'attacher d'abord à leur Couronne la gloire de l'Etude, celle de l'Université, des Collèges, des Académies. La France avait toujours fondé son autorité religieuse sur ses savants dans la religion, plutôt que sur le culte des reliques et les dévotions collectives. Ce fut donc aux Etats-Unis, en Allemagne, en Italie, en Angleterre (qui dès 1933 donna l'hospitalité à Londres à l'Institut Warburg, fuyant l'Etat nazi), que de grandes bibliothèques et Instituts scientifiques furent consacrés à l'Histoire de l'Art, dernière venue des humanités, sœur cadette des études philologiques et littéraires, mais devenue depuis la fin du XIXe siècle une discipline majeure, soutenue par l'esprit du temps. Les Etats-Unis eurent le Getty Museum de Malibu et le Getty Institute de Los Angeles, l'Allemagne la Bibliothèque Hertzienne de Rome, l'Italie l'Institut d'histoire de l'Art de la

Fondation Cini, dans l'île de San Giorgio Maggiore à Venise, où l'on revient toujours. Mais en France, où Malraux et ses successeurs ont « créé » tant de basiliques de Lisieux « culturelles », on attend toujours que le projet d'Institut d'Histoire de l'Art réclamé depuis trente ans par André Chastel prenne corps. L'adhésion officielle à la doctrine de l'Art moderne paralyse par ailleurs tout renouveau de l'Ecole des Beaux-Arts. Culture et science, Culture et éducation, dans ce système biaisé par une politique philistine, étaient devenues des incompatibles.

La science de l'Art, qui se moque de la distinction entre Anciens et Modernes et qui étudie avec le même soin les classiques de la Renaissance et les miniatures gothiques, Bouguereau et Monticelli, Lévy-Dhurmer et Ingres, dans son impartialité est bien accordée au goût éclectique du public international et du marché. Le collectionnisme privé, dans l'extrême variété et exigence de ses goûts, accompagne et souvent précède l'enquête savante, libre de préjugés esthétiques ou doctrinaires, des historiens de l'art. Ainsi au moment même où la fiction d'un « Art moderne » devenait en France doctrine officielle, le goût international, en accord avec l'histoire de l'Art, s'en était largement délivré. A New York et ailleurs, on vit apparaître ou s'imposer des peintres tels que Lucian Freud ou Avigdor Arikha qui pratiquent l'imitation de la Nature, retrouvent le « sujet », le « motif », et réinventent même la notion de « secrets de métier », chère à Balthus. La rupture avec la tradition avait donc été très brève, si même elle n'était pas une pure et simple fiction. C'était là en tout cas qu'il fallait plutôt chercher l'art « vivant », et celui-ci n'avait aucun scrupule, comme autrefois, à demander à la mémoire de l'art des ressources d'invention.

Mais depuis 1974 une répugnance invincible pour ces impuretés domine les gardiens français du dogme, retranchés dans le Centre Pompidou dont ils ont fait leur Sorbonne ou leur Kremlin. Aux Etats-Unis et ailleurs, on a vu partout des architectes, les plus doués ou avisés, rompre avec l'orthodoxie figée et vulgarisée depuis près d'un siècle qui se réclame d'Adolf Loos, de Le Corbusier et surtout du Bauhaus. Reprenant l'histoire de leur art et le traitant en source d'invention, ils n'hésitent pas à revenir aux trois ordres de Vitruve, et à réadapter aux matériaux et techniques modernes la colonne, le fronton, les corniches, l'ornement, parfois même l'élégance commode. Ils renouent avec la tradition de l'Ecole des

Beaux-Arts du xixᵉ siècle, de Charles Garnier et de Victor Laloux. Et pourtant, si l'on excepte les pâtisseries indigestes de M. Bofill (un Espagnol) ou la pyramide transparente de l'habile M. Peï (un Américain), la tradition vitruvienne comme l'enseignement du latin et du grec font toujours en France l'effet d'obscénités réactionnaires. Les commandes officielles, qui donnent le ton, imperturbables dans leur conservatisme d'avant-garde, perpétuent depuis trente ans le dogme de Weimar et l'esprit de géométrie.

A Paris, en effet, en retard de plusieurs guerres, politiques et technocrates s'étaient une fois pour toutes persuadés que l'Etat français, s'il s'en donnait les moyens, ne pouvait « battre » New York et le Nouveau Monde que par une surenchère de « modernité » pure et dure. Mais New York et l'Amérique se souciaient déjà beaucoup moins de paraître « les plus modernes ». Elles pouvaient même s'offrir le luxe de jouer la carte du « passé dans le présent restauré », sur un terrain où la France officielle ne les attendait pas, et où la France tout court avait pourtant toutes les cartes pour l'emporter. On s'employa donc en France à élever un Musée d'Art moderne qui non seulement tînt tête au MOMA de New York, mais qui « stimulât » la « création contemporaine ». Il fallait entendre par là que, sur le paquebot Beaubourg, peinture et sculpture, architecture et arts décoratifs, tournés exclusivement vers le futur, révéleraient au monde une France toujours plus neuve, dynamique, fonceuse, plus américaine que l'Amérique. L'autorité et la consécration de l'Etat sur ce « France » arrimé en plein Paris seraient réservées aux « créateurs » qui donneraient l'impression — ou l'illusion — d'une modernité sans concession, sans faiblesse. C'était évidemment aller au rebours et du goût international, revenu de toute fascination pour la Modernité tardive, et surtout de la plus haute vocation française, ininterrompue depuis Ingres et Delacroix : résister par l'esprit et par la beauté à la vulgarité, offrir un aimant de vraie culture, celle de l'âme, un havre à tous les talents prenant le large du monde moderne. C'était une bénédiction pour ce pays que les politiciens de la IIIᵉ République ne se soient pas mêlés de « dynamiser » en quelque manière un mouvement qui avait commencé bien avant eux et qui s'est poursuivi sans eux. C'était en revanche un malheur que leurs successeurs aient pu imaginer depuis qu'il leur fallait eux-mêmes « prendre les choses en main ». Ces choses n'étaient pas de leur ressort, et entre leurs mains elles devinrent en effet des affaires culturelles.

Même à s'en tenir à ce qui se présente comme une stratégie nationale, toutes sortes de signes auraient dû montrer que, calcul pour calcul, celui-ci était un conte fantastique et dépassé. Le Centre Pompidou lui-même ne trouva jamais plus de prestige que lorsqu'il organisa des expositions classiques d'histoire de l'art : *Paris-Moscou, Paris-Berlin, Paris-Vienne, Papiers collés cubistes, Pierre Bonnard...* En contradiction avec le fanatisme moderniste de ses fondateurs, il fut un moment accordé avec la tendance internationale à libérer les arts de l'impératif catégorique « moderne ». Un de ses conservateurs, Jean Clair, publiait même en 1983 un livre qui rompait avec l'orthodoxie du Centre et des Arts plastiques ministériels, *Considérations sur les Beaux-Arts, critique de la modernité.* L'idée maîtresse de ce livre courageux était tout simplement d'épouser le point de vue et la lumière de Baudelaire pour voir ce qu'il était advenu de l'art, des artistes, et des Musées modernes depuis qu'ils avaient été eux aussi embarqués, avec l'Etat, dans la course au rendement et à la rentabilité immédiats. Jean Clair citait le poète :

« Quoi de plus absurde que le Progrès [...] La croyance au Progrès est une doctrine de paresseux [...] Le Progrès, horreur [...] Tout ce qu'on appelle le Progrès, ce que j'appelle moi *le paganisme des imbéciles.* »

Le rendement mécanique, pour Baudelaire, est payé par une atrophie de l'esprit et de l'âme, et c'est la tâche du poète et de l'artiste de compenser cette mutilation invisible. C'est cette tâche que l'art « vivant » des Musées d'Art moderne, passé à l'ennemi, trahissait dans l'euphorie générale. Le livre de Jean Clair eut un profond écho minoritaire. Le fanatisme de l'Etat culturel, alors dans une phase ascendante, n'en fut pas le moins du monde effleuré.

L'ouverture du Musée d'Orsay, en 1986, pouvait cependant faire croire que le Comité Central du Modernisme d'Etat avait jeté du lest. On avait prudemment, à petites doses, accroché sur ses murs, « remploi » et « détournement » d'une belle gare de style Beaux-Arts, en face du Louvre, quelques exemples de l'art « bourgeois » du XIXᵉ siècle. L'indignation, chez les apparatchiks de l'avant-garde congelée, fut violente. On ne pardonna pas à

Valéry Giscard d'Estaing d'avoir fait de ce Musée une réponse à Kremlin-Beaubourg. Et pourtant, la décoratrice Gae Aulenti avait fait de son mieux pour imposer dans cette architecture et ce musée du XIXe siècle le climat de *Metropolis* et du constructivisme allemand des années 1920. Cet alibi, et l'extrême timidité de l'anthologie proposée par Orsay des peintres non conformes au sens de l'Histoire, montraient à quel point désormais était difficile la moindre déviation de la ligne idéologique du ministère-Parti.

Après 1981, la vulgate moderniste, qui s'était durcie de Malraux à Pompidou, atteint avec le ministère Lang le sommet de la faveur et de l'arrogance officielles. On remarquera que cette idéologie esthétique, intimement associée à des calculs politiques, est entièrement débattue par des hauts fonctionnaires ou politiciens, célébrée par eux, traduite par eux en langage de « création » bureaucratique et de budget. Les artistes suivent, quand ils ont la faveur des princes, les marchands suivent, parce qu'ils attendent une manne et de la publicité gratuite, et il se trouve toujours un public étourdi et intimidé pour accourir. Etrange Bateau-Lavoir, étrange Ecole de Barbizon, que ce Comité Central des Arts qui se met en place en 1981. On crée pour Dominique Wallon, techno-crate doctrinaire, une *Direction du Développement Culturel*. On crée pour Claude Mollard, qui vient du Centre Pompidou, une *Délégation aux Arts plastiques,* dont il fait en peu de temps son empire, avec des relais dans les régions et des *Fonds régionaux d'Art contemporain* qui ont les moyens de « dynamiser » localement les Arts plastiques. Un budget accru de 130 % par rapport à celui de son infime prédécesseur, le « Délégué à la Création », entre autres un budget d'achats de 42,2 millions en 1982, donne à Claude Mollard les moyens d'un véritable Commissaire du peuple à la Modernité plastique, courtisé par les galeries privées, se créant des clientèles parmi les artistes, maître redouté de l'Art vivant. Au sein même du ministère, l'équilibre est provisoirement renversé : c'est désormais la « Création contemporaine », telle que l'entendent ses militants bureaucrates, ses théoriciens idéologues et ses affairistes, qui l'emporte sur les vieilles Administrations patrimoniales. Elle dispose de plus d'argent et de plus de pouvoir dans un secteur pourtant plus limité, mais qu'il s'agit de quadriller à fond pour s'en faire un modèle et une arme.

La logique amorcée par André Malraux, novice en stratégie

administrative, puis perfectionnée par Georges Pompidou, novice dans les choses de l'art, était maintenant poussée par ces nouveaux bureaux conquérants à ses dernières conséquences, en système de domination. La Modernité d'Etat « en un seul pays » disposait désormais d'un organe politique puissant et en mesure de se faire respecter dans tout l'Hexagone, sinon à l'étranger qui en principe était la cible de toute l'entreprise.

Naturellement, le ministère continuait à se défendre de tout « dirigisme ». Mais quand une doctrine de la « création », au service exclusif d'un art dénommé « vivant » par ses juges politico-administratifs, est rendue officielle par le mécénat d'Etat, quand il est à même d'orienter le marché, d'intimider les artistes et le public, quel autre mot que « dirigisme » pouvait bien décrire cette situation sans précédent ? Sans précédent de l'aveu même de Jack Lang qui, dans une thèse sur *L'Etat et le théâtre*, avait naguère constaté que l'Etat français, dans toute son histoire, même sous la monarchie, n'a jamais systématiquement cherché le pouvoir absolu dans les arts.

Donc, quand partout dans le monde on a renoncé à savoir ce qui est vraiment « moderne » en art, le dernier carré des croyants règne sans partage à Paris. Quand le sentiment prévaut un peu partout ailleurs que l'histoire de l'art (outre une discipline scientifique) est devenue aussi une ressource pour l'invention des artistes, peintres, sculpteurs, architectes, on s'en tient à Paris à vénérer « le vierge, le vivace et le bel aujourd'hui », et à s'en servir pour exercer ce que Jean Paulhan appelait une « terreur ». Et comme les artistes eux-mêmes ne sont pas toujours à la hauteur, on en est venu à organiser au Centre Pompidou, forteresse de la Modernité d'Etat, des expositions « créatives », imaginées par l'administration d'un Musée qui ne se souvint jamais autant qu'il avait été « créé » par un Président de la République artiste. Ce furent, dans l'indifférence profonde du public cette fois, les *Immatériaux* en 1987, et *Les Magiciens de la Terre* en 1989. Cette génialité de conservateurs parisiens ne tarda pas à faire école en province : à Caen, une exposition « créative » consacrée à la Révolution exposa pour tout potage un escarpin dit « de Marie-Antoinette », autour duquel se déployait un savant « environnement » géométrique et audiovisuel. Cette sculpture éphémère avait pour auteur le commissaire de l'exposition. Ainsi la « création » et « l'Art vivant » sont devenus des parthénogenèses de l'Administration des Arts plastiques.

L'ère des grandes expositions d'histoire de l'art s'était close sur un *Paris-Vienne*, dont le sujet, crépusculaire à souhait, avait été agrémenté par l'ouverture d'un « Café viennois » de style Las Vegas au rez-de-chaussée du Centre. Les conservateurs qui s'étaient avisés de conserver n'en furent pas moins éloignés, et remplacés par une équipe plus orthodoxe et plus fidèle à l'esprit moderniste des origines. Le Centre, sous divers prétextes, s'arrangea pour refuser d'accueillir une belle exposition Picasso-Braque, consacrée à deux classiques et établie avec soin. L'Europe se précipitera à Bâle pour la découvrir. Dans un article du *Monde*, le nouveau directeur du Musée d'Art moderne, impatient même des classiques que son Musée expose et conserve en permanence, proposa de les transporter ailleurs, et de les remplacer par un vaste spectacle *multi-media* où le touriste n'aurait qu'à se laisser faire : « Il est plus éclairant, écrivait ce créatif directeur, d'orienter l'appréhension et le jugement d'un objet en lui en adjoignant un autre, un poème ou une musique, que d'y accoler un texte explicatif. » Cette épistémologie « culturelle », qui démocratise un surréalisme réchauffé, va de pair avec la critique du « cadre de la culture occidentale ». « Outre les rapprochements formels, c'est la charge spirituelle ou magique de ces objets qui compte. Et les artistes ou les collectionneurs du début du siècle qui mêlaient dans leurs demeures l'avant-garde ou le primitif ne s'y trompaient pas. C'est à une vraie pédagogie des facultés sensorielles et visuelles que le visiteur serait convié. »

L'article se terminait par une flambée de langue de bois : « La France, longtemps complexée et frileuse dans le domaine des Arts plastiques, est en train de retrouver son dynamisme et son ouverture. Il faut la doter du musée qu'elle mérite et que le public attend », etc.

Cet article n'est pas resté sans réponse. Son auteur a dû même quitter depuis la Direction du Centre, aujourd'hui plongé, semble-t-il, dans une sorte de semi-retraite méditative. Cet épisode néo-jdanovien n'en est pas moins caractéristique : on n'identifie pas impunément bureaucratie et génialité créatrice, pesanteur administrative et novation à tout prix.

A cet acharnement, il serait regrettable que succédât soudain un engouement pour ce qu'il est convenu d'appeler « post-modernisme ». Ce que l'on entend par là, et qui est loin d'être clair et unanime, est tout aussi futile que l'idéologie de la « créativité » moderniste. Adopté par l'administration culturelle, il ne serait qu'un « tournant » doctrinal de plus qui ne changerait rien à l'essence impérieuse et stérilisante de sa tutelle sur l'art français. Le modernisme est refus du savoir historique, il est aussi refus des disciplines de métier. Il trouve un alibi à cette double démission de l'esprit dans la célébration conjointe du progrès technologique et de la magie sensorielle. Le post-modernisme ajoute à ces alibis, auxquels il est loin de renoncer, un luxe de références historiques « déconstruites » et un retour sceptique aux apparences du métier. La racine du mal est la même : l'enfermement carcéral dans l'actualité. La seule différence, mais elle est mineure, c'est que les Modernes veulent ignorer le passé, tandis que les Post-modernes veulent l'exploiter comme magasin d'accessoires pour décorer notre cellule. Dans l'un et l'autre cas, la France est perdante, l'Amérique « moderne » et « post-moderne », gagnante. La chance de la France est d'avoir un passé suprêmement intelligent et nourrissant, mais elle ne peut bénéficier de cet atout-maître qu'à la condition d'engager avec lui un dialogue d'égal à égal, comme celui de Dante et de Virgile au seuil de *La Divine Comédie*. Si elle traite son passé, regorgeant de sagesse et de beauté, comme les Espagnols, déjà très modernes, ont traité leurs Indiens, elle ne sera que le cinquante et unième Etat du Nouveau Monde, et non l'interlocutrice respectée du concert des nations.

Ce choix et cette chance relèvent de la haute intelligence politique. Mais ils relèvent d'abord de la conscience et de la liberté personnelle de chacun d'entre nous. Dans la meilleure des hypothèses, pour favoriser ce dialogue des morts et des vivants entre Français, l'Etat ne pourrait-il pas, prenant ses distances envers les modes, les doctrines éphémères, la sociologie des mentalités, le marché « culturel », mettre son autorité, et non plus sa volonté de puissance, du côté du vrai savoir ? S'il se résolvait à admettre que des artistes, un public échappent, au moins pour leur formation, à l'emprise immédiate du marché et à la pression des modes, il doit laisser le Musée, les Ecoles des Beaux-Arts, l'enseignement de l'histoire de l'art, apprendre les disciplines qui construisent des talents, fassent naître des goûts. Renouer savamment avec la tradition de son métier, la faire connaître et comprendre, telle est la tâche qui s'impose aujourd'hui à quiconque veut être libre des facilités de la mode et des loisirs. C'est vrai pour tous les métiers, c'est aussi vrai des arts. Même un Poussin, un Cézanne, ont dû, pour tuer en eux la marionnette de l'actualité, remonter vers les maîtres classiques, et se trouver eux-mêmes dans leur compagnie. C'est cette attitude, jusque dans ses formes les plus modestes, qu'il faut favoriser, car c'est elle qui, à la longue, est « payante ». Le temps récompense ceux qui ont pris soin de l'apprivoiser.

Les classiques aujourd'hui, dans les arts, sont plus nombreux qu'ils n'étaient pour Cézanne et Braque. Eux-mêmes comptent désormais dans le cercle des maîtres. Libre à chacun de choisir son maître, pour peu qu'il en reçoive une vraie discipline, et qu'il trouve par cette voie ce qui en lui doit prendre forme. Encore faut-il que, quelque part, les maîtres soient chez eux, honorés, étudiés, hors des « aperçus » et des « circuits » d'un tourisme généralisé et agité. On ne reviendra pas sur la démocratie commerciale, sur son marché, sa publicité, ses loisirs. Mais en l'acceptant sans arrière-pensée, il convient de la persuader aussi de l'intérêt qu'elle a, pour sa santé politique et morale, pour son bonheur, à placer au-dessus de son propre jeu d'offre et de demande, de hâte consommatrice, des institutions et des disciplines du loisir studieux et désintéressé. Ce n'est certainement pas le rôle de l'Etat démocratique libéral de donner sa caution à la facilité, à la ruse, à l'absurde, et d'y inviter les foules, au lieu de se donner pour ardente obligation de laisser toutes ses chances à l'esprit. Mais il est bien évident que cette attitude libérale ne lui reviendra pas de bon gré : la révolte des esprits est seule à pouvoir soutenir en France une réforme intellectuelle et morale du service public.

8

CULTURE CONTRE UNIVERSITÉ

L'erreur sur laquelle a été construit l'édifice « culturel » est d'abord de nature politique : on a voulu une France « moderne », compétitive, mais on n'a pas voulu voir que, de ce fait, elle devenait justiciable des analyses de Tocqueville dans la *Démocratie en Amérique*. Ce singulier strabisme a conduit les politiques et technocrates français à faire *comme si,* au moment même où ils parachevaient la métamorphose du « cher et vieux pays » en démocratie commerciale et consommatrice à l'américaine, la France restait justiciable des schèmes en vigueur chez les intellectuels des années 30 : bourgeoisie contre peuple, arts d'avant-garde contre bourgeoisie.

Les vampires d'Etat ont cherché dans ces vieilles antithèses mélodramatiques une poésie et une morale pour embellir leur « modernisation » de la France. Ils ont trouvé dans les slogans de 68, dans ceux de 81, un « second souffle », une « seconde » et une « troisième » jeunesse pour cet « idéal » de jeunes vieillis. Traduits en langage ministériel, retraduits en langage révolté, les poncifs de la « démocratisation culturelle », puis du « tout culturel », se sont chargés tour à tour des espoirs placés dans d'autres poncifs : « Tous créatifs », « Changeons la vie ». Les mots-écrans et alibis sont interchangeables. Il s'agissait, dans les bureaux ou dans la rue, d'un retard et d'un refus d'analyse du réel, et donc d'une véritable démission de l'esprit français devant ses tâches nouvelles, dans un pays qui, par l'économie et par les mœurs, était entré dans la norme commune des démocraties « développées ».

L'heure était pourtant venue, et Raymond Aron fut le premier à le comprendre, de relire la *Démocratie en Amérique* non plus comme un rapport diplomatique, mais comme un « Connais-toi toi-même ». La plupart des traits relevés par Tocqueville dans le long terme américain (sauf la religion et l'amour de la liberté) sont devenus les nôtres, et se sont amalgamés à des survivances de plus en plus fantomatiques de l'ancienne société : l'amour généralisé des jouissances matérielles, l'inquiétude au milieu du bien-être, la simplification des manières, l'aspect à la fois agité et monotone de la vie publique, l'ardeur des ambitions et l'absence de grandes ambitions. Tous ces traits qui ont affadi les caractères se sont répandus en même temps que les moyens, inconnus de Tocqueville, pour les hypertrophier : la généralisation des loisirs, du tourisme, de la technologie, des sensations visuelles et auditives préfabriquées... Aux Américains de son temps, Tocqueville, après avoir décrit de façon saisissante l'état de la littérature en régime démocratique (« La foule toujours croissante des lecteurs et le besoin continuel qu'ils ont du nouveau assurent le débit d'un livre qu'ils n'estiment guère »), leur donne un conseil de *contrepoids* :

« Il est évident que, dans les sociétés démocratiques, l'intérêt des individus, aussi bien que la sûreté de l'Etat, exige que l'éducation du plus grand nombre soit scientifique, commerciale et industrielle plutôt que littéraire. Le grec et le latin ne doivent pas être enseignés dans toutes les écoles, mais il importe que ceux que leur naturel ou leur fortune destine à cultiver les lettres, ou prédispose à les goûter, trouvent des écoles où l'on puisse se rendre parfaitement maître de la littérature antique, et se pénétrer entièrement de son esprit. Quelques universités excellentes vaudraient mieux, pour atteindre le but, qu'une multitude de mauvais collèges où des études superflues qui se font mal empêchent de bien faire des études nécessaires. Tous ceux qui ont l'ambition d'exceller dans les lettres, chez les nations démocratiques, doivent souvent se nourrir des œuvres de l'Antiquité. C'est une hygiène salutaire. »

Si l'on va à l'esprit de ce texte, qui a parfaitement survécu à sa lettre historiquement datée, on voit bien avec quelle profondeur il s'applique à la France actuelle. Celle-ci a une tradition littéraire, philosophique et artistique que l'Amérique n'a pas. Elle ne l'a pas, pour la raison obvie qu'elle n'a ni Antiquité, ni Moyen Age, ni Ancien Régime, et qu'elle a construit son système politique sur une philosophie contemporaine de sa naissance, celle des Lumières, de Locke à Montesquieu. L'Amérique est un pays intégralement moderne. Ce qui ne l'empêche pas, justement parce qu'elle est à ce point moderne, d'éprouver par compensation le désir de connaître les traditions, celles de l'Europe et celles de l'Asie, qui sont fondées sur un postulat commun inverse de son propre utilitarisme : la supériorité de la contemplation sur l'action, l'esprit comme illumination de la matière. Ne pouvant les retrouver dans sa propre filiation, dans sa propre mémoire, comme c'est notre chance, à nous autres Européens, elle s'est donc adressée à l'étude savante, elle a créé pour cela, entre autres, des « Universités excellentes », elle a fait grand accueil aux savants européens, tels Erwin Panofsky ou Léo Strauss. Personne n'était mieux à même que ces grands professeurs de tisser un fil qui la rattache à Mnémosyne, mère des Muses, et qui la soulage de l'avidité moderne, de l'autre figure du Temps qui règne chez elle : Chronos.

A le bien prendre, notre propre IIIe République, née sous le signe de la « République athénienne », voulut rompre elle aussi les racines encore vivantes qui rattachaient la France politique, économique et religieuse à l'Antiquité, au Moyen Age, à l'Ancien Régime. Mais justement, elle voulut aussi, en compensation, que ce passé devînt l'objet d'une étude et d'une connaissance savantes, d'une remémoration respectueuse et méditée ; elle restaura et honora son Université, ses Ecoles des Hautes Etudes, ses Académies, où « l'hygiène salutaire » dont parle Tocqueville était pratiquée avec vigueur et rigueur. Jamais l'Ecole des Beaux-Arts ne fut plus brillante qu'au moment où la IIIe République rompait définitivement avec le système de Cour, auquel les Beaux-Arts étaient historiquement liés. Cette Ecole historiciste, éclectique, rattachait l'invention des artistes et des architectes à la mémoire : elle eut la plus profonde influence aux Etats-Unis, par ses élèves américains, jusqu'à l'heure où le Bauhaus prit pour longtemps la relève. Un des plus grands esprits du XIXe siècle, Taine, y enseigna l'histoire de l'art, et donna à celle-ci la dignité d'une discipline savante. Des deux côtés de l'Atlantique, en ce déclin du XIXe siècle, les meilleurs percevaient de façon analogue le devoir ironique de la modernité : à la rupture radicale avec le passé politique et économique, devait répondre l'exigeant souci de retrouver dans le passé philosophique, littéraire et artistique, par les voies de la connaissance historique, la noblesse de l'esprit. La générosité désintéressée de la mémoire savante devait faire contrepoids à la novation scientifique et technique, et maintenir le sens de la convenance et de la mesure au milieu des évolutions économiques et sociales. Durkheim n'hésitait pas à se faire l'historien des institutions pédagogiques en guise d'introduction à toute moderne pédagogie. Berthelot lui-même, en dépit de son positivisme intransigeant, se livrait à une histoire de l'alchimie, en marge de ses propres travaux de chimiste. Son ami Ernest Renan, quoique agnostique, se livrait à une immense enquête dans les traditions religieuses du Moyen-Orient.

Ni Tocqueville, ni Jules Ferry, ni les fondateurs de l'Université Harvard ou de celle de Chicago ne pouvaient prévoir l'extrémité à laquelle conduiraient l'économie de marché et les inventions techniques : la société de consommation. Le contrepoids que ces républicains demandaient à l'éducation, à la science historique, à la connaissance des formes et symboles de la tradition, il est beaucoup plus indispensable aujourd'hui qu'à la fin du XIXe siècle. Plus que jamais, nous avons besoin de ces « Universités excellentes » où ceux qui en ont vocation puissent étudier les auteurs antiques, les monuments d'un art et d'une sagesse contraires à nos propres préjugés, et cela non seulement par souci de connaître, mais par une hygiène morale et civique salutaire. Le sort des lettres et des arts est lié à cette remémoration savante et à son enseignement. Plus que jamais aussi, il va sans dire, nous avons besoin d'Instituts scientifiques où règne la discipline désintéressée et l'émulation de la découverte. C'est l'autre régime de la liberté d'esprit. Mais l'un ne va pas sans l'autre. Pourquoi sacrifierait-on l'un à l'autre ? Bertrand de Jouvenel propose une explication un peu différente de celle qui prévaut généralement :

« Aussi n'apparaît-il pas étrange que notre société élimine de plus en plus l'enseignement des Humanités, puisque les auteurs classiques énonçaient des principes de conduite qui jurent avec nos maximes de conduite. Tous ont prôné la modération des besoins, vanté la stabilité des mœurs, et représenté le désir des richesses comme la grande cause de démoralisation et de décadence. Qu'il soit interprété par Xénophon ou par Platon, Socrate ne donne point d'éloges au commerce d'Athènes. Bien au contraire, l'école socratique célèbre les mœurs plus rudes de Sparte et Platon situe sa cité idéale loin de la mer afin de la mettre à l'abri des tentations. Dans la ville la plus ouverte et la plus dynamique de la Grèce, les philosophes prêchaient la fermeture et la stabilisation. »

Si rapide qu'il soit, cet aperçu met sur la bonne voie : poètes, philosophes, orateurs, historiens, savants de l'Antiquité n'allaient pas dans le sens des passions et des vices de leur temps, et c'est cette leçon contemplative, fertile en œuvres de beauté et de sagesse, qui a traversé victorieusement les siècles, apparentée à celle que les orientalistes et les ethnologues nous ont révélée dans les autres civilisations traditionnelles. Cette leçon, qui se trouve spontanément en accord avec les vertus qu'exige le loisir studieux aujourd'hui encore, en pleine société du mouvement et des loisirs, doit être étudiée, doit être enseignée, doit pouvoir rayonner afin de ménager à l'esprit sa respiration et sa liberté.

Au lieu du respect pour les œuvres belles et fortes, qui était encore la pierre angulaire de l'édifice d'éducation française, il n'y a guère, qu'avons-nous vu ? Quel choix l'Etat a-t-il fait ? Quels conseils lui ont donnés les sociologues à courte vue, les philosophes de la « modernité » et de la « post-modernité » ? Et sous ces impulsions impérieuses, dans quel sens s'est orienté l'esprit français mis au défi de la société de consommation ? On a privilégié une « Culture » qui, loin de faire contrepoids au dynamisme du marché et à l'hédonisme consommateur, les redouble et les autorise par l'autorité même de l'Etat. Cette « Culture » a servi d'alibi pompeux et triomphaliste à la ruine de l'ancienne Université et à l'humiliation de ses maîtres. Asservie à l'actualité immédiate, réglée sur la conjoncture, elle a de plus en plus servi de modèle à une Ecole et une Université « branchées sur la vie », renonçant à éduquer, c'est-à-dire à élever au-dessus du troupeau, à faire grimper sur l'échelle de Jacob des œuvres bonnes et sages, pour en redescendre le moment venu *avec du recul*. Enseignement de masse ou enseignement professionnel et spécialisé, dans l'un et l'autre cas la place des humanités y a inexorablement été réduite, et les disciplines savantes qui leur correspondent ont été progressivement noyées dans les sciences sociales. Par une irrésistible osmose, le tourisme intellectuel, l'émotion hâtive, la « communication » attelée aux slogans du jour se sont infiltrés dans la formation des jeunes esprits, et si les Centres culturels ont fini par ressembler à des Supermarchés des loisirs, les écoles et les lycées eux-mêmes, après les Musées et les châteaux, sont menacés de devenir des centres culturels.

L'Ancien Régime a légué à l'Etat républicain une tradition de mécénat artistique ; la Révolution, soucieuse de réparer son propre vandalisme, lui a légué une tradition de sauvegarde du patrimoine. L'Etat culturel tire ses titres de noblesse de ces deux traditions, qui en effet sont exemplaires, et relèvent exemplairement de l'éthique propre au service public. Les volitions confuses et changeantes qui s'emmêlent dans le programme « culturel » ont compromis la finalité propre aux Musées, aux Monuments historiques, et maintenant à la Bibliothèque nationale. Ces établissements patrimoniaux ont été ou vont être plongés dans le marché, la publicité, le tourisme. Au lieu d'encourager par voie fiscale le mécénat privé à créer des Fondations durables, des Instituts de Hautes Etudes, des chaires d'enseignement, on a d'autorité orienté ses ressources dans une multitude de « sponsorisations » éphémères qui ne se distinguent guère de la publicité pure et simple. A la limite, l'Etat culturel devrait reconnaître sa propre obsolescence dans les innombrables « spots » publicitaires qui allient Verdi et la poudre à récurer, Victor Hugo et les machines à laver, et qui mettent à la disposition de tous, en effet, des « chefs-d'œuvre de l'humanité ». La Culture tend à n'être plus que l'enseigne officielle du tourisme, des loisirs, du shopping.

Cela fait double emploi. Chaque chose en son ordre. L'Etat culturel entretient la confusion là où la tâche de l'Etat, au-dessus du marché, devrait être d'établir des règles, des limites, de la clarté. Une partie des préoccupations du ministère de la Culture relève en réalité du ministère du Tourisme et du Temps libre. En revanche, un ministère du Patrimoine devrait collaborer étroitement avec celui de l'Education nationale. Des émissions de télévision éducative et de qualité pourraient naître de cette collaboration. Délivrées de la tyrannie des sciences sociales, de nouvelles humanités, associant l'histoire de l'art, de la littérature et de la philosophie, dissociant du discours idéologique l'étude des textes et des œuvres, doivent trouver et trouveront leur place dans l'éducation, au côté de l'histoire de la musique et du théâtre. L'Administration actuelle de la Culture, édifiée sur la haine des Académies, fonctionne en réalité comme une caricature d'Académie de la Renaissance, et de son culte des neuf Muses. On y trouve en effet tous les arts, étouffés par une prétention bureaucratique à la créativité. Mais c'est une Académie tronquée, où l'on ne cultive, sinon sous le nom abstrait de Lecture, ni les Lettres, ni l'Histoire, ni la Philosophie. C'est le dernier endroit où toutes les Muses pourraient former un chœur, et chanter avec leur mère, la Mémoire. Mais cette caricature d'Académie tient lieu de ce dont la France démocratique a besoin, et qui ne saurait se reformer que dans l'Université, pour se répandre ensuite dans l'école. C'est alors que les Musées, les Monuments historiques, les Bibliothèques, voire les Théâtres publics retrouveraient un sens et une fertilité qu'ils ont été incités à perdre pour se plier aux impératifs de la publicité et du rabattage touristique. Une politique de l'esprit est un tout : elle embrasse d'un seul tenant l'Education nationale et ce qu'il est convenu d'appeler Culture, mais qu'il vaut mieux ramener à la dénomination modeste de Patrimoine. L'Etat, service public, ne peut pas tout. Il l'a trop cru. Mais il peut beaucoup, et il le pourra d'autant mieux qu'il saura réapprendre la modestie, et laisser les savants, les artistes, le public prendre le pas, là où lui-même n'y entend guère, sur sa volonté de puissance étouffante déguisée en bienveillance universelle.

La démocratie, lorsqu'elle se réduit à la « société de consommation », l'Etat démocratique, lorsqu'il se borne à une gestion de la consommation « économique et culturelle », perdent leur âme, comme on disait encore naguère : en tout cas, le respect. En choisissant la Culture, en renonçant à l'idée d'Université que s'était faite la IIIe République, en ne lui cherchant pas un substitut digne, adapté aux circonstances nouvelles, l'Etat français sous la Ve République a laissé insensiblement se corrompre la démocratie. Une réforme s'impose. Il est grand temps. Ce n'est pas le marché qu'il faut réformer, mais la politique. Elle consiste à privilégier claire-ment l'éducation, l'étude, la science : à l'Université, dans les Musées, dans la conservation et l'accroissement du patrimoine. Cela n'est pas incompatible avec une bonne vulgarisation, à condition que celle-ci ne se confonde pas avec le Guignol's Band du grand commerce des loisirs et du tourisme. L'idéologie de la Culture n'est pas le seul obstacle à cette réforme. Des intérêts puissants, des solidarités intéressées, et l'utilitarisme moderne tout entier, ce qui n'est pas peu, s'y opposent. Mais une idéologie les voile et les légitime aux yeux du suffrage universel. La déchirer, lui substituer un dessein raisonnable et en dernière analyse national, ce serait mettre en difficulté les néo-colonisateurs culturels qui se sont longtemps prévalus du sens de l'Histoire et de l'amour sans mélange pour le progrès. Le public se sent depuis quelque temps un peu trop dupé. Il n'est pas incapable, en dépit de l'état d'ilotisme où l'on a longtemps cherché à le réduire, de mieux comprendre la différence entre éducation et divertissement, que la nuance, à proprement parler insaisissable, qui prétend séparer le « culturel » de l'Etat du « culturel » mercantile. Il respecterait davantage un Etat éducatif et honorant la mémoire savante. Il mesurerait mieux la distance entre « loisirs » et loisir studieux. Il s'accommoderait d'autant mieux de cette distance qu'en démocratie chacun est libre de passer des uns à l'autre, de revenir de l'un aux autres. C'est une question de vocation et de préférence privées. Le devoir de l'Etat, en revanche, est de maintenir la balance égale entre le loisir studieux, propre à l'esprit, et les loisirs, propres aux sens.

L'Etat culturel, c'est l'Etat-loisirs, et rien d'autre. Il n'est pas sûr que ce dinosaure français à très petite tête puisse tenir la route dans une Europe et un univers où la compétition n'est pas seulement économique et politique : l'autorité de l'esprit y sera plus sollicitée et plus contagieuse qu'elle ne l'a jamais été, justement parce qu'elle est devenue partout très rare.

9

LA FRANCE ET SA TÉLÉVISION

> « Les républiques démocratiques mettent
> l'esprit de cour à la portée du grand nombre et
> le font pénétrer dans toutes les classes à la fois.
> C'est un des principaux reproches qu'on peut
> leur faire. »
>
> Alexis de Tocqueville,
> *De la démocratie en Amérique*, I, 7.

Pour juger l'Etat culturel, il faut sans doute regarder au centre,
dans les affaires du ministère qui porte son nom. C'est là en effet
que l'idéologie du système a son siège, et c'est là que son
orthodoxie et ses « tournants » se déterminent. Mais c'est là aussi,
paradoxalement, que l'on est le mieux préparé à se prémunir contre
leurs effets pervers. Musées, Archives, Monuments historiques, et
même parfois Théâtre, « nourris dans le sérail, en connaissent les
détours », et parviennent à défendre ou retrouver le sens de leur
tradition contre les empiétements du Comité central. Comme au
Kremlin, il y a dans les rangs culturels des « conservateurs » et des
« progressistes », et si ceux-ci sont envahissants, voyants, inquisi-
teurs, ceux-là ont appris en sourdine à se défendre et à louvoyer.
En revanche, les deux ailes latérales, et infiniment plus massives,
plus décisives, sont plus uniformément et radicalement sinistrées.
L'une est l'Enseignement, l'autre la Télévision. Ni l'un ni l'autre
ne dépendent du ministère de la Culture. Mais ils ne sont pas les
moindres organes de l'Etat culturel. Or l'un, l'Enseignement, est à
plat. De temps en temps, il se trouve un plaisantin pour répandre
le bruit que « le niveau monte ». Sur les murs de nos établisse-

ments d'enseignement, la réponse des *taggers* ne tarde pas. Les fastes éphémères de la Rue de Valois ont servi d'alibi à la déroute durable de la Rue de Grenelle. La notion brouillonne de Culture, dont les Maisons et les Centres du même nom ont assuré la publicité pour éblouir l'opinion, a mordu comme un acide l'architecture morale et intellectuelle d'excellent métal que la IIIe République avait léguée à son enseignement, et nous sommes maintenant à la veille de voir lycées et collèges transformés à leur tour en petites Maisons de la Culture, selon l'implacable logique multiplicatrice mise en route depuis 1959. Plus que les Musées, les Archives et les Monuments historiques, l'Ecole et l'Université massifiées ont souffert de l'idéologie et de la sociologie culturelles. Ce sont elles, pourtant, par leur poids dans le budget et leur rôle dans la santé de la nation, qui engagent tout l'avenir. Mai 68, par les canaux de la Culture, a continué de faire tache d'huile partout où l'Etat exerce sans partage son autorité, et il serait temps peut-être de comparer cette « acculturation » de l'Enseignement français à ce qui se passe chez nos voisins et rivaux européens.

L'autre aile de l'Etat culturel est la Télévision. Là aussi, nous sommes à une échelle sans commune mesure avec le public et les effets modestes qui sont à la portée de l'Administration culturelle. Là aussi, nous sommes dans un ordre de choses qui échappe à la Rue de Valois depuis les origines des Affaires culturelles, et qui lui échappe aujourd'hui encore, pour l'essentiel. A certains égards même, la Culture valoisienne se présenterait volontiers sinon comme la rivale plus noble, du moins comme le correctif de la Télévision. Les mêmes causes pourtant engendrent les mêmes effets, et en dépit de son compartimentage apparent l'Etat culturel est un, il tend même obstinément, par une nécessité qui dépasse ses occupants successifs et parfois rivaux, à une homogénéisation générale. On pourrait même dire que la politique télévisuelle de l'Etat est le révélateur le plus décisif de l'essence de sa politique culturelle, l'étalon sur lequel elle tend et tendra toujours davantage à mesurer et « dynamiser l'espace » où s'éteint et s'étouffe en France la vie de l'esprit.

L'empire de la Télévision est universel aujourd'hui. Il l'est depuis longtemps aux Etats-Unis, qui ont donné les premiers l'exemple de l'immersion de tout un peuple dans un torrent d'images et de voix fantomatiques. Il est passé en habitude. Il reste encore en France une fascination. Mais c'est une fascination frustrée et nerveuse. Après l'Enseignement, la Télévision est en train de devenir un tourment français. Pourquoi ? Les multiples « réformes » dont elle a été l'objet, comme l'Ecole et l'Université, ont aggravé d'année en année son malaise et celui du public. Elle ne se remet pas d'avoir été initialement, sur une seule chaîne omniprésente, la « Voix de la France », et les réformes qui, avec l'augmentation du nombre des chaînes, l'ont modifiée se sont bornées à l'affranchir de la qualité « France » originelle, sans la libérer de la tutelle, d'autant plus pénible qu'elle est devenue indirecte et tortueuse, de l'Etat. La Télévision, dès le départ, a été interprétée en France comme un instrument d'Information contrôlé et censuré directement par le pouvoir exécutif, et accessoirement, comme un divertissement populaire qui ne devait pas descendre trop bas, sous peine de blesser la majesté de l'Etat. C'est l'état classique, gaulliste, de la Télévision française, et toutes les réformes ont été faites avec l'obsession de sauver le premier principe, en sacrifiant le second. Le résultat est une télévision qui n'informe pas, de peur de déplaire, et qui amuse mal, par désir de faire oublier à quel point elle informe mal.

Dans chaque nation, les « étranges lucarnes » commencent par s'installer dans les habitudes, les mœurs, le caractère qui prévalent en ce pays. La sociologie se met au travail pour décrire les « bouleversements » que cette merveilleuse lanterne magique introduit dans la sociabilité, et la psychologie ou la psychanalyse en font autant pour mettre en évidence l'effet produit sur la croissance morale et intellectuelle des enfants. Cette masse énorme de travaux, sauf exception, est orientée par le préjugé que la Télévision, dans son ensemble, est un admirable progrès. C'est, entre autres, un formidable instrument d'égalitarisme. Si le progrès se résume à toujours plus d'égalité, les faits sont là : les enfants de tous milieux sont remodelés par un imaginaire commun, et littéralement soustraits à l'éducation proprement familiale. Les traditions de langue et de mœurs, qui étaient propres à chaque quartier, à chaque province, à chaque famille spirituelle, sont rabotées. Quand on n'a rien à perdre, comme c'est le cas aux Etats-Unis, nation nomade et dépourvue de racines, la Télévision devient un *melting pot* élémentaire, mais très efficace, qui diffuse et impose les stéréotypes préfabriqués où chacun va pouvoir se couler pour jouer un rôle adapté au moment, à une génération, à l'imaginaire général. En Europe, où ces archétypes venaient du fond des temps, transmis par tradition orale et par la mémoire littéraire, les modèles télévisés ont l'effet de véritables bulldozers pour la plus grande joie de nos égalisateurs. En réalité, cette compression (au sens des fameuses sculptures de César) n'en dessine pas moins des figures *traditionnelles,* mais composites, massifiées, écrasées, et réduites à leur plus petit et bas commun dénominateur.

La Télévision, ce chef-d'œuvre du progrès, est un principe de régression vers le bas, vers l'archaïsme ; elle simplifie et durcit jusqu'à la caricature les pires traits de ce que Montesquieu nommait « l'esprit général » d'un peuple, elle l'attache à ces masques, qu'elle colle à son visage. Chaque pays d'Europe est ainsi contracté et réduit à un petit nombre de personnages-modèles qui ressortissent à son folklore le plus dégradé, chacun se rétracte sur un Café du Commerce local, communiquant avec une Maison Tellier de village, dans une étonnante claustrophobie tiède et malodorante qui dément toute prétention de la Télévision à favoriser « la compréhension entre les peuples ». Passons sur l'extraordinaire appauvrissement du regard, qui s'accoutume à percevoir le réel à travers le filtre de ces images de pauvre matière et de couleurs criardes, tremblotantes et cadrées au petit bonheur, étrangères à toute saveur et à toute harmonie. On n'arrive pas à imaginer un insecte réduit à percevoir le monde dans des schèmes perceptifs aussi atrophiés, et donc trompeurs dans leur définition même. L'information que délivre un pareil instrument devrait être précédée d'une véritable éducation de l'œil, des sens et de l'esprit qui donnerait au téléspectateur un recul, et qui lui permettrait de rétablir à de justes proportions ironiques le peu de substance, toute allusive et partielle, que lui livre cet appareil.

Mais il faut insister sur le pouvoir dont dispose la Télévision de ramener ses spectateurs de masse à des formes de spectacles élémentaires et à figer tout un peuple dans ses habitudes acquises les plus spéciales, les moins compréhensibles pour les étrangers, les moins susceptibles de faire comprendre l'étranger. En Amérique, du saloon du vieil Ouest aux salles luxueuses de Broadway, les différents degrés de la comédie musicale, repos du cow-boy, du chercheur d'or, du col blanc ou de l'homme d'affaires, rassemblent une population bigarrée et sans façons, mais qui veut être amusée pour son argent. Vulgaire autant qu'on voudra, la comédie musicale américaine est vive, pleine de vitalité, variée, exécutée avec un professionnalisme rigoureux. Elle est le genre gigogne qui impose ses règles aux spectacles pourtant si divers que les innombrables chaînes de télévision produisent et projettent en les modulant les lieux et la mode. Ce lieu commun, accordé au sens commun du public moyen, est variable. Il se répartit dans des sous-genres nettement définis, le *soap opera*, les variétés et les jeux avec participation du public, sur fond d'homélies laïques ou religieuses. On y voit surgir des profondeurs urbaines de fort bonnes gens pas intimidés et avides de participer au bavardage général. L'information est traitée elle aussi comme un genre, avec son rythme et son suspens. Ici le modèle n'est pas la salle de music-hall, mais le prétoire. Autre spectacle, mais grave. Le journaliste y tient à la fois le rôle d'enquêteur et de procureur, on fait intervenir des avocats, des témoins, et même des présumés coupables, et on ne les lâche point. La chaîne CNN a porté ces dernières années le genre à une sorte de perfection parfois inquiétante, et le suspens de l'information, loin de perdre de sa pugnacité depuis le Watergate, a fortement gagné en intensité. Ne disons pas en véracité, mais on donne au moins au spectateur américain l'impression réconfortante que tout est fait pour l'aider, sans l'ennuyer, à se faire sa propre idée. On ne verra jamais aux Etats-Unis le mélange des genres : sénateurs, représentants, à plus forte raison ministres, ne s'abaissent pas à parader dans les variétés, et le comique, sauf involontaire, ne s'infiltre pas dans les informations. En dépit des préjugés que nous nourrissons, la Télévision américaine à cet égard est aussi intransigeante sur la loi des genres que l'*Art poétique* de Boileau. Les loisirs y sont des loisirs, l'information de l'information. Le dosage de l' « instruire » et du « plaire » est méticuleusement pesé, sous les apparences confuses d'un tintamarre régulièrement interrompu par une série de courts films publicitaires. Cette rhétorique est aussi une discipline civique spontanée, qui d'instinct fait la différence entre la chose publique et les divertissements privés, et qui ne confond pas le Forum et le Cirque, Carême et Carnaval.

En Italie, la Télévision est une corruption d'opéra-comique, ou sa parodie involontaire, avec ses scènes tumultueuses et tonitruantes, ses grands arias pompeux, ses interminables récitatifs. Et là l'information est elle-même contaminée. Mais dans l'ensemble on a affaire à un genre populaire, parfois populacier, qui a beaucoup d'affinités, quoique moins divers, avec la comédie musicale américaine. Ni aux Etats-Unis ni en Italie (sauf pour l'information, dans le premier pays), on ne s'aviserait de prendre la Télévision au sérieux. On peut passer des mois dans les plus diverses Universités américaines, ou participer à la vie sociale de New York ou de Houston : tout se passe comme si la Télévision n'existait pas, pas plus en tout cas que le chauffage central ou le téléphone. A Paris, modèle de la sociabilité française, même les stakhanovistes du dîner en ville ou de la réception brillante trouvent encore le temps de voir les émissions *qui comptent,* et de les commenter finement.

Il y a donc une sacralité télévisuelle en France, qui modifie subtilement et soutient l'irrésistible attraction qu'exerce partout le petit écran. Cette sacralité survit à la disparition, toute de façade, du monopole d'Etat. On sent planer au-dessus de cet émetteur d'images et de voix, figure sévère et subliminale, le Louis XIV en majesté peint par Hyacinthe Rigaud dans un portrait célèbre. Sa présence en altitude se fait le plus souvent sentir par des effets indirects, paradoxaux, des crises nerveuses de fou rire chez les présentateurs, une atmosphère de carnaval qui cherche vainement à conjurer le regard sévère du vieux roi. Mais il arrive, et cela s'est produit dès les débuts de la Télévision française, que Louis descende de son cadre, remplisse l'écran, dépouillé de son manteau d'hermine artistement drapé et de ses jambes : ce furent d'abord, précédées de *La Marseillaise,* les apparitions souveraines et en buste du général de Gaulle, admirable en ces occasions, et sachant, lorsqu'il ne se manifestait pas en personne, foudroyer l'écran par des notes acerbes adressées à son ministre de l'Information. Les chefs de l'Etat français depuis se sont échinés à trouver leur propre style d'apparat sous l'ascendant de ces deux modèles irremplaçables.

Le Général ne dansait pas. Louis XIV longtemps dansa. Sur le portrait de Rigaud, sort du manteau d'hermine une longue jambe fuselée dans un seyant bas de soie blanc, suprêmement aristocratique, aussi ronde et ferme que dans les années où le roi jouait le Soleil dans *Le Ballet de la nuit* de Benserade : la jambe d'un danseur. Sur la Télévision française règne seulement le buste du vieux roi, austère et préoccupé. De la danse de l'Etat, accordée à celle des Muses et des planètes, il ne reste pas même cette belle jambe. Mais on s'amuse à la Télévision française, et les minauderies des stars de la communication nationale, héritières lilliputiennes des ballets, des comédies, des intermèdes de Benserade et de Lully, restent attachées par un fil invisible, mais solide, à ce bas de soie, tissé à Lyon pour le roi, et dont la matière brillante venait des magnaneries colbertistes de la vallée du Rhône.

On se souvient encore de ce sursaut outragé d'un Premier ministre français en exercice : en pleine campagne des législatives, au cours d'un débat télévisé avec un de ses adversaires, il lui lança : « Vous oubliez que vous parlez au Premier ministre de la France. » Lui-même oubliait, tant est tenace le mythe de la Télévision « Voix de la France », qu'une conversation à la Télévision, surtout en temps d'élection, ramène l'homme public à la condition privée de candidat, et même à celle d'employé soumis à la revue de son véritable maître et souverain, l'électeur. La Télévision alors n'est rien d'autre que le café du coin à domicile, où la discussion électorale se poursuit devant un verre de calva. Mais en France, l'écran cathodique a été élevé au rang de salle du trône ou de balcon de palais officiel. Comme en réalité c'est un petit autel des dieux lares domestiques, dressé dans la vie la plus privée des citoyens, la majesté officielle de l'Etat ne saurait y descendre qu'en de très rares occasions, sous peine de se galvauder.

A l'instar de la Culture d'Etat qui fait tout pour emprunter les attraits du grand commerce, le pouvoir préfère donc pour se faire entendre emprunter la voie oblique des amuseurs, des Pères Noël en toutes saisons, et ceux-ci imbus de leur importance d'ambassadeurs, et de la licence qu'elle leur confère, se permettent un ton d'autorité ou des familiarités que même la vie privée, en bonne compagnie, ne tolère pas. Les effets sont consternants. A quoi bon se donner de la peine, avoir du talent, à quoi bon amuser et enchanter vraiment, dès lors que le seul fait d'être là, sur l'écran, au beau milieu de l'intimité des foyers, vous donne une importance et vous vaut une attention qui suffisent à votre propre bonheur. Derrière vos épaules l'ombre du Pouvoir politique, doublée par celle du Pouvoir technique, garantit votre impunité. A quoi bon s'échiner à mimer le sérieux et la précision de l'information, puisque celle-ci, en fin de compte, n'est qu'un jeu de patience entre les rares et monumentales apparitions du chef de l'Etat ? Aussi la

Télévision française plonge-t-elle ses spectateurs anesthésiés dans un bain-marie d'images fades et sans soin, une tisane ou un Vichy sur le zinc qui transforment les foyers en maisons de retraite économiques ou Cafés du Commerce de banlieue. Dans la médiocrité de la Télévision française, il entre une haute dose d'impunité mêlée au plus complet dédain du public pourtant payant. On y retrouve la même alliance qu'à la Culture entre l'arrogance officielle et les minauderies commerciales.

La caverne française, traditionnellement alimentée par des orateurs, politiciens et hommes de lettres, déploie ses discours et ses images, depuis le XVIIᵉ siècle, à Paris, sur une scène classique : unité de lieu, de temps, d'action. Quoique le petit écran prétende nous rendre les maîtres visuels du monde et nous douer d'ubiquité, il n'a toujours rien en France de shakespearien : la scène classique s'y est incrustée, elle s'y prétend plus que jamais salle du Trône, antichambre du roi, mais aussi décor des carrousels, ballets, menus plaisirs de la Cour. C'est dans cette Galerie des glaces tournée en music-hall que le bon usage de Vaugelas est désormais fixé, par une coterie de cacophones et de précieuses, pour tous les régnicoles suspendus à leurs lèvres. Cette concentration d'intérêt est fidèle à l'optique ancienne et classique de la Nation. La coexistence de plusieurs « chaînes », que des degrés de bassesse distinguent aux yeux des plus attentifs connaisseurs, ne compromet qu'en apparence cette unité essentielle. Toutes convergent. Comme le style élevé qui avait prévalu au temps, maintenant lointain, de la chaîne unique, s'est avéré lassant et n'est plus à la mode, toute la Cour, sauf en de très rares occasions, s'est convertie au style burlesque, et Tabarin, Gros Guillaume, Guillot-Gorju, les vedettes des tréteaux, y font école. Ministres et grands seigneurs n'hésitent plus à histrionner, et le gros des courtisans sur les planches du nouveau Versailles se sont mis à l'unisson. Comme ils n'oublient tout de même pas qui ils sont, et d'où ils parlent et gesticulent, ils se livrent à ces grimaces sans grâce et avec une moue difficilement retenue de condescendance pour leurs braves et invisibles téléspectateurs. Les flots de sensiblerie prêcheuse qu'ils trouvent, malgré tout, le moyen de déverser sur ces bonnes gens, détournent ceux-ci de démêler le mépris dans lequel on les tient, et l'état d'ilotisme où l'on ne se gêne pas pour les plonger. Il faudrait réinventer une politesse vraiment démocratique pour que ces manières de talons rouges hypocrites et insultants cessent de prévaloir entre les princes de l'écran et leur peuple.

Apostrophes a fait exception. L'émission de Bernard Pivot a eu souvent la drôlerie un peu canaille d'une comédie de Boulevard, parfois d'un chapitre de Courteline. Faussement naïf, mais courtois, Bernard Pivot faisait partager un sincère amour des livres et de ceux qui en font, pour le meilleur ou pour le pire. Avec lui, on avait l'impression d'être invité, avec le public de télévision, dans une librairie de quartier dont le libraire, lui-même auteur et lecteur, est en conversation avec les auteurs des livres qu'il vend. L'intérêt était plutôt moral que littéraire, mais la distinction est par trop sévère. Le ton juste qu'il a trouvé tranche en tout cas sur les porte-voix habituels de la Télévision nationale. Il a fait entrevoir ce que pourrait être la télévision de Marcel Pagnol ou de Maurice Chevalier[1].

Il demeure que le passage par cette télévision d'amuseurs faciles ou évaporés est devenu en France un principe d'anoblissement, l'équivalent des honneurs de la Cour au XVIIIe siècle. Les récompenses convoitées du Prix Goncourt, du Prix Nobel et j'en passe, n'ont de valeur qu'une fois dûment sanctionnées par les acclamations du *Grand Echiquier* ou l'adoubement de *L'Heure de vérité*. On a là l'équivalent cathodique du signe de tête aimable esquissé par le Prince à l'heure du petit coucher. Curieusement, la technologie est l'occasion d'un véritable retour en arrière moral, et dans une République où le citoyen se fait rare, les *Mémoires* de Saint-Simon, mieux que *La Comédie humaine* de Balzac, sont devenus le manuel indispensable du moderne observateur et, dans le meilleur des cas, du moderne ambitieux. En Angleterre, en Italie, aux Etats-Unis surtout, où la Télévision n'a pas recueilli ni ranimé les vices de Cour, on peut espérer faire la renommée d'un livre, d'un auteur, par un article bien senti dans le *Times Literary Supplement*, dans une recension attentive de la *Stampa* ou de la *Repubblica*, du *New York Review of Books*. En France, le couronnement du poète,

---

1. Le contraste est vif avec l'émission, du même Bernard Pivot, et qui s'intitule, pour que nul n'en ignore : *Bouillon de Culture*. Le génie, a-t-on dit à juste titre, est d'inventer (ou de réinventer) un lieu commun. *Apostrophes* en était un. *Bouillon de Culture* est un appendice de *La Fureur de lire*, c'est un espace culturel.

264 Portrait de l'Etat culturel

comme celui du sportif, du savant comme celui du philosophe, ne peut avoir lieu que dans un grand tintamarre annoncé par *Télérama* ou *Télé 7 Jours*, le *Who's who* par livraison hebdomadaire, *La Légende des siècles* en feuilleton, ou plus exactement l'Almanach de la Cour qu'il faut consulter pour doser sa révérence et ses expressions de respect. La Télévision aura beau être mauvaise, et désespérer les malades, les vieillards, les déprimés qui en attendent un peu d'émotion et de drôlerie : elle reste l'objet de conversations entre initiés qui, dédaignant les entours, jugent si M. Cruche ou Mme Croche, la veille lors de l'émission qui compte, ont été « bons » ou « décevants » et ont mérité ou non qu'on fasse pour eux le « brouhaha ».

Cet étonnant transfert de la scène versaillaise ou parisienne dans une lampe cathodique ne va pas sans inconvénients. La scène versaillaise ou parisienne, sans le moindre réseau hertzien ni relais par satellite, avait pour spectateurs passionnés l'Europe entière, suspendue aux décisions du roi, ou aux mots d'esprit de la duchesse de Montespan, des hôtes de Mme Geoffrin, ou des amis de Diderot. Même encore au temps de Paul Valéry, la scène parisienne ne se contentait pas d'être extrêmement cosmopolite, hospitalière à tout ce que l'étranger comptait de talents, elle était, et en partie pour cela même, l'objet d'un intérêt universel. Les faits et gestes de ses acteurs, la teneur de la conversation étaient colportés au loin en même temps que les livres, les revues, les articles de journaux où cette conversation se poursuivait.

La Télévision française peut bien occuper les convives des dîners en ville parisiens, cet organe national est par là même étroitement hexagonal, pour ne pas dire provincial. On éprouve vite, à le voir et écouter, un sentiment aussi étouffant que dans les réceptions de « Madame la Baillive ou Madame l'Elue », que Dorine, dans *Tartuffe*, fait redouter à la très parisienne Angélique. « S.O.S-Racisme » a beau obtenir, avec « Médecins sans frontières », quelques « passages à l'antenne » pluriculturels : ce sont là des éléments d'un folklore purement français, ce n'est pas le grand vent de la conversation cosmopolite. On reproche aux diverses chaînes d'accorder trop de place à la pop-music anglo-saxonne, aux films américains. Cette faveur n'est pas un signe d'ouverture sur le vaste monde, et sur ses ressources en vrais talents, qui pourraient faire école. Elle répond trop évidemment à l'idée que l'on s'est faite chez les programmateurs de la « culture jeune » en France même, elle est une preuve de plus de l'horizon étroitement franchouillard de notre bastringue cathodique. On nous montre des séances à l'Assemblée et au Sénat. Mais non à la Chambre des Communes, aux Cortès, au Bundestag, au Parlement italien. La simple comparaison, moyennant une traduction simultanée, serait de bonne éducation civique. Sous sa forme actuelle, la Télévision est plutôt une foire aux vanités. Si elle l'est à ce point en France, la tutelle intéressée qu'exerce sur elle l'Etat y est pour beaucoup. Il est paradoxal que l'argument principal en faveur de cette tutelle soit une garantie d'impartialité et de qualité, que menacent en revanche les terribles puissances d'argent.

Elle n'est si décevante que pour se rattacher à un milieu clos qui est son vivier, et son véritable destinataire par-dessus la tête du public dupé et confiant. Le « monde » parisien était naguère le carrefour des talents (ceux du cru comme ceux qui venaient de province et de l'étranger), des professions, des savoirs et des goûts. Il était sujet à la mode, mais cette curiosité critique nous a valu l'*Encyclopédie* et les Ballets russes, et nous a jetés dans de furieuses Querelles, quelques-unes graves, quelques-unes jouées, mais toujours d'intérêt universel. Suspendu par vanité à une Télévision indigente en règle générale, un « nouveau monde » parisien, culturel et médiatique, s'est figé dans un conformisme et des convenances de pensée à peine moins débiles que ce qui est de mise et de rigueur sur le petit écran-miroir. La seule différence qui semble subsister entre ce « nouveau monde », télévisable et télévisible, et l'innombrable foule anonyme des téléspectateurs, qui se demandent naïvement pourquoi ils s'ennuient et tombent de sommeil, est une nuance qui a son prix : l'un a accès aux coulisses, rapporte des mots prononcés hors antenne, les manœuvres qui ont suivi ou précédé telle émission cruciale, l'autre doit se contenter des feux de la rampe. La télé n'est jamais tout à fait ennuyeuse ou scandaleuse pour qui est en mesure d'y déchiffrer les intrigues de Cour qui justement la rendent si pénible ou si médiocre.

N'est-ce pas une chance pour le ministère de la Culture ? A quelque chose malheur est bon. Rebuté par la Télévision, le public de bonne foi voit s'ouvrir à lui tout grands les bras des arts traditionnels dont la Culture a désormais la tutelle. Et de fait, elle a bien travaillé pour recevoir, occuper, canaliser dans ses temples les Bouvard et Pécuchet que leurs soirées assidues de *zappeurs* devant l'écran télé ont finalement découragés.

Qui sont aujourd'hui Bouvard et Pécuchet ? Les néophytes de la religion moderne du prêt-à-porter culturel. Au bout de trente ans d' « Elan culturel », au bout de dix ans d'accélération de cet « Elan », on peut en effet reprendre la forte description que donnait Barthes en 1957, dans *Mythologies,* de la « culture bourgeoise de pure consommation », qui avait cependant alors l'avantage d'être spontanée et ne rien devoir à un Etat-Major de la Défense nationale culturelle. Aujourd'hui cette description s'applique à ce substitut artificiel que la Culture d'Etat a « diffusé », en lui associant l'idée d'un devoir de piété égalitaire : « La France tout entière, écrivait Barthes, baigne dans cette idéologie anonyme : notre presse, notre caméra, notre théâtre, notre littérature de grand usage, nos cérémonies, notre Justice, notre diplomatie, nos conversations, le temps qu'il fait, le crime qu'on juge, la cuisine qu'on rêve, le vêtement qu'on porte, tout dans notre vie quotidienne est tributaire de la représentation que la bourgeoisie *se fait* et *nous fait* des rapports de l'homme et du monde. » Après l'aliénation « bourgeoise », Barthes n'a malheureusement pas eu le temps de voir triompher l'aliénation culturelle. Il se serait moqué le premier de ce *mondo nuovo.*

Quel émerveillement éprouveront d'abord nos deux compères ! Les théâtres se sont multipliés, les Musées sont plus nombreux, plus riches, plus confortables les châteaux flambant neufs sont restaurés, la musique est fêtée, le cinéma protégé, le prix unique du livre et les subventions du Centre National des Lettres sont célébrées sur les oriflammes du Salon du Livre, les Arts plastiques sont partout dynamisés, et les Grands Travaux achevés ou en cours installent en plein Paris, à une échelle gigantesque, ces « cathédrales du XXᵉ siècle » dont rêvait André Malraux. *O Brave New World !* Toutes les catégories sociologiques de Français sont servies, et pour que nul ne se sente banni de liesse, la B.D., le rock, le rap, le clip, le tag figurent parmi les arts subventionnés et administrés. Offensés par la familiarité insultante de la télévision, Bouvard et Pécuchet se forgent une félicité. Ils courent à la

Comédie-Française, ils la trouvent un peu bizarre, sans vedette, sans prestige, réduite à l'état de « classe exceptionnelle » pour les artistes fonctionnaires de la Décentralisation théâtrale. Ils y voient une *Fausse suivante* de Marivaux aussi hurlante et sinistre que les mises en scène, vingt ans plus tôt, du *Marat-Sade* de Peter Weiss. Mais selon le rite des grand-messes officielles, ils applaudissent avec une chaleur qui détend un peu leur gêne. Ils se précipitent alors à l'Opéra, le plus beau du monde, ils le trouvent aux trois quarts vide et déménagé, la vaste maison flottant comme un vêtement de géant autour du seul corps de ballet. Ils gagnent la Bibliothèque nationale : elle aussi compte ses livres avant de s'en séparer au profit d'un quatuor de tours phares. Ils s'aventurent alors dans les nouveaux « lieux », « espaces », et « centres » où l'Action culturelle les convie : en dépit de leur légendaire humilité, ils s'y sentent d'abord étrangers. Il y règne une activité machinale qui les déroute. C'est celle du R.E.R., mais déplacée. Ils se réfugient alors chez ces libraires qui doivent leur survie aux fameux « Prix unique du livre ». Les livres surabondent, mais tous parus dans une tranche chronologique de six mois. Ces anciens rats de bibliothèque trouvent la piquette un peu jeune. Ils sont effleurés par l'horrible soupçon qu'ils ont quitté la consommation courante pour une consommation de semi-luxe, McDonald's pour la chaîne Sofitel, les surgelés Findus pour les surgelés Dalloyau. Mais ils refoulent cette pensée impie. Comme les dévots qui, sans trahir la charité, préfèrent malgré tout Saint-Pierre de Chaillot aux chantiers du cardinal, ils apprennent à subodorer, dans les pratiques culturelles égalitaires, celles qui rivalisent sourdement avec les vitrines du Comité Colbert, et relèvent du fameux programme de la comtesse de Paris : *Haut de gamme*.

Dans leurs moments les plus dépressifs, ils font de nouveau l'école buissonnière avec les marchands de cravate de la télévision. A tout prendre, leur débraillé est peut-être le plus égalitaire ? Ecartant ce nouvel assaut du Malin, ils s'en remettent au précepte de Pascal, ils font les gestes prescrits, ils attendent que la foi et l'illumination suivent. Leurs Heures à la main, ils vont d'office en office, de dévotion en dévotion, de procession en procession : vernissages et premières, expositions et concerts, signatures et récitals, du Marais à La Défense, de l'Opéra-Bastille au Zénith, on les voit partout où il faut être, et comme leur catéchisme le leur a

appris, ils ne renferment pas dans Paris les exercices de la piété. Le
T.G.V. et Air Inter leur permettent de parcourir aussi les
provinces, qui fourmillent maintenant de grand-messes chargées
d'indulgences, de baptêmes et de services anniversaires. De plus en
plus occupés et ballottés, ils ne parviennent pas cependant à
secouer une persistante brume d'ennui. Ils se persuadent du moins
qu'en attendant mieux, cette sensation monotone et distinguée doit
être le signe qu'ils ont monté de plusieurs degrés sur l'échelle des
« valeurs » et qu'ils sont bien installés à l'étage noble, celui de la
Culture. A la longue toutefois, le clergé et les objets du culte les
intriguent davantage et leur donnent à rêver. Les clercs de ce
nouveau catholicisme des arts ne sont pas, comme ils l'attendaient,
des enfants de la balle, artistes, poètes, dramaturges, romanciers,
compositeurs, mais des ingénieurs des âmes. Les autels et le décor
des objets liturgiques manquent singulièrement d'*aura*, à tout le
moins de simple beauté. Les œuvres d'art sont exposées dans la
pénombre, sous un violent éclairage halogène. Cette mise en scène
luxueuse et funéraire ne diffère guère de celle qui prévaut chez les
bijoutiers de la place Vendôme, dans les rayons de luxe des Grands
Magasins ou des Antiquaires du Louvre, ou encore dans les
Funeral Homes américains. L'ennui de Bouvard et Pécuchet
devient gel. Enfin, il leur faut se rendre à l'évidence : ils avaient fui
l'écran de télévision, ils le retrouvent en batteries et à l'honneur
dans tous les espaces culturels, et il en émane des homélies qui
rassemblent encore plus de fidèles que les œuvres d'art qu'elles
célèbrent. Ils avaient cru s'élever, ils se retrouvent alourdis,
gonflés. Leur petite odyssée culturelle prend fin. C'est tout juste
s'il leur reste assez d'énergie pour prendre le large.

Ils se demandèrent alors si, au lieu de dévorer des yeux de l'art
sous cellophane, il ne vaudrait pas mieux, après tout, apprendre un
art ; avant d'acheter les derniers livres parus, d'apprendre à relire ;
avant de se disperser à tous les offices, d'apprendre à prier. Ils
gardaient un trop cuisant souvenir de la cruauté de Flaubert envers
leurs efforts d'autodidactes, pour se fier dans ce monde nouveau à
leur seul tâtonnement. Ils s'inscrivirent alors dans l'Université la
plus proche. Ce qui leur arriva alors n'est plus de notre ressort ici.

Il est à craindre toutefois, si nous en croyons cette ascension
manquée, que toute politique culturelle qui ne commence pas par
l'étude réserve à ses touristes le sort du roi Midas, qui mourait de

faim et de soif par excès de richesses, car tout ce qu'il touchait se transformait par enchantement en or. La vraie vie est ailleurs. Si c'est celle de l'esprit, elle demande un loisir studieux incompatible avec la culture administrée à jet continu. Si c'est celle du cœur, elle suppose un don de soi qui rend inutiles et superflues ces grandes machines à masser froidement les sens. Si c'est enfin celle de l'âme, elle se dessèche sur pied devant ces étalages d'objets sacralisés et en même temps stérilisés de toute leur semence spirituelle. La vraie culture, c'est vous, c'est nous, c'est moi. Ce n'est pas l'Etat. Elle commence quand on a compris la vanité de sa rivale et le prix de la liberté.

CONCLUSION

ACTUALITÉ ET MÉMOIRE

1

VERTÉBRÉS ET INVERTÉBRÉS

Les métamorphoses des Anciens faisaient passer la forme humaine au végétal ou à l'animal vertébré. Ovide, et les peintres de la Renaissance après lui, ont merveilleusement décrit les branchages poussant au bout des doigts de Daphné, et les racines qui immobilisent ses pieds et les retiennent dans la terre. La Fontaine nous parle des compagnons d'Ulysse transformés par Circé :

Les voilà devenus ours, lions, éléphants.

A cette longue liste mythologique, que la tradition européenne conserve intacte, la littérature moderne n'a pu ajouter, et cela a du sens, que la métamorphose en cancrelat. Le rhinocéros d'Eugène Ionesco est sa plus célèbre variante. Mais Kafka a vu le premier que l'angoisse des sociétés modernes provient de leur hésitation entre la forme humaine, verticale, vertébrée, et son passage toujours menaçant à l'état visqueux et caparaçonné des moules, des crevettes, des crabes ou des punaises. Rien n'est plus effrayant dans l'histoire des hommes que cette régression moderne d'une morphologie accordée au grand air, aux forêts et aux bois de la liberté, et propre à la contemplation des étoiles, jusqu'à cette autre, fossile d'âges géologiques et océaniques disparus. Rien n'est plus cruel pour la croyance au progrès que le destin de la République de Weimar, changée brusquement en un énorme et féroce homard d'acier, ou celui de la IIIe République vaincue qui devient soudain une palourde faisandée. Le nombre de ces bestioles politiques à demi ou entièrement métamorphosées est toujours aussi effrayant, et rien ne nous garantit entièrement, même sous le climat tempéré des deux côtés de l'Atlantique Nord, que le journal du matin ne nous apprendra pas un jour que notre sort aussi est scellé. Même les Pères fondateurs des Etats-Unis, en dépit de leur fidélité à Montesquieu, ne pouvaient prévoir l'espèce d'affaissement civique et moral qui accompagne la consommation et la communication modernes et les prédispositions qu'elle crée à la Métamorphose. Les Pères fondateurs n'avaient lu que les *Métamorphoses* d'Ovide. Ce que j'ai nommé l'Etat culturel français ne me fait pas peur pour des raisons esthétiques, mais politiques : il est l'écran qui nous empêche de voir et de combattre la concrétion parmi nous d'une carapace de plus en plus consistante, tandis que s'affaiblissent les organes de notre forme humaine. Même le style expressionniste de nos spectacles officiels, le style constructiviste de nos monuments publics tout neufs, ont un arrière-goût, avec Brecht obstinément à l'affiche, de République de Weimar.

Ce qui est vrai du corps politique l'est aussi de ses membres, pris individuellement et non pas confondus et coagulés dans des ensembles sociologiques. Il y a des citoyens vertébrés et d'autres à carapace. La démocratie libérale, que ses lois et ses institutions obligent à la station debout et à la démarche libre, a besoin des premiers, de leur indépendance, car avec les légistes, ce sont eux qui s'interposent entre la chair paresseuse et son écorce en formation. Ce qui différencie, entre autres, une démocratie libérale d'une démocratie populaire, c'est que l'une, comme son nom l'indique, est capable de former des hommes libres. Toutes les démocraties libérales ont disposé, en dehors de leurs légistes, de voix et de pensées indépendantes qui veillent à l'état moral de la société, et qui sont les cliniciens de la liberté. Ces « spectateurs engagés », pour reprendre la belle définition de Raymond Aron, exercent un magistère à la fois vis-à-vis de l'Etat, toujours tenté par le machiavélisme, et vis-à-vis de la société civile, toujours tentée par la servitude volontaire. Les démocraties libérales sont inséparables d'une éducation libérale, qui non seulement favorise l'apparition de ces veilleurs, mais aussi celle d'une opinion publique éclairée qui les soutienne et les relaie. Le premier soin d'un régime totalitaire est de détruire cet obstacle capital à leur dessein, en le nommant « juif », « bourgeois », « mandarin », « salaud » et autres injures de basse police qui nous sont familières. Ce n'est pas la multiplication des systèmes de communication ni des facilités de « Culture » qui tiendra lieu de la discipline morale et intellectuelle dont ces magistrats de l'esprit et leur public sont intérieurement construits. L'illusion technologique comme l'illusion culturelle nous masquent les exigences d'une véritable éducation libérale, et nous font oublier la fonction essentielle qu'elle joue dans l'économie politique de la liberté. Il est clair qu'une des difficultés des pays de l'Est aujourd'hui, en dépit de leur désir d'accéder à la démocratie libérale, est d'être privés de tout, sans doute, mais avant tout de cette bourgeoisie de l'esprit vertébrée et articulée que le stalinisme a écrasée, et empêchée de se reproduire. Ni l'« intelligentsia », clergé toujours en quête d'un bras séculier, ni la « classe politique », oligarchie politico-administrative, ne peuvent tenir lieu de cette opinion indépendante et éclairée, attachée à la liberté parce que c'est sa respiration même. La IIIᵉ République était libérale pour avoir voulu, dans son Université, créer les conditions d'apparition de cette magistrature de l'esprit. Avec Taine et Valéry, Thibaudet et Halévy, elle n'a pas manqué de spectateurs engagés. L'Angleterre de Burke et de Carlyle a même été jusqu'à maintenir la fiction d'une aristocratie d'Ancien Régime, comme pour marquer symboliquement la place indépendante que ménage à la hauteur de vues, en marge de ses légistes et de ses législateurs, l'Etat vraiment libéral.

Cette présence dans les démocraties libérales d'esprits libres, avertis et éloquents, attachés au principe du régime, est d'autant plus nécessaire que leurs mœurs, encouragées par le confort, les transports faciles, les protections et sécurités de toutes sortes, sécrètent la même passivité civique qui a conduit à leur perte les aristocraties des anciennes Républiques. A Venise, dans les salles de la Cà Rezzonico, sous les plafonds de Tiepolo, on voit aux murs dans leurs énormes cadres rococo les portraits d'une telle aristocratie repue, les yeux lourds et éteints, sénateurs et procurateurs, évêques et amiraux, croulant sous le poids des velours et des broderies débordant de leurs armures de parade, gras et nuls. Venise tout entière était alors devenue ce merveilleux crustacé rose et turquoise, hérissé de coupoles et de campaniles, ajouré de dentelles calcaires, au chaud dans sa lagune, et agitant au flanc de ses galères les petites pattes de ses rames impuissantes. Le plus beau coquillage urbain du monde est encore intact aujourd'hui, vidé de sa forme intérieure humaine et vivante, depuis le XVIIIᵉ siècle. Alors et depuis deux siècles, en un temps d'Europe encore assez lent, à la faveur d'une embellie prolongée de l'Histoire, elle abritait dans cette enveloppe luxueuse ou pittoresque de brique, de marbre et de cuivre un corps douillet et repu, sans colonne vertébrale, mais animé de nerfs bouclés et voluptueux, chair sensitive et experte tressautant de caprices. Elle se donnait le spectacle tout au long de l'an.

Elle était devenue la capitale des loisirs pour les premiers touristes européens.

« Louis XIV, remarquait Valéry, au faîte de la puissance, n'a pas possédé la centième partie du pouvoir sur la nature et des moyens de se divertir, de cultiver son esprit, ou de lui offrir des sensations dont disposent aujourd'hui tant d'hommes de condition modeste. »

Il est offert aujourd'hui aux citoyens des démocraties libérales les moyens centuplés de devenir en une ou deux générations ce que l'aristocratie vénitienne avait mis quatre cents ans pour devenir : des crustacés servis sur la table de Chronos. Les citoyens des démocraties libérales sont devenus majoritairement, par cercles concentriques, les aristocraties immensément privilégiées d'une humanité prolétaire, innombrable, opprimée et qui rêve du sort du plus modeste d'entre nous comme les âmes des morts chez Homère aspirent à la lumière des vivants. Ces vastes aristocraties qui jouissent de la démocratie libérale, et qui consomment à elles seules plus abondamment en une année que toute l'humanité en plusieurs siècles avant l'avènement de l'industrie, oublient volontiers et ce qu'elles sont, et d'où elles tiennent ce prodigieux privilège matériel et moral. Les apologistes de la notion de Tiers-Monde ont fait valoir que cette disproportion tenait aux *matières premières* que les pays riches extraient des pays pauvres. Outre que les pays les plus pauvres sont ceux qui n'ont pas de matières premières, ceux qui en ont ne le savent et n'en tirent profit que par nous. C'est la matière grise de l'Europe, par un enchaînement de passions et de pensées accumulées depuis la Grèce, qui a élaboré la morale et le droit dont notre aristocratie démocratique est l'héritière, et mis au jour la science, les techniques qui procurent à cette aristocratie son luxe et aux autres, soyons francs pour une fois, les reliefs de ce luxe. Cette matière grise est notre or noir à nous, mûri depuis deux millénaires et demi, transformé en énergie industrielle depuis deux siècles. Sans ce pétrole-là, qui se soucierait du pétrole matériel déposé dans les sous-sols du Moyen-Orient, corruption des forêts du primaire ? Qui aurait eu la moindre idée de le découvrir, de l'extraire, de le transporter, de le transformer ? Nos droits d'auteur sont incontestables. Mais nous ne sommes pas seulement héritiers d'une matière grise. Ni la morale, ni le droit, ni la science qui articulent nos sociétés contemporaines n'eussent été possibles sans un substrat qui rende possible le progrès, mais qui en soit indépendant. Le progrès est fils de Chronos, l'esprit de l'Europe (et en cela il est fraternel de tous les esprits) est fils de Mnémosyne, de la déesse Mémoire que les Grecs ont rêvé antérieure et supérieure au temps. Les mythes, la religion, la littérature, les langues, et avant tout les langues classiques, grec, latin et hébreu, sont les fondations durables sur lesquelles l'Europe s'est bâtie, et sur lesquelles est donc bâti aujourd'hui son dernier avatar, la démocratie libérale. Connaître, honorer ces fondations, dont dépend tout l'équilibre de l'édifice où est installée l'aristocratie démocratique moderne, européenne et américaine, telle est la tâche à proprement parler sacrée, que seuls des calculs à courte vue peuvent juger superflue. Il est suicidaire pour une aristocratie d'ignorer ce qui fait d'elle, quand elle se connaît, une noblesse. Les privilèges apparemment exorbitants dont nous jouissons, en Europe et en Amérique, reposent en dernière analyse sur un édifice qui n'a rien de conjoncturel ni de sociologique, ni en définitive de matériel. « Notre temps », « notre modernité », « notre économie » sont assis sur la science, et la science est elle-même assise sur les humanités, sur la permanence de la tradition et des langues antiques qui dotent l'Europe de sa jurisprudence linguistique et morale.

Si la science, les techniques, l'industrie nous séparent, ou peuvent nous séparer des autres peuples, par les humanités, par la sagesse, la poésie et la religion, nous sommes de plain-pied avec tous les peuples, parce que tous les peuples, comme les Anciens, échappaient à l'histoire par la hauteur et la profondeur, par la prière, par la méditation, par la poésie. Si notre aristocratie peut être une noblesse, si elle peut inspirer le respect, si elle peut entrer en dialogue avec ce que Malraux, d'un mot cette fois qui sonnait juste, appelait *la noblesse du monde*, elle peut le faire sans doute par l'extension à tous de la morale, du droit, de la science, des techniques, de l'industrie, qui font la douceur de nos régimes et le luxe relatif de nos vies, mais elle le peut aussi et peut-être mieux en dialoguant avec les autres peuples sur un terrain où nous sommes à

égalité avec eux, l'antique sagesse, l'antique foi, l'antique littérature. *Antique* signifie en réalité non d'autrefois, mais *de toujours*.
C'est la lumière qui ne change pas. C'est le temps vainqueur du
temps, dont nous sommes devenus pauvres et dont aujourd'hui
nous avons besoin autant et plus que les peuples pauvres. Aussi est-
il étrange et troublant d'observer avec quelle légèreté les aristocraties démocratiques laissent tomber les fondations les plus durables
de leur existence, et sacrifient à l'immédiat les assises spirituelles
de leur survie et de leurs privilèges. Joubert disait de l'Antiquité
qu'elle s'achève en 1715, comme histoire. Elle est toujours là
comme mémoire. Mais elle est oubliée dans l'éducation de nos
élites. Cela atteint maintenant jusqu'aux bibliothèques, jusqu'au
principe même de la lecture, temples et culte de Mnémosyne. Les
temples et le culte sont proposés maintenant à la consommation
massive, et consommation cette fois prend le sens terrible de la
parole évangélique : *Consummatum est.* La fin de l'histoire européenne se dessine quand Chronos dévore ses propres enfants, et se
dévore lui-même, quand les temples de Mnémosyne deviennent de
Grandes surfaces. Le grand Consommateur qui n'épargne rien et
ne respecte rien, jusqu'à l'autophagie, c'est le Temps, quand il n'a
plus la Mémoire pour le retenir. L'une des figures de Chronos,
c'est bien Caliban.

Quand on passe en revue, à la Cà Rezzonico où il faut une
dernière fois revenir, les portraits bouffis de la dernière aristocratie
vénitienne, la mémoire offensée fait surgir aux yeux intérieurs le
portrait du doge Loredan par Giovanni Bellini, l'un des joyaux de
la National Gallery de Londres. Le prince-pontife du XVIᵉ siècle
apparaît dans une lumière qui efface cinq siècles d'histoire. Revêtu
de blanc et coiffé de son béret sacerdotal, *il corno,* insigne de sa
charge, le port de tête naturel et souverain, il semble regarder en
lui-même la Venise éternelle dont il a la garde. Ce regard
contemplatif, qui ne surprend pas chez un saint, est saisissant chez
un homme d'Etat. La fine et forte ossature de son visage, bien
lisible sous une peau parcheminée de vieillard grand et sec, semble
éclairée de l'intérieur d'une douce et inextinguible clarté. S'il y a au
monde une représentation de la sagesse au pouvoir, c'est bien celle-

là. Quelque chose de l'ivoire, dans lequel Byzance aima à représenter ses empereurs, demeure dans la matière que Bellini a transfigurée en esprit, mais tout hiératisme byzantin a disparu : on se trouve face à face avec une individualité puissante et puissamment incarnée, qui a choisi d'être ce qu'elle est et que Bellini a fixée comme un « *Ktêma eis aeï* », un résultat pour toujours. On comprend d'un trait, devant ce tableau, que bien des hommes d'Etat anglais ont dû méditer, ce qui a fait du gouvernement de la Sérénissime pendant plusieurs siècles l'admiration et un sujet de réflexion pour l'Europe : on voit là, assumée avec une gravité intense, la prudence d'une aristocratie contenant et stimulant à la fois le génie du commerce, la passion des richesses, mais inspirée par l'intelligence du passé et par la prière. Chronos ne pouvait rien sur Venise tant que des hommes-abeilles de cette stature, fidèles à des principes de conduite éprouvés, sans illusion mais sans dégoût, lestaient Venise et lui permettaient de louvoyer dans les courants et les tempêtes, sans perdre l'équilibre ni le cap. Le fond bleu et la lumière dorée de fin du jour qui enveloppent la tête droite du doge Loredan sont aussi immuables et plus limpides que le fond or des mosaïques de Saint-Marc. Ce portrait n'est pas un éloge, c'est l'analyse d'une grande structure spirituelle. Quand on revient de cette apparition au XVIIIe siècle, et à la galerie de portraits de Cà Rezzonico, on n'y trouve plus d'individus, mais des chairs abondamment drapées comme pour dissimuler leur reddition morale au temps. Car tout est là en définitive : la grandeur de l'esprit et sa fécondité supposent que la lumière naturelle en nous ait rejoint sa source dans les hautes régions de la mémoire, et se retourne dans le temps, mais en vainqueur, prémunie contre sa corruption. Cette noblesse-là est inattaquable. Si l'on fait l'économie de ce détour, et si, héritiers, nous devenons rentiers et consommateurs de cet héritage, esclaves du temps nous méritons d'être métamorphosés en petits parasites de l'Histoire.

Les aristocraties démocratiques d'aujourd'hui sont menacées du même sort : l'antique loi qui livre à Chronos les déserteurs de Mnémosyne est toujours en vigueur, et le progrès n'y a rien changé. Elles sont plus à l'abri, et donc plus tentées d'oublier la menace, dans leur coquille technologique et leur savant système légal et social, que ne pouvaient l'être le Grand Roi à Versailles, ou les sénateurs et procurateurs de Venise dans leurs palais du Grand

Canal. Si seulement elles étaient capables de dire ce que Faust s'interdit de dire, mais par hauteur d'âme : « Arrête-toi, instant, tu es si beau » ! Leur consommation des instants et des choses d'un instant est passée en habitude machinale, dont l'intensité émotive est pauvre. Quand les protections, sécurités et plaisirs ordinaires lâchent, toute une pharmacopée ingénieuse et peu coûteuse, euphorisants et antidépresseurs, écarte d'elles la réalité si peu menaçante qui leur fait ombre pourtant. Sous leur carapace parfois lourde à porter, mais la miniaturisation japonaise y remédie, au centre tiède des viscères et des filaments nerveux, un *ego* frileux et avide se love et regarde. Il peut être très intelligent, surchargé d'informations et surdoué de compétence, ou il peut être très sommaire : il regarde, d'un regard impossible à assouvir. Rien ne lui est plus pénible que ce qui le distrairait de ce regard tout occupé de soi : l'exercice de la liberté, qui suppose une architecture de l'âme. Dans cet *ego* biologisé, dont la psychanalyse, les techniques de marché et l'idéologie savent actionner les ressorts, un magma de sensations fuyantes et d'images éphémères, un flux de pulsions et de volitions désaccordées et qui tentent d'accéder à la syntaxe, se succèdent et se renversent les uns dans les autres. Les borborygmes de cette conscience inchoative ont été notés avec une exactitude définitive par Joyce dans le monologue de Molly Bloom. Pour les écrevisses, surdouées ou bornées, la drogue est une tentation difficilement résistible, elles y trouvent l'accélération de leur flux de conscience, et un sursaut artificiel d'énergie qui ne leur vient plus naturellement de l'intérieur, mais dont elles ont la nostalgie surtout lorsque, jeunes encore, elles sentent frémir en elles la forme humaine, sa croissance, sa liberté. Beckett, sur le mode laconique et elliptique, a décrit à son tour ce que Joyce a vu le premier, et formulé sur le mode ample et abondant. Cette brièveté chez Beckett est celle de l'instant de vérité : *Malone meurt*. Il fallait cette scansion de psaumes et du *Livre de Job* pour méditer l'impénitence finale des invertébrés aux abois.

L'Automobiliste est l'anti-héros quotidien de cette humanité métamorphosée. Assis dans sa carcasse de métal, à l'abri dans un ingénieux système de rues et de routes bien balisées, de clignotants bien réglés, de police de la circulation et de gendarmes mobiles, harnaché par sa ceinture de sécurité, massé sensoriellement par sa chaîne hi-fi, distrait par son téléphone baladeur, il oscille entre l'euphorie et la fureur rouge, symptôme intolérant de sa terreur latente de voir au moindre choc cet édifice savant se refermer sur lui et se transformer en ferraille. Non moins emblématique, le Spectateur de télévision. Pour ces *egos* nerveux, inquiets, surprotégés et vulnérables, cela revient à se plonger, d'un geste facile, dans les eaux étales, chaudes, et brillamment illuminées d'une piscine à images, remplie à jet régulier par l'écran cathodique. Ce bain polynésien de la conscience, hypnotique mais dépourvu de la visite des songes, refait le monde non tel qu'il devrait être, mais tel qu'il doit être pour une méduse détachée du réel, un monde toujours repeint à neuf, sous des projecteurs de plongée sousmarine, miniaturisé, aisément préhensible pour le regard, qui y dévore avidement le meurtre, les désastres et l'amour même en dehors de tout péril, de tout effort, de toute sortie de soi, sans appétit.

L'automobile fut à l'origine un sport, la télévision au départ une aventure de l'esprit[1]. Elles sont devenues des rentes vaguement hantées par la chute de la Bourse, en l'occurrence la rupture des stocks d'essence, l'accident de la route, la grève des techniciens. Ni l'une ni l'autre, pas plus que les tranquillisants et la Sécurité sociale, les supermarchés ou le grand tourisme à prix modique, ne déterminent fatalement le caractère du citoyen des démocraties libérales. Mais l'ensemble de ces commodités extérieures, dont on attendait une libération, prédispose, même s'il n'y conduit pas nécessairement, à une atrophie du squelette et des muscles de la liberté. Ils rendent dépendants. Inversement, les gadgets de la communication, pour de petits requins survoltés et dopés, peuvent faire naître la volonté de puissance de « nomades » reliés partout à toute l'information disponible, et disposés à ne faire qu'une bouchée du plancton passif qui flotte à leur portée.

Dans cet océan où se croisent requins et méduses, le citoyen

---

1. « Personnellement, je ne peux imaginer une plus grande réussite scientifique que la transmission à distance des images... Quand les peuples de la terre peuvent soutenir une conversation immédiate les uns avec les autres et dans le même temps se regarder mutuellement en face, le monde de demain va devenir sans aucun doute un monde amical, dans lequel beaucoup des maux d'aujourd'hui disparaîtront » (Grover Whalen, Président de l'Exposition universelle, 1939).

« culturel » est-il prévenu, a-t-il les moyens de prendre du champ
et de regagner je ne dis pas la montagne sainte, mais tout
simplement le plancher des vaches ? Dès l'origine, la « Culture »,
telle que l'a introduite en France André Malraux, a été le contraire
de ce que la société consommatrice demandait en silence pour
raison et bonheur garder. Il faut rappeler les phrases sinistres de
Vincent Berger, dans *Les Noyers de l'Altenburg* qui résument tous
les nihilismes du xxᵉ siècle, et qui fondent ce qu'il est convenu
d'appeler, de Malraux à Lang, l'*Elan culturel* français : « Nous ne
sommes hommes que par la pensée, nous ne pensons que ce que
l'histoire nous laisse penser, et sans doute n'a-t-elle pas de sens...
L'homme est un hasard, et pour l'essentiel le monde est fait
d'oubli. » Telle est la métaphysique de la « Culture ». Il s'agit bien
d'une foi, et nous ressemblons à ce que nous croyons.

L'éducation libérale, depuis ses origines grecques, est fondée sur
une foi inverse de celle-là, qui est toute moderne. Cette autre foi
insiste sur la dimension verticale de l'humanité, plongée dans le
temps, mais appelée par vocation natale à connaître ce qui échappe
au temps, et capable d'une mémoire qui lui donne forme dans cette
autre lumière. En ce sens les arts libéraux, et les œuvres qui en sont
le fruit, d'Homère à Joyce, de Praxitèle à Laurens, de *La Villa des
Mystères* à *La Danse* de Matisse, supposent, quelle que soit leur
époque, une sortie du temps, une participation à la mémoire
classique de l'Europe, qu'on peut dire libérale parce que libérée du
poids de la matière et de l'immédiat. La « Culture » d'essence
nihiliste propagée par Malraux ne s'est pas contentée d'être le
contraire de l'éducation et des arts libéraux : elle a chez son dernier
successeur cherché explicitement à court-circuiter ceux-ci, et à les
remplacer de plus en plus ouvertement par tous les alibis préten-
tieux d'une consommation sans remords. Entre la gnose nihiliste et
l'attitude consommatrice, il n'y a en effet de différences que
nominales : l'une et l'autre ne croient qu'à l'instant, à l'instant vide
de sens et qu'il faut à tout prix remplir de quantité de choses et de
gestes. La condition d'homme libre, debout, indépendant, et
cependant discipliné à l'intérieur, devient impossible ou intenable.
Le primat initial donné à l'image (à celle des lanternes magiques
plutôt qu'à celle des tableaux), à l'impression immédiate, loin
d'aller à contre-courant de la paresse et de la facilité, leur a donné
des titres de légitimité et de modernité. En ajoutant depuis

quelques années « le livre et la lecture » à l'audiovisuel, la Culture, loin de se convertir, s'est bornée à étendre son empire consommateur et dévorant à ces livres que Malraux, naïvement, avait cru mettre à l'abri dans une sorte de *Burg,* dépositaire du secret de l'Histoire réservé aux seuls intellectuels. Cette métaphysique nihiliste du livre et de la lecture, attribuée après coup aux lettrés en général, sert aujourd'hui de repoussoir démagogique à ceux qui poussent à l'autre extrême, à l'alignement du livre sur la consommation culturelle générale.

Aussi le dévot culturel, dans ses Maisons, ses Centres, ses Espaces, ses Parcs, ses Salons, ses Foires, ses Futuroscopes, n'est-il pas essentiellement différent de l'Automobiliste, ou du Spectateur de télévision, sauf qu'un vague sentiment de devoir religieux ajoute à sa passivité une bonne conscience philistine. Concerts, théâtre, expositions, spectacles, fêtes, visites guidées, n'ont rien en soi que de louable. Mais présentés comme le fin du fin de la « Culture », assortis d'un label officiel qui en fait autant d'actes civiques, ils deviennent, comme la messe du dimanche, des distractions « comme il faut », qui ne répondent à aucune nécessité intérieure et qui divertissent seulement du courage d'être soi-même.

Ils deviennent une série de placebos avalés distraitement et qui se bornent à agrémenter le flux de conscience informe que les *stimuli* extérieurs de la vie moderne malaxent aussi en désordre, avec la foule des informations plus ou moins confuses qui l'envahit. Ils ne construisent rien. Ils n'articulent rien. Ils n'auraient de sens que répondant à des curiosités et à des appétences venues de l'intérieur, et qui se seraient pliées à une méditation préalable, à une attention précise et dûment préparée. Qu'est-ce que s'*exposer* à des œuvres d'art, si l'on est victime de ce que les anciens Grecs appelaient *apeirokalia,* l'inexpérience de la beauté ? Le désir du beau, naturel aux humains, s'apprend, et il mûrit par l'expérience. Et il ne s'apprend pas en foule. Il lui faut des maîtres, non des animateurs collectifs ni des walkmans. C'est tromper le peuple que de lui faire croire que des contacts disséminés et dissociés peuvent faire naître des vocations d'amateurs, à plus forte raison d'inventeurs de l'œuvre d'art. Il était d'ailleurs étrange, pour le moins, dans une démocratie libérale, de se proposer de faire de tous les citoyens autant de Des Esseintes esthètes, papillonnant, dans leurs

Maisons, de sensations d'art en sensations d'art, stériles et blasés ; d'en faire en réalité des ébauches d'aristocrates fin de race et intérieurement finis. Fallait-il vraiment « démocratiser » ce « néant de goût véritable » dont parle Proust, et sur lequel reposait de son temps « le jugement artistique des gens du monde, si arbitraire qu'un rien peut le faire aller aux pires absurdités, sur le chemin desquelles il ne rencontre pour l'arrêter aucune impression vraiment sentie » ? Tel était bien pourtant au fond le principe de l'entreprise de Malraux, et il n'a pas cessé d'être aujourd'hui un idéal national. La « Culture », telle qu'elle a été conçue alors, non seulement s'est substituée aux vrais plaisirs et loisirs, mais elle a excusé le déclin rapide de l'éducation libérale en France.

Qu'entendre par éducation libérale ? C'est un autre nom pour ce que Cicéron appelait la culture de l'âme. Elle suppose donc que l'on croie à l'âme, et à la lumière naturelle qui fait désirer à celle-ci de surmonter la matière pour retrouver une forme, les Formes, et échapper ainsi à la consommation de Chronos. C'est ce que l'on appelle, dans toutes les langues, dans toutes les religions, dans toutes les philosophies, dans toutes les civilisations qui méritent ce beau nom, la liberté de l'esprit. Une éducation libérale enseigne donc les arts libéraux, les arts qui libèrent du poids de la matière et du conditionnement sociologique. Le Moyen Age distinguait sept Arts libéraux, grammaire, rhétorique, dialectique (c'était le *Trivium*, qui correspond à notre enseignement primaire et secondaire), arithmétique, géométrie, astronomie et musique (c'était le *Quadrivium*, qui correspond aux disciplines scientifiques de l'enseignement secondaire actuel). Les Arts libéraux étaient les premiers échelons d'une échelle de Jacob de la culture de l'âme : de là, on était en mesure de monter à la philosophie et à la théologie, avant de redescendre dans la vie pratique. Les Anciens, moins abstraits que les médiévaux, distinguaient neuf Muses, filles de Mnémosyne, qui présidaient à des Arts libéraux plus divers, poésie lyrique et dramatique, poésie épique, histoire, danse, musique, astronomie, rhétorique. Le chœur féminin de ces neuf Muses, sur le Parnasse, résumait la culture de l'âme, et l'éducation qui fait les hommes libres, libres de donner à leur esprit du mouvement en toutes directions. Euterpe et Thalie, Calliope et Clio, Terpsichore et Erato, Uranie et Polymnie, Melpomène, les neuf sœurs étaient tout naturellement associées au trio des Grâces, filles de Vénus :

Euphrosyne, Aglaé et Thalie. Ces figures divines qui présidaient à la culture libérale n'étaient pas de froides allégories, et on le comprit très bien à la Renaissance. Les disciplines qu'elles symbolisaient avaient pour tâche de libérer l'esprit en hauteur et en profondeur, et de lui permettre ainsi d'échapper à la pression de l'instant immédiat, de prendre ses distances avec l'opacité déterministe de l'époque. C'est pourquoi l'école (*scholê*, le mot grec qui est sous ce mot français signifie *loisir*, le mot latin *studium* qui lui correspond signifie *zèle*, élan vers le haut) a toujours été conçue comme une retraite pour enfants et jeunes gens, à l'écart de la vie contemporaine : c'est là que l'on donnait en quelque sorte à l'esprit des ailes, pour qu'il ne reste pas prisonnier dans la cave de son propre temps éphémère et illusoire. On commençait par donner les moyens de la liberté avant que l'aventure, la grande aventure de la libération, ne commençât. Les Arts libéraux et les Muses mettaient leurs disciples à même, en marge de leur vie active dans la Cité, de se faire un loisir qui fût studieux, et qui parachevât la libération intérieure commencée par l'école. Les artistes, les musiciens, les poètes, les savants offraient les différents degrés de cette ascension, indépendante de l'actualité politique et des affaires.

Cela pouvait suffire dans les monarchies, où les arts et les sciences étaient les vrais recours de l'esprit libre. Mais cela ne suffisait pas dans les républiques, et surtout les républiques démocratiques. Nous sommes dans ce cas. Parmi les Arts libéraux et les Muses, l'un d'entre eux, la Rhétorique, l'une d'entre elles, Polymnie, n'intéressait pas seulement en démocratie la vie de loisir, mais la vie active et civique.

Par elle en effet l'homme libre, dans l'action, dans la querelle, dans la lutte politique et publique qui est la vie même des républiques, trouve les cadres et les moyens d'être un citoyen écouté et utile, sans pour autant s'enfouir dans l'actualité et oublier *ce qui demeure, ce qui doit être maintenu*, ce qui relie en somme l'immédiat à la longue durée et aux formes qui transcendent le temps. La rhétorique donne au citoyen une architecture de l'esprit en même temps qu'une musculature de la parole. Bien sûr, elle suppose une bonne grammaire, qui donne le bon usage de la langue, sans lequel l'esprit et l'âme resteraient infirmes et balbutiants. La langue, qui distingue l'homme des animaux, leur donne à la fois le pouvoir d'entrer dans le temps et d'en sortir, car elle est le lien entre les générations, entre les époques les plus lointaines, elle participe d'une transcendance. Mais la rhétorique donne accès aux énergies de la langue, et pas seulement à son usage. C'est pourquoi elle est si décisive non seulement pour le poète, mais pour le citoyen. Un des principaux chapitres de la rhétorique est l'invention, qui donne accès aux « lieux communs », ressources de la pensée, reconnus et reconnaissables par tous, indépendants de l'actualité, mais que des exercices rendent fertiles dans les circonstances et les conjonctures les plus diverses, les plus urgentes. La méthode des « lieux communs » est l'antithèse du subjectivisme moderne, qui s'échine, comme l'araignée de Swift, à tout trouver à neuf dans une pensée et dans un « moi » uniques, et donc par principe incommunicables. Cette méthode, comme l'a fait remarquer Chaïm Perelman, après Vico, est aussi celle de la jurisprudence.

Un autre chapitre de la rhétorique (fille de Mnémosyne, elle aussi) est naturellement la mémoire, que les Modernes ont dédaignée ou dont ils se sont déchargés sur des supports extérieurs et abstraits. Seule la mémoire intérieure construit un esprit, le dote d'une bibliothèque et d'un musée vivants, capables de le secourir à propos en toutes occasions, même de détresse, et de nourrir sa parole intérieure et extérieure de ce qui ne meurt pas. Un autre chapitre, encore plus accordé aux structures politiques d'une démocratie libérale, est l'argumentation, qui touche de près à la logique, et qui seule donne les moyens de construire un dialogue rationnel avec autrui, de faire la lumière dans la relative obscurité des affaires humaines. Mais dans ces affaires, la raison seule rencontre souvent sa limite. La rhétorique accouple donc aux techniques d'argumentation l'étude des passions humaines, ces ressorts irrationnels qui changent certes d'époque à époque, de milieu en milieu, mais qui présentent néanmoins des traits assez généraux et universels pour que l'on puisse aussi, à cet égard, parler d'une « nature humaine », et en connaître les traits permanents, si métamorphiques soient-ils. Cela revient à se connaître aussi bien qu'à observer et à comprendre autrui. Mais cela revient aussi à lire et expliquer les grandes œuvres de la poésie, du théâtre, de l'histoire, du roman, et de la philosophie classiques, d'abord les Grecs et les Romains. La discipline rhétorique est inséparable de cette méditation originaire et fondamentale sur l'expérience de la vie humaine, qui permet de déchiffrer les apparences nouvelles qu'elle peut prendre en notre propre temps. La rhétorique est ainsi l'abeille, au sens de Swift, de la lucidité et de l'action démocratiques, car elle donne aux citoyens le recul, les ressources, la liberté d'une parole qui soit aussi action prudente et opportune.

Rien, sinon des préjugés ou des rétractions névrotiques modernes, n'empêche qu'un programme d'enseignement accordé aux besoins présents ne renoue avec la tradition des Arts libéraux. On peut même prédire sans grands risques que ce grand retournement salutaire de la modernité sur elle-même, déjà amorcé dans toutes sortes de domaines, atteindra aussi l'éducation. Sur ce chemin salutaire, écartons la vaine et futile antithèse entre « littéraires » et « scientifiques ». Dès l'Antiquité, et tout au long de l'histoire de l'Europe médiévale et moderne, les sciences, arithmétique et astronomie, mathématiques, physique, chimie et plus tard biologie, ont compté parmi les Arts libéraux. En réalité, il n'y a aucune incompatibilité entre les Arts libéraux qui enseignent et déploient toutes les ressources d'invention et de mémoire dont sont capables *les langues naturelles*, et ceux qui se fondent sur le langage symbolique des mathématiques. L'esprit mathématique et l'esprit grammatical et rhétorique sont parallèles et complémentaires. L'imposture machiavélique d'une certaine modernité de combat a été de les opposer ou hiérarchiser, pour mieux diviser la sagesse et le savoir, et mieux intimider l'une et l'autre. L'une et l'autre voies ont en commun *la rigueur obstinée* qui est le moteur même de la liberté spirituelle, et toutes deux impliquent une éducation morale : respect de soi-même et d'autrui dans le dialogue, respect d'une règle du jeu qui rend possible l'accès à la vérité et même, dans les deux cas, à la beauté. Il est assez frappant que, dans le déclin actuel de l'éducation grammaticale et rhétorique, commun aux démocraties qui s'oublient et aux totalitarismes, une des grandes figures de la liberté pour le monde entier ait été un physicien, Andreï Sakharov. Il est le pair, dans son ordre, de l'écrivain et historien Soljénitsyne.

Aujourd'hui comme toujours, car ce qui est vrai et fort ne change pas, même si des accommodements de modalités s'imposent selon les moments et les lieux, l'éducation libérale ne va pas sans un détachement de l'école par rapport à l'actualité et aux mœurs des mégalopoles modernes, ni sans référence aux classiques de l'Antiquité, à ceux de l'Europe sa fille. Sans ce détachement, sans ce dépaysement initial et initiateur, il n'est guère possible qu'apparaisse une liberté critique, même politique, à plus forte raison morale et philosophique, vis-à-vis des périls qui accompagnent les « progrès » de la société moderne. Et de fait en l'absence d'un tel recul cette liberté critique, dans nos riches aristocraties démocratiques, tend à s'intimider et à faiblir.

La tâche principale, l'ardente obligation que doit se fixer un Etat libéral, partout, mais à plus forte raison en France, pays justement orgueilleux de sa traditionnelle et indomptable liberté d'esprit, est de se borner à restaurer, comme le fit en son temps la IIIe République de Jules Ferry et de Louis Liard, l'éducation libérale de ses citoyens, ou de laisser à l'initiative privée le soin de le faire à sa place. Il y a là un devoir national qui prime tous les autres, et dont il serait bon qu'il soit accompli sans préjugés, et entre autres sans les préjugés des « sciences sociales ». De la tenue de l'éducation libérale, dépend l'avenir de la langue, de la science, mais aussi de la liberté. Les grammairiens, les rhétoriciens, les latinistes et les hellénistes, les médiévistes, les professeurs de littérature française et de littérature comparée, les orientalistes, dont la cause est commune avec celle des poètes et des artistes, n'ont pas à jouer une partie perdue d'avance.

En dépit des apparences contraires, des blocages et des facilités du jour, la logique libérale des démocraties, leur instinct de survie morale et spirituelle, jouent à long terme en leur faveur, pour peu qu'ils n'apparaissent pas comme les tenants de corporations spéciales sur la défensive, mais comme les détenteurs d'un bien commun dont on ne peut se passer sans *vouloir* la décadence, passion répandue et bien connue depuis l'Antiquité, depuis Thucydide et Tacite, mais passion inavouable. Qui ne voit que cette passion peut et doit être combattue, et la tête haute ?

La tâche éducative, qui en France en principe revient d'abord, quoique non seulement, à l'Etat, n'est pas incompatible avec les tâches patrimoniales que celui-ci assume depuis longtemps dans notre pays, le plus souvent à la satisfaction générale. Mais il est clair aujourd'hui que la notion de patrimoine doit être élargie à la Nature, que ses gardiens traditionnels, les paysans, ont dû déserter, à la langue, au génome moral et spirituel qui commande la vitalité et l'exemplarité de l'esprit français. Les tâches patrimoniales et éducatives du service public et du civisme privé sont inséparables. Elles ne peuvent être conçues comme une pure et simple remorque de l'esprit du temps et de ses pentes frivoles ou dangereuses, comme c'est le cas de la politique culturelle et éducative telle qu'elle est comprise en France depuis longtemps. Elles ne sauraient être dignes d'une politique de l'esprit que si elles résultent d'une analyse lucide de la pathologie politique et morale propre aux sociétés modernes, et comme un contre-poison salutaire aux maladies du corps politique et de la liberté personnelle.

2

LA FRANCE ET L'EUROPE DE L'ESPRIT

> « Ce Paris, dont le caractère résulte d'une très longue expérience, d'une infinité de vicissitudes historiques, qui, dans un espace de trois cents ans, a été deux ou trois fois à la tête de l'Europe, trois fois conquis par l'ennemi, le théâtre d'une demi-douzaine de révolutions politiques, le créateur d'un nombre admirable de renommées, le destructeur d'une quantité de niaiseries, et qui appelle continuellement à soi la fleur et la lie de la race, s'est fait la métropole de diverses libertés et la capitale de la sociabilité humaine.
>
> « L'accroissement de la crédulité dans le monde, qui est dû à la fatigue de l'idée nette, à l'accession de populations exotiques à la vie civilisée, menace ce qui distingue la vie de Paris. Nous l'avons connu capitale de la qualité et capitale de la critique. Tout fait craindre pour ces couronnes que des siècles de délicates expériences, d'éclaircissements et de choix avaient ouvrées. »
>
> Paul Valéry,
> *Fonction de Paris*, 1927

Un des effets les plus insidieux et néfastes de l'Etat culturel est la rétraction, sur la défensive, de l'esprit français.

La « volonté de culture » en France est née et s'est enhardie dans un contexte de défaite. Ce fut d'abord un rêve d'intellectuels s'éprenant d'un Etat fort, d'une société organique, l'image inversée de la

IIIe République jugée aboulique et divisée. Ce fut ensuite une compensation officielle à la défaite de 1940, puis à la retraite de l'Empire, et un rempart fictif contre la contagion des mœurs et des loisirs américains. L'Etat culturel est par définition et intention protecteur, protectionniste et dirigiste au nom du salut national. C'est aussi dire que, par essence, et en dépit de l'équivoque dont il joue entre le sens noble et classique du mot « culture » *(cultura animi)* et le sens actuel, qui revient à une manipulation des mentalités, il est « politique culturelle », une variante de la propagande idéologique.

Cette propagande, d'où venait André Malraux, a pu changer de style, elle est demeurée par essence défiante envers les ressources réelles du génie français. En flattant l'amour-propre national, et la passion égalitaire, elle a détourné avec persévérance l'attention, soit par dédain, soit par hostilité ignorante, du naturel que ce pays a inscrit dans sa tradition, et qui est prêt, s'il était moins victime d'acharnement thérapeutique, à retrouver sa vitalité propre. La propagande « culturelle », en prétendant le « promouvoir », écrase le principe du rayonnement français et le libre jeu de la démocratie libérale en France. Or c'est ce naturel français éclipsé, c'est sa capacité traditionnelle de répondre avec esprit au défi des modernités successives, que le monde souhaite reconnaître et retrouver en France, dont le monde a besoin, plutôt que des slogans et des chiffres officiels de la « Culture ». Un énorme bonnet d'âne bureaucratique nous stérilise et paralyse, loin d'être notre émanation et notre manifestation. Cette Culture a été inventée par une oligarchie atteinte d'un complexe où il entre un peu de mythomanie, beaucoup de mégalomanie, encore davantage de paranoïa et très peu de vraie culture. Le parti culturel, depuis les origines, présente à plusieurs degrés les traits de cette névrose tyrannique.

Inspiré par ce parti, l'Etat culturel a pour principale raison d'être de gratifier cette névrose. Sous sa pression anxieuse ou faussement euphorique, l'invention, la gaieté, la liberté des Français ont été comprimées. Balzac, sous le ministère Polignac, en 1830, dénonçait la « société funéraire », les « mœurs de catafalque », « l'absence de toute franchise, de toute vérité, de toute passion » que faisait régner un régime à contre-courant du naturel français. Les fêtes de la Culture sonnent aujourd'hui aussi faux que celles du couronnement de Charles X, ou la mascarade des Ordonnances.

Impuissante, et au fond indifférente, en dépit de ses prétentions, à protéger les mœurs françaises contre la « contamination » américaine, cette chape de plomb est à l'intérieur un alibi commode et irréfutable pour faire l'économie d'une démocratie vraiment libérale. Son volontarisme donne le ton et justifie l'arrogance d'une oligarchie politico-administrative qui trouve dans l' « impératif culturel » une couverture à sa conception envahissante et tyrannique du service public. Tout en faisant croire qu'il veille jalousement sur le pré carré français, l'Etat culturel se protège d'abord lui-même du libre jeu du débat et du dialogue, qu'il juge trop « lents », trop « rétifs » à l'idée qu'il s'est faite une fois pour toutes de l'acculturation et de la modernisation « culturelles » des Français. Une grande illusion projetée à l'extérieur (« En France, l'Etat a pour priorité la Culture »), une pression intolérante exercée à l'intérieur, sont les deux aspects d'une même imposture : mensonge sur le caractère français de cette Culture tant vantée aux autres, mensonge sur le caractère démocratique et libéral de cette même Culture dont on prétend répandre et imposer les bienfaits. Ce double mensonge voile, et d'abord aux yeux mêmes de ceux qui fondent sur lui leur pouvoir, une volonté de puissance endeuillée et détournée. Faute d'expansion à l'extérieur, elle prend sa revanche à l'intérieur des frontières, où elle retrouve dans la pression qu'elle exerce quelque chose de l'Empire perdu. On a affaire à une néo-colonisation à usage interne. Ce n'est pas un hasard si l'essor du ministère des Affaires culturelles a coïncidé, chronologiquement, avec le déclin du ministère des Colonies, avec la fin de la guerre d'Algérie, et avec le reclassement d'administrateurs rentrés d'outre-mer dans les bureaux du nouveau ministère attribué à Malraux. Le zèle conquérant, reporté sur le « front culturel », a ponctué, depuis, ses « campagnes » et ses « offensives » par des bulletins de victoire, des « chiffres pour la culture », autant de communiqués d'Etat-Major sur le champ de bataille de la dernière « mission civilisatrice ». Mais cette fois les « indigènes », ce sont les Français.

Compensation en métropole des habitudes contractées dans l'Empire, la Culture est activiste et bâtisseuse, mais son activisme rudoie, et ses bâtiments, incongrus, font tache. Le « génie » colonisateur était naïvement condescendant ; le « génie » culturel, travail névrotique du deuil, oscille entre l'arrogance, la vanité et l'hypocrisie. Le caractère de l'administration culturelle était déjà ébauché au temps de Malraux. Il s'est durci au temps du socialisme. Il doit maintenant compenser aussi le reniement du civisme républicain d'un Pierre Mendès-France, et la trahison des idéaux socialistes dont pouvait se réclamer un Charles Péguy. Le prix à payer pour ces divers exercices tortueux d'une volonté de puissance *rentrée*, c'est ce qu'un grand ethnologue nomma les « Tristes Tropiques », et qu'on pourrait nommer d'une autre expression célèbre le « désert français ». Désert spirituel plus redoutable que l'autre, dont les inventeurs de la Culture décentralisée prétendirent nous affranchir. La Culture est le péché contre l'esprit.

Contre *l'esprit* ? Vous nous la baillez belle ! Ce mot figure-t-il encore seulement dans les dictionnaires ? Il n'est plus employé depuis Valéry ! Tocqueville et Renan en faisaient eux aussi un usage rare, mais fort. Que voulaient-ils dire par là ? Nul ne le sait plus. Tenez-vous-en au mot culture, que les sciences humaines ont enseigné à l'Etat, et ne nous tympanisez pas avec ces vieilles syllabes désobligeantes.

L'esprit ? Eh bien oui, il vient un moment où il faut aller au fond des choses. Et puisque le déluge est universel, remontons au Déluge.

Les clercs médiévaux avaient distingué trois fonctions : le *Studium*, l'*Imperium* et le *Sacerdotium*, l'Etude, le Pouvoir politique et le Pouvoir religieux. L'Etude, c'était à la fois le zèle (sens propre de *studium*) de l'esprit pour la vérité et la science, et l'institution appropriée à étancher ce zèle, dans le dialogue entre maîtres et disciples : l'Université. Le *Sacerdotium*, c'était à la fois l'exercice du magistère ecclésiastique et l'institution qui est à sa tête, le Saint-Siège. L'*Imperium*, l'exercice du pouvoir politique dans son extension universelle, au service du bien commun temporel, c'était l'institution impériale, que Charlemagne avait relevée en Occident après plusieurs siècles chaotiques. Mais le titre impérial, après la mort de Charlemagne, avait été contesté : élus par la Diète de Ratisbonne, les Empereurs germaniques le détenaient, mais les rois de France, dès le règne de Philippe le Bel, le revendiquèrent. Le monde, européen et français, a beau être nouveau, ces trois fonctions médiévales, sur fondations antiques, n'ont pas cessé d'articuler l'histoire de l'Europe, que l'on pourrait écrire comme une série de variations tragiques ou comiques sur cette triade mère.

Les nationalismes, à commencer par les deux plus célèbres, le français et l'allemand, sont apparus sur la ligne de faille à l'intérieur de l'*Imperium*, et les Réformes, l'allemande avec Luther, la française avec Calvin, sur la ligne de faille à l'intérieur du *Sacerdotium*. Reste le *Studium* : tout sollicité qu'il fut par les deux pouvoirs, et par leurs divers prétendants, l'Etude, l'institution de l'esprit, a finalement mieux résisté que les deux autres pôles du champ magnétique européen. C'est bien cela que Valéry, en dépit de son aversion pour l'histoire, ou à cause d'elle, appelait *l'esprit*. Tocqueville et Renan employaient le mot dans le même sens : c'est l'étude de la vérité pour l'amour d'elle, et d'elle seule, se faufilant entre les luttes et les intérêts du pouvoir politique et du pouvoir religieux. Pour tenir bon entre les divers pouvoirs qui n'ont pas intérêt à la vérité, l'esprit a inventé ses propres institutions, qui dans l'Antiquité avaient nom Académie, Portique, au Moyen Age Université, aux XVe-XVIIIe siècles République des Lettres. Si Valéry a pu parler d'une politique de l'esprit, c'était au sens où cette instance de l'Europe a dû constamment, et doit toujours, s'imposer aux pouvoirs sans composer avec eux, et à lire attentivement *De la Démocratie en Amérique,* on voit bien que pour Tocqueville la seule question qui importât était de cet ordre : quelles sont les chances de l'esprit face à la culture de masse qu'engendre la démocratie moderne, quelles sont les chances d'un Pascal dans la démocratie, même libérale ? Manifestation de ce qu'il y a de plus noble au fond de la nature humaine, le désir de vérité, l'ascension libre de l'esprit se doit de résister aux pressions latérales qu'exercent sur elle les passions et les intérêts en quête de pouvoir et d'avoir, et qui redoutent par-dessus tout la vérité.

Le *Studium* médiéval, l'institution de l'esprit, n'a été mêlé que tardivement aux conflits entre les différents pouvoirs, religieux et politiques. La langue du *Studium* était le latin, langue universelle des clercs de l'Europe, et véhicule de la pensée qui monte au-dessus du temps, parce que le latin échappe lui-même au temps : en latin ou en traduction latine parlaient Platon et Aristote, Cicéron et Sénèque, saint Augustin et saint Grégoire, dans une conversation supérieure, et Dieu même, grâce à la Vulgate de saint Jérôme, parlait latin. Langue de l'esprit, le latin était aussi la langue de l'Eglise : il reliait le *Sacerdotium* au *Studium*, et il faisait la différence, en hauteur, avec le pouvoir politique, lequel s'exerçait en langue vulgaire. Si la France, si Paris, si la colline Sainte-Geneviève furent presque d'emblée reconnus, au XIIIe siècle, pour les hôtes par excellence du *Studium* de la Chrétienté, ce privilège était un privilège viager. Il était entendu que cette prééminence, l'Université de Paris la devait à l'universalité latine et européenne de sa science.

Aussi vinrent à Paris enseigner les meilleurs esprits de la Chrétienté, et étudier des jeunes gens de toutes les nations d'Europe. Le recteur élu de l'Université était assisté par les procurateurs de quatre « Nations » qui représentaient en réalité toute l'Europe. Les Collèges hébergeaient des étudiants que l'on n'aurait pas eu l'idée de qualifier d'étrangers, tant le territoire de l'Université était, un peu comme celui de la Cité du Vatican à Rome aujourd'hui, une juridiction franche et « supranationale ». La colline Sainte-Geneviève participait de la sacralité et de la symbolique de la montagne sainte, comme le mont Parnasse, le Sinaï, le mont Carmel. A l'image de son lieu d'élection, le *Studium* était là, séparé de la Cité terrestre, pour servir d'échelle de Jacob à l'esprit au travail vers le haut, remontant vers l'éternel par la méditation, redescendant vers ses héritiers par l'enseignement. La *Divine Comédie* de Dante est une allégorie ascensionnelle de l'Université, où Dante est l'étudiant, Virgile puis Béatrice les maîtres qui l'appellent et le guident vers le haut. Si Paris est Ville Lumière, s'il a pu être capitale des Lumières, il le doit d'abord à son Université, vraiment universelle, où enseigna Thomas d'Aquin, où étudièrent Ignace de Loyola et Calvin. Là se tient en dernière analyse le génie du lieu.

Au fur et à mesure qu'en s'affirmant lui-même, l'*Imperium* des rois de France revendique pour sa « fille » l'Université de Paris, dès lors que la Faculté de théologie devient gallicane, l'Université reste encyclopédique, elle cesse d'être universelle, et son rayonnement au-delà de l'Ile-de-France s'affaiblit. Cette Université « nationalisée », même partiellement, aura du mal à relever le défi que lui lance Pétrarque au XIVe siècle, au nom d'un humanisme universaliste qui conquiert rapidement l'Italie et l'Europe. De la royauté était venu le mal. Du roi vint le remède : la fondation en 1530 par François Ier du Collège des Lecteurs royaux attira à Paris les meilleurs savants de l'Europe d'alors, et en 1533 Gargantua pouvait écrire à son fils Pantagruel : « Toutes disciplines sont restituées. » Le même mouvement conduisit Colbert à concevoir et à fonder en 1666, avec le Hollandais Huygens, un protestant, et l'Italien Carcavy, l'Académie des Sciences. Il complétait ainsi la couronne d'Académies amorcée en 1635 par Richelieu, et qui consacrait Paris capitale de la République européenne des Lettres. Affaibli par la rétraction de l'Université sur elle-même, le *Studium* parisien, depuis la fondation du Collège royal, avait retrouvé dans les Académies, et les sociétés érudites et savantes qui se multiplièrent au XVII⁰ siècle, l'éclat et l'audience européenne que son Université avait perdus. Les correspondances, les voyages, la circulation des livres, puis des périodiques savants, le reliaient à l'ensemble de l'Europe lettrée, dont il était redevenu le centre spirituel. Sans doute, la cour de France, imitant à grande échelle les petites cours italiennes, patronnait-elle des fêtes, des spectacles qu'on qualifiait de « modernes » pour bien marquer qu'ils étaient liés à l'actualité, au divertissement mondain, à la mode du jour, à l'éphémère. Mais si vivace était le *Studium* parisien, si forte l'autonomie de sa réflexion, que même dans les fêtes et les spectacles royaux pouvait se manifester, dans les comédies de Molière ou les tragédies de Racine, le point de vue de haut et de loin, inspiré par la plus ancienne tradition philosophique et morale, sur l'actualité du jour. Même sous la monarchie absolue, l'autorité de la France en Europe reposait justement sur ce qui, en français, échappait à l'actualité politique et à la modernité de cour, l'exigence et l'altitude du *Studium* : Port-Royal et La Bruyère, Fontenelle et Bayle.

Il faut même soutenir, car c'est ainsi que l'actuelle modernité d'Etat française révèle le mieux sa vanité, que l'éclat de Paris, comme le feu qui jaillit du choc de deux silex, est dû depuis le XVII⁰ siècle à la coexistence dans ses murs des lettrés les plus doctes et les plus supérieurs à leur temps, et d'une mondanité brillante plus ou moins liée à la cour. Ce fut un combat perpétuel, qui atteint un de ses sommets au XIX⁰ siècle dans le Paris de Baudelaire et d'Offenbach, mais qui fut inauguré sous Louis XIII par la longue Querelle à tiroirs des Anciens et des Modernes. Combat exaltant où les deux camps (qui en gros occupaient chacun l'une des rives de la Seine) rivalisèrent d'invention et d'esprit pour conquérir un public difficile et qui était lui aussi partagé. Mais ce combat, comme il arrive, fut aussi un échange fertile : les « Anciens » (poètes,

savants, philosophes, fils de Mémoire) y apprirent l'ironie, l'urba-
nité, l'esprit de finesse, pour tenir tête à des adversaires à la mode
et mondains ; les Modernes, qui avaient affaire à forte partie,
durent de leur côté se dépouiller des facilités précieuses et
galantes pour atteindre une sorte de vigueur classique. C'est ainsi
que Pascal, savant mais frotté au « monde » parisien, a pu devenir l'éblouissant épistolier et satiriste des *Provinciales,* et tenir
avec son lecteur la plus haute conversation de toute notre littérature, les *Pensées.* Ainsi, en sens inverse, un Marivaux et un
Voltaire, qui commencent par des bluettes journalistiques ou
salonnières, aiguillonnés par la critique et stimulés par des
ennemis de première force, croissent en savoir et en vision : l'un
se hisse à la hauteur d'un grand moraliste, l'autre devient une
sorte de second Erasme en français. Dans tout cela, qui fait la
vitalité et le charme uniques de nos lettres, et qui se perpétue
jusqu'à nos jours avec Gide et Valéry, le « mécénat d'Etat » ne
joue strictement aucun rôle. Seule la coexistence à Paris, dans la
« société civile » parisienne, de deux instances rivales qu'aucune
autre capitale ne réunit à ce degré, l'extrême science et l'extrême
frivolité, l'esprit au sens de Logos et de Mnémosyne, et l'esprit au
sens de Mercure et de Sosie, a maintenu debout, et ravivé sans
cesse, le feu de l'invention parisienne, et française. Il est clair que
la chape de plomb et de camelote posée sur Paris et sur la France
par l'Etat culturel a réduit ce feu à vivoter, quand elle ne l'a pas
éteint.

Ce qu'aucun régime français, sauf au plus noir de la Terreur et
au plus impérial du règne de Napoléon (mais lui-même, à lui seul,
était un génial résumé d'un siècle de Lumières françaises), n'a
réussi à imposer, l'atrophie des deux esprits qui se partagent le
génie national, l'Etat culturel y est parvenu, tout en laissant croire
par ses « créations » innombrables et incessantes qu'il tenait lui-
même tous les rôles. Prothèse ostentatoire pour masquer une
atrophie des organes vitaux, c'est un *Imperium* vampire du
Studium, et un *Studium* vampirisé et sociologisé qui se prend pour
un *Imperium.* Le prix à payer pour cette Pentecôte perverse est
beaucoup plus lourd dans l'ordre de l'esprit que dans celui des
comptes de la Nation : l'extinction des Arts libéraux, le déclin de
l'éducation libérale, le blocage de la démocratie libérale, l'humiliation de l'Université, et j'en passe. Un grand spectacle consom-

mateur et communicateur voile mais ne compense pas ce crépuscule de l'esprit français.

Nos monuments historiques ont été blanchis et restaurés; nos Musées se sont accrus et enrichis; nos théâtres se sont multipliés; nos couloirs de métro résonnent de concerts et nos murs annoncent fêtes sur fêtes, commémorations sur commémorations, Paris est envahi par de massives Maisons de la Culture. Mais nos établissements d'enseignement sont « en détresse », notre crédit international est en baisse. Sauf dans l'imagination de ses promoteurs, cette superbe Culture ne tient pas lieu d'esprit français. Le « rang de la France » est en passe de devenir celui de la première puissance touristique du monde, et Paris, en dépit de son capital d'intelligence et de goût, un Centre de loisirs. Sous des apparences imposantes, il est difficile d'imaginer jivarisation plus méticuleuse d'un *Caput mundi*.

Le programme de Malraux ministre, une « troisième voie française », paraphrasait le slogan fameux du socialisme en un seul pays. C'était « la Culture en un seul pays ». Homogénéisée et répartie également dans tout l'Hexagone, la « monnaie de l'Absolu » serait exposée à l'extérieur dans un reliquaire, devant le drapeau. Georges Pompidou modifia le style du reliquaire, qu'il voulut pourvoir de la technologie la plus avancée, en harmonie avec l'ultra-modernité industrielle et démographique d'une France toute neuve. Jack Lang s'est employé à durcir et systématiser la stratégie « culturelle » des deux principaux initiateurs. Il a surchauffé le moteur de la « démocratisation » et de l' « incitation à la création », en y déversant le carburant de la « commercialisation ». Mais ce redoublement d'activité a eu lieu encore au nom de la Défense nationale, et ses phases ont été liées plus anxieusement encore à des considérations de politique intérieure. Le gaullisme cherchait à compenser une grandeur blessée; le socialisme chercha à compenser aussi une idéologie en déroute, qui jouait sa dernière carte : la Culture. Les invitations adressées à des metteurs en scène étrangers, les faveurs officielles accordées au rap ou au rock ont servi d'alibi au rétrécissement confortable dans les frontières hexagonales et à la propagande de niaiseries : toutes les cultures se valent, tout est culturel, culture et économie même combat, embrassons-nous, Folleville. A l'horizon se profile une France devenue parc de loisirs, où l'histoire et le patrimoine serviraient au tourisme de masse d'arguments publicitaires.

Une telle corruption politique de l'esprit n'eût pas été possible si le *Studium* français lui avait opposé son analyse et son ironie. Imaginons le *Journal* de Gide, les *Cahiers* de Valéry, la verve polémique de Thibaudet, appliqués à l'épopée des Maisons de la Culture, ou bien ouvrant l'œil de Caïn, sinon de Gavroche, sur les Maisons de la Poésie, les Maisons des Ecrivains, la Très Grande Bibliothèque, les Fêtes de la Lecture, et autres munificences de l'Etat culturel. Mais les sciences humaines, adoratrices du fait accompli, mais les philosophies de « la fin de la métaphysique occidentale » ont entériné ces jeux de Prince, quand elles ne les ont pas rangés et légitimés parmi les progrès de l'individualisme moderne.

Il y aurait peu d'erreurs plus graves pour l'Europe que d'adopter le modèle français de l'Etat culturel, ni plus désolantes pour la France. C'est cependant la pente la plus facile pour une oligarchie politico-administrative. C'est la voie de l'Année Mozart, des grand-messes colloquantes, et de la « dynamisation », par acharnement bureaucratique, de la « création », c'est la manipulation autoritaire des mœurs, des manières, des mentalités. Une telle dérive de la Communauté, sur l'exemple français, signifierait la fin de la philosophie politique libérale qui l'a inspirée jusqu'ici. Renouant avec le concert des nations de Metternich, après les tragédies césariennes et bismarckiennes, l'Europe des Douze est fondée sur la conversation et la négociation, sur le respect des amours propres et la diplomatie, non sur la *Realpolitik*. Ses compétences limitées, loin d'être un pis-aller, devraient être un modèle pour tous les Etats qui la composent, et qui devraient moins songer à fonder le droit sur l'Etat que l'Etat sur la nation, sur sa jurisprudence historique et la conversation entre ses diverses familles spirituelles. La contradiction entre l'Europe libérale en voie de formation et l'Etat culturel français doit être résolue par la reddition de celui-ci à la modestie plutôt qu'à son assomption en modèle communautaire. Loin de souhaiter une « Europe culturelle », travaillons à une Europe de l'esprit qui brise les carapaces, et qui rendra à lui-même l'esprit français.

Si l'Europe de l'esprit doit apparaître, elle ne sera pas construite, elle ne sera pas décrétée, elle ne sera même pas voulue : elle naîtra parce qu'elle aura été désirée. Une fois à l'œuvre le germe vivant, elle trouvera d'elle-même ses formes, ses institutions, son destin et son drame. Et comment faire naître ce désir, sinon en lui proposant un mythe ? L'histoire ne se répète pas, mais la mémoire mythique véhicule des songes contagieux, capables de réveiller et d'animer les consciences les plus assoupies. Il n'y avait jamais eu jusqu'ici d'Europe politique, économique, militaire, sinon dans le mythe de Charlemagne, consacré par le Sacerdoce, et réveillant l'Etude, que l'Empereur restaura en appelant à lui le savant irlandais Alcuin, et en se mettant lui-même à apprendre le latin. Si l'Europe politique, économique et militaire peut enfin apparaître après tant de siècles de division, parce que le mythe carolingien hantait toujours un Robert Schuman et un Konrad Adenauer, à plus forte raison l'Europe de l'esprit peut-elle renaître, car elle a jusqu'à notre siècle mieux résisté à la mort de l'Empereur franc que l'unité du Sacerdoce et celle de l'Empire. Et il se trouve que Paris, à plusieurs reprises, presque continûment, en a été le foyer central et incontesté. On a beaucoup disserté, depuis 1947, sur « Paris et le désert français ». On a tout simplement oublié, dans ce concert de lamentations, que l'assomption de Paris au-dessus du cadre politique français n'est pas due à la présence dans ses murs de l'administration centrale du royaume ni des représentants successifs de l'Etat. L'espèce de transcendance dont jouit Paris, la Cité la doit bien davantage au suffrage unanime des Européens, qui n'étaient pas sujets du roi, et qui la reconnurent pour siège par excellence du *Studium* de la Chrétienté. C'est par là, et non par l'*Imperium* de l'administration royale, que la France tout entière s'est acquis sa réputation d'universalité. L'histoire administrative et politique, surtout lorsqu'elle est nationale, fait tout simplement l'économie de l'histoire de l'esprit. En déclamant contre Paris centralisateur, on a oublié que le Paris de l'intelligence et du goût a été de toujours une capitale européenne avant d'être française, et a bien servi la France par l'européanité de son esprit. Rappeler le mythe de Paris, c'est éveiller le souvenir et le désir d'une Europe de l'esprit, c'est s'affranchir de la névrose culturelle hexagonale.

La première fois, il faut toujours y revenir, ce fut au XIIIe siècle, quand du zèle des étudiants et des professeurs, sur la colline Sainte-Geneviève, naquirent les premiers Collèges de l'Université de Paris. Reconnue par bulle pontificale, l'institution nouvelle fut plébiscitée non seulement par les plus grands savants de l'Europe d'alors, qui vinrent y enseigner, entre autres Pierre Lombard et Thomas d'Aquin, mais par les étudiants de toutes les nations. Cette grande lumière européenne ne commencera à baisser qu'avec l'aurore et l'ascension du « soleil » de l'Etat national.

L'Europe alors détourna son attention de Paris pour la concentrer sur l'Italie, où le Sacerdoce, rentré d'Avignon à Rome au XIVe siècle, fit alliance avec le *Studium* des humanistes héritiers de Pétrarque. Ce *Studium* nouveau, mais qui se voulait une renaissance de l'Académie de Platon et de Cicéron, prit le nom de République des Lettres et c'est sous ce nom qu'il incarna aux XVIe et XVIIe siècles l'Europe de l'esprit. L'imprimerie facilita sa diffusion universelle, et cette République resta longtemps polycéphale : Rome, Venise, Padoue, Naples, Florence, mais aussi Bâle, Strasbourg, Louvain, Oxford et, en France même, Lyon, Aix, Toulouse, Poitiers, Caen et Rouen étaient ses foyers autant que Paris. L'Edit de Nantes fit de la capitale d'Henri IV le forum d'un dialogue, et même d'une collaboration entre lettrés catholiques et protestants : ce fut le second point de départ, après la fondation du Collège royal en 1530, de la restitution à Paris de son rôle de capitale incontestée de l'Europe de l'esprit. La monarchie y fut pour peu de chose : elle se borna à enregistrer, par la fondation des diverses Académies au cours du XVIIe siècle, et donc à maintenir dans son orbite, un mouvement et un plébiscite international qui rendaient d'abord hommage à la liberté qui régnait dans les cercles savants français, et à la haute qualité des études sévères en France. La politique étrangère de Richelieu, qui combattit courageusement la coalition austro-espagnole, redoutée même à Rome pour son fanatisme inquisitorial, valut à Paris la sympathie de tous les esprits libres de l'Europe. Désormais, ni l'impérieuse protection de Louis XIV sur les arts et les lettres, ni même la Révocation de l'Edit de Nantes, ne purent compromettre la gloire de Paris comme siège par excellence du *Studium,* alors que le français parlé et écrit dans le monde cultivé parisien devenait la langue de la République des Lettres européennes. Si grand est au XVIIIe siècle le prestige de Paris en Europe que les salons parisiens s'approprient en quelque sorte la République des Lettres, qui en échange leur donne ce caractère cosmopolite et avide de talents étrangers dont ils ont fait l'un des traits les plus séduisants du siècle des Lumières. Même Rousseau y trouva d'abord un accueil curieux ou passionné. Paris était devenu le salon et l'Académie de l'Europe de l'esprit. Cette fièvre qui s'emparait à Paris, dans la conversation, des meilleures têtes de l'Europe, et qui les attirait comme un aimant, a trouvé à la fin du siècle, en Mme de Staël, un chantre inlassable. Et cette fête de l'esprit, qui était aussi celle du goût, n'était nationale qu'au sens où l'avaient été les Collèges du XIIIe ou du XVIe siècle : c'était un privilège reconnu par l'Europe à Paris, une prééminence viagère qui devait tout à la qualité, à la science, à l'exigence de la société parisienne. Nul Surintendant des Bâtiments du roi n'était en mesure de « créer » ni de subventionner un salon, à plus forte raison d'édifier une Maison de la Culture pour l'y abriter. Le Louvre, encore sans toit et « squatté » par d'innombrables artistes, artisans, voire aristocrates, était alors un Bateau-Lavoir ; le Salon annuel qui se tenait dans la Grande Galerie était une des nombreuses attractions qu'offrait alors sans façon la capitale.

La Terreur et le Premier Empire, qui attisèrent les nationalismes dans toute l'Europe, auraient pu compromettre cette tradition. Londres se proposait pour rivale et le devint avec succès. Le Romantisme était d'essence nationale, mais non pas nationaliste. Il n'identifiait pas la nation à l'Etat. Il n'avait pas le culte de l'Etat, mais des individualités, génies artistiques ou génies historiques. Portées par lui, Mme de Staël et Mme Récamier, et bien d'autres grandes dames, surent rétablir à Paris l'esprit de la conversation européenne, et les Romantiques, tout nationaux qu'ils étaient, souvent exilés, persécutés, furent aussi des cosmopolites qui eurent entre autres pour point commun de se sentir chez eux à Paris, théâtre de la nation française, et non pas propriété d'un de ses régimes éphémères, pas même de l'ancienne monarchie. Dans la prodigieuse préface que Victor Hugo écrivit en 1866, depuis son exil de Guernesey, pour le guide de l'Exposition universelle de 1867, ce sentiment de Paris, manifestation du génie national,

accueillant le génie des autres peuples par-dessus la tête du petit
César qui y a provisoirement élu domicile, prend les proportions
d'une Philippique, mais avec le souffle de la poésie :

« Que l'Europe soit la bienvenue.

« Qu'elle entre chez elle. Qu'elle prenne possession de Paris qui
lui appartient, et auquel elle appartient.

« Paris, chef-lieu de l'Europe, est déjà hors de l'ébauche, et dans
toutes les révolutions qui dégagent lentement sa forme définitive,
on distingue la pression de l'idéal, comme on voit sur le bloc de
glaise à demi pétri le pouce de Michel-Ange. Le merveilleux
phénomène d'une capitale déjà existante, représentant une fédéra-
tion qui n'existe pas encore, et d'une ville ayant l'envergure latente
d'un continent, Paris nous l'offre. De là, l'intérêt pathétique qui se
mêle au puissant spectacle de cette cité âme. »

En dépit de la fracture en 1848 de l'Europe de Metternich, en
dépit de la guerre franco-allemande de 1870, en dépit même de
1914, date fatale pour l'Europe, Paris resta jusqu'en 1939 moins la
capitale de la France que celle de l'esprit européen, et c'est là que
les André Gide et les Paul Valéry purent exercer une sorte de
royauté spirituelle, indépendante du régime politique français et
même de la nation à laquelle ils faisaient l'honneur d'appartenir.

Il a fallu l'idéologisation des années 30, la ruine de l'idée de
République des Lettres, et la rétraction nationaliste qui s'est
abattue après la défaite de 1940 sur Paris, pour que cette ville se
résignât, contre le vœu universel, à devenir étroitement la capitale
de la France seule. La régionalisation, la décentralisation « culturelle » et la télévision n'ont jamais fait jusqu'ici que déployer dans
l'Hexagone les nouveaux attraits d'une capitale exclusivement
française, quoique championne du tourisme de masse mondial. En
réalité, l'Europe de l'esprit souffre de cette provincialisation, au
moins apparente, de Paris. Paris a été si souvent et si longtemps
son cerveau et son cœur que l'étouffement provisoire de Paris
l'affecte comme une infirmité générale. Mais la fonction demeure,
et appelle invinciblement la guérison de l'organe.

Cet organe ne sera certainement pas localisé à Paris, capitale de
notre langue, si Paris s'obstine dans la vocation nouvelle qui lui a
été trouvée depuis quelques décennies, au rebours de sa nature et
de sa mémoire : celle d'une métropole mondiale des loisirs de
masse. Déjà en 1969, pour un motif futile — une publicité

tapageuse pour une exposition d'Art moderne au Metropolitan —, le bruit avait couru que Paris était détrôné du rang de Ville-Lumière. Ce frisson a accéléré la « politique culturelle » de l'Etat, qui ne prenait pas garde que son Université, la vraie souche mère du talent et de l'esprit français, se massifiait et se modernisait pour le pire. D'autres villes que New York, peut-être en Asie, se porteront tôt ou tard candidates au pouvoir spirituel et studieux, que le monde moderne porte en gestation. Il n'apparaîtra pas en France tant que celle-ci sera persuadée par toutes sortes de voix prédominantes que l'esprit est un vain mot, la survivance archaï· que d'un passé mort, la prétention ridicule d'élitistes et de réactionnaires égarés dans le train en marche de la modernité, une offense insupportable à l'égalité par le bas. Si cette intimidation persévérante, imposée par les militants et les apologistes officiels de la « Culture », n'a pas réussi à abaisser l'esprit français, elle a du moins laissé sa marque stérile un peu partout en France, et notamment à Paris. Egalitaire dans ce philistinisme technocratique et socialiste, humiliée dans ses véritables élites libérales, interdite dans tous les mouvements qui portent vers le haut, la France deviendra-t-elle un « Espace culturel ou multiculturel de masse », ou trouvera-t-elle le sursaut qui la transportera au centre de la seule Europe qui soit digne d'amour : l'Europe de l'esprit ?

Paris, mai 1990-mai 1991

TABLE

*Cet ouvrage a été composé
par l'Imprimerie BUSSIÈRE
et imprimé sur presse CAMERON
dans les ateliers de la S.E.P.C.
à Saint-Amand-Montrond (Cher)
en novembre 1991*

N° d'édition : 108. N° d'impression : 2950.
Dépôt légal : juillet 1991.
Imprimé en France